古代歷史文化 研究輯刊

初編

王明蓀 主編

第12冊

南唐先主李昪研究

曾嚴奭 著

國家圖書館出版品預行編目資料

南唐先主李昇研究／曾嚴奭 著 — 初版 — 台北縣永和市：花
木蘭文化出版社，2009〔民98〕

目 2+216 面；19×26 公分

（古代歷史文化研究輯刊 初編：第 12 冊）

ISBN：978-986-6449-40-6（精裝）

1.（五代十國）李昇 2.傳記 3.五代史

624.9 98002315

ISBN - 978-986-6449-40-6

9 789866 449406

古代歷史文化研究輯刊

初 編 第十二冊 ISBN：978-986-6449-40-6

南唐先主李昇研究

作 者	曾嚴奭
主 編	王明蓀
總 編 輯	杜潔祥
出 版	花木蘭文化出版社
發 行 所	花木蘭文化出版社
發 行 人	高小娟
聯絡地址	台北縣永和市中正路五九五號七樓之三
	電話：02-2923-1455／傳眞：02-2923-1452
網 址	http://www.huamulan.tw 信箱 sut81518@ms59.hinet.net
印 刷	普羅文化出版廣告事業
初 版	2009 年 3 月
定 價	初編 20 冊（精裝）新台幣 31,000 元

南唐先主李昪研究

曾嚴奭　著

作者簡介

曾嚴奭，中國文化大學史學博士，民國 64 年 5 月 1 日生於高雄，自幼即對歷史相關知識、學科有著極高的興趣，在父母的支持下，即以研讀歷史為學習目標。就讀於中國文化大學史學系、碩士班、博士班，民國 96 年 6 月取得歷史博士學位。曾任亞東技術學院兼任講師，行政院人事行政局九十三年南投縣巡迴研習兼任講座、行政院人事行政局地方行政研習中心兼任講座、中華民國義勇消防總會兼任幹事等。

提 要

　　南唐先主李昇，出身孤寒，卻在戰亂中為徐溫所收養，方才有機會展開其不平凡的一生。李昇一直為徐溫諸子們所排擠，致使日後為保其權位，不斷與徐溫諸子們展開爭鬥，終於在徐溫死後，得以順利成為徐溫繼承人，獨掌吳國政權。

　　在獨掌吳政後，便將眼光放於奪吳建國之上，早在徐溫執掌吳政時，即有意篡奪吳國，在勢力未穩下，遲遲不敢動手，終徐溫之世終未能成。李昇在徐溫所建立的基礎下，走向了奪吳的道路上。雖如此，仍遭遇到了不少問題，最主要的是內部的派系鬥爭，但在其操控下終使派系得以穩定，也使派系問題得以暫時解決，卻也由於李昇未能妥善解決此問題，在其子李璟時終於爆發，致使南唐終因派系鬥爭而中衰。

　　建國後，李昇在面臨國際情況下，採取保境安民的政策，不過並不以割據一方而自滿，而是有意一統天下，但在了解自身實力後，而不願輕啟戰端，一切以發展國內經濟、民生為主，從而使國勢日漸上昇，隱然有南北對抗之勢。李昇雖有意北伐，不過一直在等待時機，終其一生仍未能來臨。

　　李昇一直為選擇繼承人所苦惱，李璟雖為長子，喜好文藝，但個性文弱不為李昇所喜，李璟也了解此一情況，表面上呈現不爭儲位之心，每當李昇迫於臣下壓力而不得以表現欲立李璟為儲，李璟皆上表拒絕，從而使李昇以為其無爭位之心，但在李昇重病時，李璟奪位之心大致展現，率先入宮，得以繼位。

目
次

第一章 前言

第一節　近年來學者對李昪時期南唐之研究

　　有關近年來學者對於李昪的研究，是非常有限的，可說是沒有李昪專論書籍的出現，通常對於李昪的研究，僅是將李昪視為南唐史的一部份，所進行的研究，且此類相關研究，重點則較多放於其子李璟的身上，對於李昪的一些相關疑問則甚少有去釐清的，甚至於避而不談，如此更使李昪的研究，相形之下更顯困難。也因此筆者便對李昪來進行相關的研究及書寫，以期對李昪的一些相關疑問可藉此進行釐清，當然在研究上也仍存在著許多缺失，但筆者仍會盡力，使此研究可較為完善。

　　而近年來學者對李昪時期的南唐所進行的研究，現一一說明之，首先是李昪研究專著方面有諸葛計所編撰的《南唐先主李昪年譜》，雖說此書為專著，但內容主要是針對李昪的年譜，來進行史料編輯，因此本書並不能視為研究論著，僅能視為李昪的相關史料纂輯。而對李昪研究的期刊論文方面，有王定璋的〈南唐三主的人品及政治〉，在本文中王氏肯定李昪建立南唐的功勞，並提及李昪統治南唐的相關政策，但對李昪的對外政策並未論及，但卻直接認為李昪絕非雄才大略之君，因此仍未脫離一般性看法；其次為魏良弢的〈南唐先主李昪評說〉，本文首先提到，李昪建立南唐是時勢使然，並論及當時吳國的局勢以說明，接下來則提及李昪的各項治國政策，在此方面魏良弢先生皆給予高度的評價，最後魏氏認為李昪的功勞在於挽救、繼承和發展中華文化；最後為梁勵的〈李昪與南唐政局論述〉，本文先提及李昪篡吳建南

唐的過程，之後述及李昪統治南唐的內外各項政策，最後認爲李昪穩固江淮地區的經濟發展，並使江淮地區成爲中國最富庶、文化最昌盛的地區。以上即爲李昪研究的相關論著及文章。

除此以外，就筆者所知，目前雖尚未有針對李昪研究的專著出現，但對南唐研究的專著則有不少。首先，有任爽所著的《南唐史》，任氏此本著作是針對南唐所進行的全面的研究，在本書中任氏對於李昪的一些疑問，都有試著去作一番釐清，更進一步的對李昪的內政、外交等也有進行論述，此書並非一部通論，而是針對南唐史相關重要問題進行探究，但本書所探討的大抵以政治方面；其次，尙有杜文玉所著的《南唐史略》，相對於任氏的《南唐史》，杜氏的《南唐史略》雖仍對內政、外交也有涉及，但重要的是，此書更包含了，職官及軍事方面等制度的考察，正可補充任氏之書所缺少的部份；而鄒勁風所著的《南唐國史》一書，此書的類型爲南唐史通論著作，此書全面的介紹南唐歷史的脈絡，對南唐歷史的發展作出了整理，此書對於李昪也有不少的介紹，但最大問題，在於此書對於李昪一些疑問，並未有太深入的探究，不僅李昪如此，對於南唐史的研究上也是如此，皆少有深入探究，至多稍加解釋而已，因此此書是屬通論著作，較少具備研究性質，此書在各方面皆不如任氏的《南唐史》及杜氏的《南唐史略》等書；最後爲陳鏘澤所著的《南唐基本國策研究》，主要探究南唐國策及黨爭相關問題，主要時限始自楊行密，終至李璟，此書有不少的篇幅用於李昪，對於李昪的得國及內政、外交方面，都有極深入的探索，全書雖不僅止於李昪，但卻對李昪的內政、外交方面都提出獨到的見解，重要性雖不如任氏的《南唐史》及杜氏的《南唐史略》，但約略勝於《南唐國史》一書。

在李昪時期的人物研究上則有王安春的《宋齊丘評傳》一文，在本文中對於李昪與宋齊丘關係的變化，有詳盡的說明，其認爲兩人關係的變化，在於宋齊丘權力不斷擴大所造成的，除此以外，對於宋齊丘的各項貢獻也有略加說明，不過作者亦認爲宋齊丘由於功高震主，爲防君主殺害，因而挾權以對抗，但卻也因此反遭君主殺害，不過本文限於篇幅，〔註1〕因此在很多問題上並不能深入，大體上仍屬於泛論；其次，尙有黃靜的《"五鬼"辨證》一文，其所談的爲南唐五鬼、後蜀五鬼及北宋五鬼三方面，所謂南唐五鬼在此文中所佔篇幅並不大，且又與北宋五鬼一起談論，如此即可知難有何深入探

〔註1〕全文共34頁。

究，不過本文仍力圖扭轉南唐五鬼給人的負面印象，唯可惜的是未能深入，僅能略談而已。以上即爲人物的相關研究。

在黨爭的研究方面，先有魏良弢的〈南唐士人〉，魏氏先說明南唐士人的來源，則有北方士人及南方士人，其文中較推崇北方士人，也用較多篇幅介紹北方士人，而魏氏則認爲宋黨是品行不端的士人；其次爲張興武的〈南唐黨爭：唐宋黨爭史發展的中介〉，張氏認爲南唐黨爭始於李昇，至李昇去世後才越演越烈，也是南唐國力由盛轉衰的主要原因，更提出南唐黨爭是唐宋黨爭的過渡，由朋黨轉爲文士結黨，地域文化的衝突成爲文士結黨的主要原因，朋黨之爭演變成文人的意氣之爭；接下來爲何劍明的〈南唐國黨爭與唐宋之交的社會轉型〉，何劍明先生則依據馬令《南唐書》而將南唐內部分爲宋黨及孫黨，但何氏不認爲，南唐黨爭是南唐國力衰弱的主要原因，相反的何氏認爲，南唐黨爭有助於消弭南北文化的差異、整合南北文化並促進文化重心的南移，對促進五代社會的發展是有其助益的。以上即爲黨爭的相關研究。

有關制度方面，在軍隊制度方面，則有杜文玉的〈南唐六軍與侍衛諸軍考略〉，杜氏認爲從吳、南唐均有六軍十六衛的設置，但十六衛並不統兵，主要用於安置勛臣或作爲武官遷轉之階。南唐禁軍是南唐的主力部隊，禁軍則包括六軍及侍衛諸軍兩個系統，此兩個系統是完全不同的，六軍統軍地位尊貴，非重臣不能充任，而侍衛諸軍雖設有總統帥，但卻是由六軍中的神武統軍兼任，由此看來六軍地位高於侍衛諸軍。六軍方是南唐的主要武力，負有平時宿衛京師及駐紮地、戰時出兵作戰的任務。在有關科舉制度方面，有周臘生的〈南唐貢舉考略（修訂稿）〉，周氏依《資治通鑑長編》的記載，認爲南唐貢舉共舉行十七次，經其考證後，能推知年代的則有十四次，目前所知，南唐貢舉最早的一次始於昇元末年，最後的一次則爲開寶八年（975）。南唐十九次的貢舉中，所產生的狀元雖有十九位，但姓名可考的僅有十位，而這十位狀元中，較有影響的僅有三位；其次爲趙榮蔚的〈南唐登科記考〉，此文仿效清人徐松《登科記考》之體例，共記有南唐貢舉二十次，最早始於昇元元年（937），最後則爲開寶八年（975），本文共記有歷次科考的時間、所考之科、中舉人士簡歷及知貢舉之人的介紹。以上兩篇中所差異的三次，則是在昇元元年（937）、昇元三年（939）及保大元年（943），周氏未載昇元時期之貢舉，因《資治通鑑長編》載南唐貢舉始於保大十年（952），故周氏認爲保大元年也未有行貢舉；相反的趙氏則考察諸史籍後，認爲南唐應曾舉行二

十次貢舉；比較兩文後，應以趙氏之文較為正確。除此以外，有關科舉的還有張一雄的〈南唐狀元張確籍貫仕歷考〉，張確出生於福建沙縣崇信鄉德星里，於後主末年（開寶八年（975））二月中舉，民間故事說其中舉後曾任宰相十餘年，是子虛烏有的，張確的仕歷在史籍中並未有記載，僅知其中舉後被授予「文林郎，守祕書省校書郎」，除此外則未見有其它記載。以上即為制度方面相關之論文。

有關經濟方面，相關專著有黃淑雯的《唐五代太湖地區社會經濟研究》，本文對其範圍的界定，以太湖水系流經的區域為主，且將臨近南京地區列入；在唐代之際，隸屬蘇、杭、常、潤、湖等五州管轄；五代十國之際，分屬楊吳・南唐及吳越。研究時間範圍，為唐至五代時期（618～978）。研究對象及重點，在探討安史亂後的經濟發展及社會人文動向；在期刊論文則有任爽的〈五代分合與南唐的經濟文化〉，在文中先述及五代南北局勢，接下來說明南唐對江淮地區發展的重要性，更以人口、糧食及文化成就等方面來進行講述，最後更認為宋代後中國歷史的發展具有濃厚的南方色彩，這都是奠基於南唐對江淮地區的發展；又有何劍明的〈南唐經濟發展及相對性探要〉，何氏以為南唐是五代十國時期南方與中原抗衡的中堅力量，在經濟發展取得很大的成就。南唐歷任統治者所施行的各項政策，確實恢復及發展了江淮地區，但與鄰國長期的戰爭，加重對人民的剝削，內部派系鬥爭不斷，則使江淮地區經濟的發展仍未達到理想的水平；何氏尚有一篇文章為〈南唐時期江蘇區域經濟與社會發展論要〉，吳、南唐經營江南，使江南的發展獲得跳躍式的成長，使江南地區在農業、手工業及製造業都有所發展，此地區的商業活動已有「近代化」的傾向，也使江蘇區域經濟較早進入發達區域的序列，為江蘇區域的經濟與社會發展奠定了重要的基礎；接下來仍為何氏的〈南唐時期安徽區域經濟發展論要〉，吳、南唐統治時期，安徽區域農業得到恢復，手工業生產也建立基礎，文具業更獲得非凡成就。這些成就也為日後徽商的形成與發展奠定了重要的基礎，經濟的發展也促進了安徽區域文化教育的進步，也使社會經濟發展進入了前所未有的黃金時期。以上即為經濟方面相關之論文。

有關社會文化方面，僅有何劍明的〈南唐崇儒之風與江南社會的文化變遷〉，在五代時期，是一個「禮崩樂壞，文獻俱亡」的時代，但反觀南唐歷任的統治者，不斷的保存儒家文化，加上北方士人的南下，使南唐社會充斥著儒風，江南社會、政治出現了文人化的傾像，社會生活也因此萌生了某些近

代化的因素，並創造出絢麗多彩的文化。此即爲社會文化方面相關之論文。

　　有關南唐歷史地位方面，則有吳楓、任爽合著的〈五代的分合與南唐的歷史地位〉，這篇文章也曾在台灣發表，則更名爲〈從分合大勢看南唐的歷史地位〉，〔註2〕兩篇名雖不同，但内容則是完全相同。南唐是五代十國時期割據江淮的一個政權。儘管南唐僅有三十九年的歷史，但在其統治之下，江淮地區政治、經濟及文化獲得了長足的進步，對宋代以後中國歷史的發展產生了巨大的影響。從五代十國的政治形勢來說，各割據政權實際上是以中原和江淮爲核心，形成了對立的兩大集團，互相對抗，互相牽制。南唐内部也有黨爭的發生，雖有政見之爭，但更是南北士人之爭，雖消耗了南唐國力，卻爲南方士人在歷史上爭取了更多的舞台。南唐對於阻止中原政權兼併南方，發揮了重要的作用。南唐政權的存在，是分裂局面得以持續的一個因素。此即爲南唐歷史地位方面相關之論文。

第二節　本文所用南唐史料介紹

　　在有關十國的史料上，基本上都並不多，這可能與十國政權皆爲地方政權有關，或許部份國家曾有編纂史書，但現今所留存下來卻甚少，南唐也是此種情況，雖有史書編纂但卻不曾留存，不過南唐終究爲十國中最強大的，其人才匯聚，因此南唐官方雖有編纂〈烈祖實錄〉但卻未曾留存，不過仍有許多由南唐人士所作的史書流傳於世。除此以外，更由於南唐長期與五代的中原政權對峙，因此在編纂中原王朝的史籍上，也多有提及，如此使南唐的歷史，不因亡國而有所流失。現就對南唐相關史料作一介紹。

　　《江南錄》：十卷，徐鉉入宋後，奉宋太宗之命所作，應是有關南唐的一手史料，但可惜的是未能傳世，雖此書的部份内容可能已被其它南唐相關書籍所引用，但終究不知有多少是出自《江南錄》的内容，唯有《資治通鑑》在考異時，有直接說明出處是《江南錄》，但《資治通鑑》所引的内容並不多，約只有有八條，第一條是朱瑾之亂，〔註3〕第二條是朱守殷之叛，〔註4〕第三

〔註2〕收錄於《中國歷史上的分與合學術研討會論文集》（台北：聯經出版事業公司，民國84年9月，初版），頁151～167。

〔註3〕司馬光，《資治通鑑》（台北：世界書局，民國82年9月，初版十一刷），卷二七〇，後梁均王貞明四年條，頁8829。

〔註4〕《資治通鑑》，卷二七六，後唐明宗天成四年條，頁9009。

條是徐景遷與宋齊丘的關係，〔註5〕第四條是李昪欲祖吳王恪一事，〔註6〕第五條是李璟欲傳位李景遂、李景達一事，〔註7〕第六條是閩國李仁達立僧人卓巖明爲帝一事，〔註8〕第七條是李璟避後周諱更名之事，〔註9〕第八條是宋齊丘之死，〔註10〕這八條中與李昪有關的共有四條，這四條中的第二條，又是《資治通鑑》所考證《江南錄》有錯誤的地方。除此以外，《新五代史》也留有兩條《江南錄》的內容，首先爲南唐亡國一事，〔註11〕其次爲閩國亡國一事，〔註12〕《新五代史》所引的兩條，則是考證《江南錄》內容上的錯誤。雖然《資治通鑑》、《新五代史》上所留存的《江南錄》內容並不多，但筆者以爲此書仍應是《資治通鑑》、《新五代史》在記錄南唐史事上的重要資料，只是不清楚此二書有多少的南唐史事是依據《江南錄》而來。

　　《舊五代史》：〔註13〕一百五十卷，薛居正監修，修於宋開寶六年（973），成書於開寶七年（974）。此書修訂完成時，南唐仍存在於江南，所以此書在修訂時，應無法參閱太多有關南唐方面的資料，所以在〈僭偽列傳〉，只記載到李璟。另外，在記載南唐方面，也極簡略，對於李昪如何篡吳建唐及李璟滅閩、楚之事也都未有提及，此書對南唐記載著實不多。但此書又是散佚後再輯出，〔註14〕因此原書對南唐記載如何，就要不清楚。但不管如何，此書也是現存最早記載南唐相關史料的書籍。

　　《新五代史》：〔註15〕七十四卷，歐陽修所作，作於宋景祐三年（1035），成書於皇祐五年（1053）。由於歐陽修曾參與《新唐書》的修撰，可能有機會接觸到十國等相關史料，所以此書在南唐的記載上，遠較《薛史》更爲豐富，相

〔註5〕　《資治通鑑》，卷二七九，後唐潞王清泰二年條，頁9129。

〔註6〕　《資治通鑑》，卷二八二，後晉高祖天福四年條，頁9199。

〔註7〕　《資治通鑑》，卷二八三，後晉齊王開運元年條，頁9262。

〔註8〕　《資治通鑑》，卷二八四，後晉齊王開運二年條，頁9287。

〔註9〕　《資治通鑑》，卷二九四，後周世宗顯德五年條，頁9583。

〔註10〕　《資治通鑑》，卷二九四，後周世宗顯德六年條，頁9594。

〔註11〕　歐陽修，《新五代史》（台北：洪氏出版社，1977年10，初版），卷六十二，〈南唐世家〉，頁780。

〔註12〕　《新五代史》，卷六八，〈閩世家〉，頁854。

〔註13〕　以下在本文中簡稱《薛史》。

〔註14〕　由於金章宗在泰和七年（1207）時下令，各級學校僅用《新五代史》，致使《舊五代史》因此失傳，直至清代編修《四庫全書》時，方從《永樂大典》中輯出目前所使用的版本。

〔註15〕　以下在本文中簡稱《歐史》。

對於《薛史》所缺少的部份，此書都有詳實記載，如李昇纂吳建唐的過程，南唐與中原王朝、南方諸國來往的情況也都略有提及，甚至於南唐內部的情況（如：民亂）也沒有忽略。雖然本書對南唐的記載較多，但由於本書主要以中原政權為主，在南唐記載上較為有限，無法對南唐的狀況有更深刻的了解。

《資治通鑑》：二百九十四卷，司馬光主編，治平元年（1065）開始編修至元豐七年（1084）方成書，前後歷經十九年。本書在南唐相關記載上頗多，其內容的詳盡、豐富則遠超過兩五代史之上，其所引用的南唐相關史籍，可知的有《烈祖本紀》、《江南錄》、《吳越備史》、《江南別錄》、《九國志》、《江表志》及《南唐近事》等書，除引用這些書籍外，對書籍的內容也會進行考證，對於有錯誤的地方會加以說明，因此《資治通鑑》一書不僅是史料彙編，更是一部考證嚴格的史籍。不過，此書的記載只到後周顯德六年（959），距離南唐亡國尚有十六年，部份南唐歷史未曾記載實為可惜。

《五代史補》：五卷，陶岳所作，每代各為一卷，所載史事共一百零四條，此書成於宋祥符五年（1012）。陶氏有感於《舊五代史》的闕略而作此書，有關南唐的條文只有「朱瑾得戰馬」、〔註16〕「宋齊丘投姚洞天」、〔註17〕「李昇得江南」〔註18〕及「世宗面諭江南使」、〔註19〕「韓熙載帷箔不修」〔註20〕等五條，其中與李昇有關的為前三條。此書在內容上以中原王朝為主，且頗多怪異之事，僅有一些十國部份史事，頗具史料價值。本文所用的《五代史補》，是以《豫章叢書》本為底本，再配以其它版本，由顧薇薇所校點而成。

《五國故事》：二卷，作者不知，《四庫全書總目提要》以書中避諱的方式來考證成書年代，認為成書於宋初，〔註21〕厲鶚又從書中記留從效為婁從效，記南漢劉氏為漢彭城氏來看，認為作者避錢鏐諱，以為作者為吳越國人。〔註22〕本書雖稱《五國故事》，但所記則不止五國，全書共有吳、南唐、前蜀、後蜀、南漢及閩國共六國，其所謂五國是何五國則並未說明。《四庫全書總目

〔註16〕陶岳，《五代史補》（收錄於徐吉軍等編，《五代史書彙編》，杭州出版社，2004年5月，初版），卷一，〈朱瑾得戰馬〉，頁2479。

〔註17〕《五代史補》，卷二，〈宋齊丘投姚洞天〉，頁2492。

〔註18〕《五代史補》，卷三，〈李昇得江南〉，頁2502。

〔註19〕《五代史補》，卷五，〈世宗面諭江南使〉，頁2527。

〔註20〕《五代史補》，卷五，〈韓熙載帷箔不修〉，頁2533。

〔註21〕紀昀，《四庫全書總目提要》（台北：台灣商務印書館，民國72年10月），卷六六，〈載記類〉，頁433下右。

〔註22〕徐吉軍等編，《五代史書彙編（6）》，頁3171。

提要》說此書「實則小說之體，記錄頗爲繁碎」，〔註23〕此書雖是如此，而《四庫全書總目提要》也提出的不少錯誤，但此書仍記載了不少其它史籍所未見的資料，如吳讓皇的死因也最早見於此書。此外，亦記載了不少後主的宮廷生活，所以此書雖類似逸聞，但史料價值頗高。本文所使用的《五國故事》是以《知不足齋叢書》本爲底本，再配以其它版本，由張劍光校點而成。

《九國志》：五十一卷，現存十二卷，爲路振所作，宋史載「（路振）又嘗采五代末九國君臣行事作世家、列傳，書未成而卒」，〔註24〕此書則應爲《九國志》，此書在「其孫綸增入荊南高氏」兩卷後方才成書，〔註25〕此書雖言九國，但事實上已將十國完全納入，該書也是目前最早以十國爲主體的史書，可惜的是目前所存僅爲原書的四分之一。路氏又曾參予國史的編修，故用在《九國志》的寫作上，應會較爲僅愼，所以本書史料價值極高。本文所使的《九國志》是以《叢書集成初編》本爲底本，再以《粵雅堂叢書》對校，由吳在慶、吳嘉麒兩位校點而成。

《釣磯立談》：一卷，作者史溫，但《宋史·藝文志》載此書作者爲史虛白，〔註26〕之後在四庫館臣的考證下，則認爲此書的作者應爲史虛白之子史溫。〔註27〕本書雖僅有一卷，但其史料價值甚高。筆者以爲，本書應是史虛白在南唐所留下的文件及記錄，之後在其子史溫整理並加上自身見聞而成，書中所謂之山東叟應即史溫，可能史溫害怕作史遭禍，因此書中評論皆以山東叟之名，故在自序中曰：「隨意所商，聊復疏於紙。」〔註28〕本書史料價值極高，是南唐人所記的南唐事，書中對南唐朝政的演變及李昇的對外策略也有詳加記錄，甚至後周攻江淮的殘暴也有記載。不過此書並未按時序加以區分，因此在閱讀上會較不易。本文所使的《釣磯立談》是以《知不足齋叢書》本爲底本，配以《四庫全書》文淵閣本對校，再由虞雲國、吳愛芬兩位校點而成。

《南唐近事》：兩卷，作者爲鄭文寶，成書於宋太平興國二年（977），在

〔註23〕《四庫全書總目提要》，卷六六，〈載記類〉，頁 433 下左。

〔註24〕脫脫，《宋史》（臺北，臺灣商務印書館，民國 77 年 5 月，台六版），卷四四一，〈文苑三·徐鉉傳〉，13044～13045。

〔註25〕《五代史書彙編（6）》，頁 3208。

〔註26〕《宋史》，卷二〇六，〈藝文志五·小說類〉，5222。

〔註27〕《四庫全書總目提要》，卷六六，〈載記類〉，頁 429 下右。

〔註28〕史溫，《釣磯立談》（收錄於徐吉軍等編，《五代史書彙編》，杭州出版社，2004 年 5 月，初版），頁 5002。

自序中，作者敘著書動機，鄭氏曰：

> 南唐烈祖、元宗、後主三世，共四十年，……。君臣用舍，朝廷典
>
> 章，兵火之餘，史籍蕩盡，惜乎前事十不存一。〔註29〕

鄭氏便是有感南唐史事的流失，而作此書。《四庫全書總目提要》稱「其體頗近小說」，〔註30〕此書因類似小說，故在內容較不嚴謹，因此所載異事甚多，且在某些人名上又與它書不同，如稱嚴可求爲嚴求等，不過卻也保留了不少南唐初期的史事，如李昇服藥變老一事，唯此事有載。除此以外，本書也保留了有關於南唐的法律資料，即「《昇元格》：盜物直三緡者，處極法」此一條，〔註31〕說明了南唐的法規的嚴格，所以此書雖記載不少的神怪異事，但除去神怪異事後，仍有豐富的史料價值，四庫館臣則曰：

> 故馬令、陸游《南唐書》，採用此書幾十之五六，則宋人固不廢其說
>
> 矣。〔註32〕

因此本書的內容，多爲其後書寫南唐史書的學者所引用。本文所使的《南唐近事》是以《四庫全書》文淵閣本爲底本，配合其它版本校對而成，主要再參考《中華野史》本《南唐近事》後陳尚君輯錄的內容，由張劍光校點而成。

《江表志》：三卷，作者鄭文寶，此書成於宋大中祥符三年（1010），此書之作，是鄭氏爲補《江南錄》的失漏而作，其曰：

> 太宗皇帝欲知前事，命湯悅、徐鉉撰成《江南錄》十卷，事多遺落，
>
> 無年可編，筆削之際，不無高下，當時好事者往往少之。〔註33〕

鄭氏所作二書，《南唐近事》及《江表志》雖成書年代不同，但著書的想法卻應是同時，鄭氏將其所收集的資料分爲兩部份，「叢談瑣事」編成《南唐近事》，「以朝廷大政入《江表志》」，〔註34〕所以本書較少有神怪之事。本書共分三卷，先主、中主、後主各一卷，每卷附有當時君主的皇子、宰相、使相、樞密使、將帥及文臣等表。此書雖言三卷，但內容卻遠不及三卷，四庫館臣亦曰：

> 今世所行《江表志》名爲三卷，實止二十四頁，蓋殘闕綴拾，已非

〔註29〕 鄭文寶，《南唐近事》（收錄於徐吉軍等編，《五代史書彙編》，杭州出版社，2004年5月，初版），頁5045。

〔註30〕 《四庫全書總目提要》，卷二四〇，〈小說家類〉，頁右上。

〔註31〕 《南唐近事》，卷二，頁5054。

〔註32〕 《四庫全書總目提要》，卷二四〇，〈小說家類〉，頁右上。

〔註33〕 鄭文寶，《江表志》（收錄於徐吉軍等編，《五代史書彙編》，杭州出版社，2004年5月，初版），頁5077。

〔註34〕 《四庫全書總目提要》，卷二四〇，〈小說家類〉，頁952右上。

完書。……，則《江表志》雖存而實佚，……。〔註35〕
從此可知此書散佚情況極爲嚴重，早已非原存之書，雖此書多已散佚，但鄭氏曾出仕於南唐，其父又爲南唐右千牛衛大將軍，故本書所載之事多爲鄭氏「耳目所及」，〔註36〕因此史料價值甚高。此外，本書又記有吳越之事，更可對吳越情況有一了解，這些就更增加本書的價值。本文所使的《江表志》是以《墨海金壺》爲底本，配合其它版本校對，再由張劍光、孫勵兩位校點而成。

《江南餘載》：二卷，不知何人所作，只知作者宋人，成書於熙寧八年（1075）前，《四庫全書總目提要》則曰：「實據《江表志》爲稿本矣」。〔註37〕事實上本書早已散佚，而是由四庫館臣由《永樂大典》中再輯出，分爲二卷，此書應早已非原貌，《直齋書錄題解》則未記此書有幾卷，僅記共一九五段。〔註38〕書中所記錄的爲南唐三代君主的君臣事跡，本書也有許多記錄是它書所未見的。此外，還記載一些關於南唐宮庭及園林建築資料，因此對於研究南唐的歷史，仍是有其幫助的。本文所使的《江南餘載》是以《四庫全書》文淵閣本爲底本，配以其它版本校對，再由張劍光、孫勵兩位校點而成。

《江南別錄》：一卷，作者陳彭年，少年時即以文學著名，後主（李煜）召其入宮，「令子仲宣與之遊」，〔註39〕南唐滅亡後，曾拜徐鉉爲師，後又參予《冊府元龜》預修。陳氏作此書，是爲補《江南錄》之未備。《宋史‧藝文志》、《郡齋讀書志》皆記此書有四卷，此四卷是則應爲徐溫、李昪、李璟及李煜一代各一卷，但現存一卷，「疑後人所合併也」，〔註40〕而《說郛》中載，有數則不見傳本的佚文，〔註41〕此書也應早已散佚，現存本也應非原始版本。陳氏早年曾入南唐宮中，可能得知不少南唐異聞，在書中也記有不少未見於它書的資料，故此書「爲司馬光所採用者甚夥」，〔註42〕更可見此書的史料價值。而本書對李昪篡吳的過程及吳、南唐政爭上，也都有詳盡的描述。本文所使用的《江南別錄》是以《學海類編》本爲底本，配以其它版本校對，由

〔註35〕《四庫全書總目提要》，卷六六，〈載記類〉，頁432上右。
〔註36〕《江表志》，頁5077。
〔註37〕《四庫全書總目提要》，卷六六，〈載記類〉，頁432上右。
〔註38〕陳振孫，《直齋書錄題解》，附錄於《五代史書彙編》，頁5103。
〔註39〕《宋史》，卷二八七，〈陳彭年傳〉，9661。
〔註40〕《四庫全書總目提要》，卷六六，〈載記類〉，頁430下右。
〔註41〕徐吉軍等編，《五代史書彙編（9）》，頁5127。
〔註42〕《四庫全書總目提要》，卷六六，〈載記類〉，頁431上左。

陳尙君校點而成。

　　《江南野史》：十卷，龍袞所作，成書應於仁宗朝。〔註43〕此書本爲二十卷八十四傳，現存僅十卷三十五傳，故此書散佚也頗爲嚴重。此書原本應爲一部最早的南唐國史，但卻散佚近半，使此書因此價值降低不少，且在內容的記載上又與其它史書，又有相互牴觸的地方，如雨懼抽稅，其記在中主，與《南唐近事》又有不同，此書在內容上，神怪異事頗多。雖如此，但仍保留了南唐經濟、法律的內容，所以書中內容，「馬、陸兩書亦多採之」，〔註44〕《十國春秋》也採取了不少本書的內容，更可說明其價值。本文所使的《江南野史》是以《豫章叢書》本爲底本，並與其它版本校對，再由張劍光校點而成。

　　《南唐書》：〔註45〕三十卷，馬令所作，成書於崇寧元年（1102）正月。馬氏作書的動機，也是認爲《江南錄》「率皆疏略」，再加上其先祖「世家金陵，知多南唐故事」，〔註46〕因而作《南唐書》。此書在體例上，採紀傳體例，君主不立本紀以書代替，此書最大問題在於缺失頗多，許多人物記錄並不完整，僅有記錄事件，對人物的生平並未有太多涉及，如江文蔚、高越皆如此；在介紹地理方面又僅有州、軍而無縣；世系介紹上，又以李唐先世一直述及李昪身世，以上這些都是此書的缺失。四庫館臣對此書有頗多批評，認爲本書「均不及陸游重修之本」，但亦認爲本書有其價值，又曰：「然椎輪之始，令亦有功，且書法亦謹嚴不苟」，〔註47〕這主要是在當時，已有許多南唐相關史書的出現，但體例最完整的唯獨馬氏所著之書，因此四庫館臣方有此言。本文所使的《南唐書》是以《四部叢刊續編》本爲底本，配以《墨海金壺》本對校，再由李建國校點而成。

　　《南唐書》：〔註48〕十八卷，陸游所作。此書作成後，並未曾傳抄，所以並不知何人所作，《宋史‧藝文志》中，也未有作者之名，直至元代戚光考證後，才確定作者爲陸游。陸氏作此書，所採用的爲正史體，對南唐三代君主

〔註43〕《五代史書彙編（9）》，頁5147。

〔註44〕《四庫全書總目提要》，卷六六，〈載記類〉，頁430上左。

〔註45〕以下在本文中皆簡稱《馬書》。

〔註46〕馬令，《南唐書》（收錄於徐吉軍等編，《五代史書彙編》，杭州出版社，2004年5月，初版），頁5247。

〔註47〕紀昀，《四庫全書總目提要》，卷六六，〈載記類〉，頁435上右。

〔註48〕以下在本文中皆簡稱《陸書》。

皆立本紀，四庫館臣對此則認為：「得非以南渡偏安，事勢相近，有所左祖於其間乎」。〔註49〕此書雖僅有十八卷，但對馬氏所未提及之事，陸氏皆加以補充，如江文蔚、高越、魏岑及查文徽等傳馬氏皆云「後事亡」，陸氏則皆加以補充，使這些傳得以更為完整，本書最大的優點在於「敘述之簡潔」。〔註50〕一般而言馬氏之書記載詳盡，但書法不密；《陸書》則頗俱書法，所重者在於微言大義，敘述較為簡潔，因此比較兩書，則可看出，《陸書》所重在於書法，而不著重於史事的記載，《馬書》則不然，較著於史事的記載，雖仍有部份缺失，依史料價值而言，《陸書》的重要性則不如《馬書》。本文所使的是以《四部叢刊續編》本為底本，配合其它版本校對，再由李建國校點而成。

　　《玉壺清話》：十卷，釋文瑩所作，成書於宋元豐元年（1078）。本書雖有十卷，但與南唐相關的唯有第九卷的〈李先主傳〉，此書曾散佚，明代時雖又輯合，但疏漏恐怕難免。作者釋文瑩為南方僧人，因此在本書的著作上，可能有不少是傳聞，此書在內容就有一些錯誤，如以李璟去世廟號之議，誤以為李昇，此為內容中的最大錯誤，又常將李璟之事書於李昇，可見此書疏於考察。除此以外，本書內容尚有其它史書所未見的，如徐玠與周本等人之謀。不過本書所記仍有不少的神怪異事，本書雖從有其價值，但大抵不如上述諸書。本文所使的《玉壺清話》是以《知不足齋叢書》本為底本，配合其它版本校對，由楊立揚校點而成。

　　《吳越備史》：四卷、〈補遺〉一卷，作者為范坰、林禹，成書年代不詳，本書本為十五卷，〔註51〕目前僅存四卷。本書體例採編年體，主要記載吳越五任國王的事績，記述上也以五王為中心來編寫，對於當時的五代政權及與週邊各國來往情況，都有所記載，內容包含政治、軍事、外交、經濟及文化等各個層面，因此史料價值豐富。本文所使的《吳越備史》是以《武林掌故》本為底本，配合其它版本校對，由吳翌鳳、張元濟校點而成。

　　《十國春秋》：一四七卷，吳任臣所作，成書於康熙八年（1669）。本書是自《九國志》後，針對十國所作的書籍，本書的內容則遠多於《九國志》，此書也應為現今有關十國歷史著作的最完全的。南唐在本書中所佔的篇幅最多，共有二十卷，在體例上則採本紀、列傳等形式在全書最後又有列出十國

〔註49〕《四庫全書總目提要》，卷六六，〈載記類〉，頁435下左。
〔註50〕《四庫全書總目提要》，卷六六，〈載記類〉，頁435下左。
〔註51〕《五代史書彙編（10）》，頁6163～6164。

紀元、世系、地理、藩鎮及百官等五表，吳氏所編表最爲人所稱道，四庫館臣亦曰：「五表考訂尤精，可稱淹貫。」〔註52〕再從其所引用之書，可見到本書仍保存了不少失佚的書，如《吳錄》、《沘上英雄錄》等，因此本書史料價值極高，爲研究十國史不可缺少的史料。本文所使的《十國春秋》是以周昂重刻本爲底本，配合其它史書校對，再由徐敏霞校點而成。

　　除以上史書外，尚有《唐餘紀傳》、《續唐書》等書，但這些史書大抵傳抄前書，且成書皆在明、清，價值遠不如以上史書，因此筆者大抵不用，筆者所用的南唐相關史書，主要以宋人所作爲主，除此以外所用爲清人吳任臣所作的《十國春秋》。以上即爲筆者在撰寫本文時，所使用的南唐相關史料。

第三節　研究動機、方法及內容介述

　　上面所談及的爲近年來與李昇研究的相關著作與本文相關的史料，但從中大抵也可了解，直接對李昇所進行的研究，確實不多。南唐在當時雖對南方諸國有極大威脅，但不可否認的是，南唐也是南方諸國賴以獨立的因素之一。就地理位置來看，南唐正是中原王朝統一南方的最大障礙，因此南唐的興衰，相對也影響到天下的一統。李昇篡滅吳國建立南唐，故吳國與南唐在政權上是一種延續的關係。但李昇出身孤苦，爲何能篡吳建唐，透過李昇的興起及統治方式，來瞭解南唐的建立，更進一步來深入探討李昇本人的相關問題，這就是本文的動究動機及目的。在研究方法上，則運用歸納法、比較等方法，並遵循指導教授之意見。除此以外，爲使正文可更易瞭解，並作圖表以輔助正文，以便對李昇可做一進步的認識。

　　在此著作中，大體是以李昇個人來進行研究，在研究方面則也是以是政治事件作爲主體，雖也有述及當時代的經濟、社會、制度及文化等方面，但終究有限，因此必有不及之處。現就對本文內容作一介紹。

　　第二章　李昇身世之謎與相關問題探究。李昇的身世一直眾說紛紜，究竟其身世到底爲何？出生地又爲何？李昇幼年父母即接連去世，又因戰亂之關係，而成爲徐溫養子，但其過程如何？這即是本章所要探討的。

　　第三章　李昇的成長歷程及與徐家的關係。其幼年時在徐家生活，其成長過程又如何，受到何種教育及對待？李昇是如何取得徐溫信任，最後又因

〔註52〕《四庫全書總目提要》，卷六六，〈載記類〉，頁437下左。

此而興起，超越徐家子嗣們來掌握吳政，得以掌握吳國大政，但其與徐溫的真正關係又如何？即位前與徐溫子嗣們的關係又如何？這也是本章所要探討的。

　　第四章　李昪得國歷程。李昪在徐溫去世後，是如何繼承徐溫的勢力，以取得吳國政權？其建立南唐過程又如何？在建立南唐前做了哪些努力，以致於篡建南唐，可如此的平順？這是本章所要探討的。

　　第五章　李昪的內部統治及經濟政策。對內部又採取何種政策以治理國家及人民？在經濟上又有哪些政策？財政措施上又有哪些？這是本章所要探討的。

　　第六章　李昪的對外關係。先談及李昪外交策略為何，到底是偏霸一方或是胸懷天下？再述及李昪與中原王朝、南方諸國、遼國及海外諸國間的關係到底是如何？又為何無法統一天下？這是本章所要探討的。

　　第七章　李昪的家庭成員與繼承人之抉擇。先談到李昪的妻妾與姊妹，再述及李昪的子女們，最後再談到李昪對繼承人之抉擇，為何會是李璟接位？對李昪的一生作一個評價，其人格特質為何？這是本章所要探討的。

　　第八章　結論。

　　以上即為本文內容之介紹。

第二章　李昇身世之謎及相關問題探究

第一節　李昇出生地之謎

　　南唐先主李昇，其身世一直眾說紛紜，在眾多史書中，也各有其說法。其生年爲唐僖宗文德元年（888）〔註1〕十二月初二，〔註2〕字正倫，小字彭奴。〔註3〕有關於李昇的生年並未有太大的爭議。但在有關李昇的出生地及身世上，在各種史書中則有不同的說法，因此從現存的各種史書上記載，更難以看出其端倪。因此，現就李昇的出生地及身世上來進行一番探究。

　　有關李昇的出生地，其說法有三：

1. 徐州：〔註4〕此說法是大部份史書所持的記載，此說法一般是以徐鉉的《江南錄》所最先提及，其它採取此說法的史書有《歐史》、司馬光《資治通鑑》、《馬書》、《陸書》、鄭文寶《江表志》、龍袞《江南野史》、文瑩《玉壺清話》、吳任臣《十國春秋》等書皆採此一說法。
2. 海州：《薛史》、王欽若《冊府元龜》等則採取此一說法。
3. 湖州：范坰、林禹《吳越備史》則採取此一說法。

　　以上即爲各種史書，有關李昇的出生地之說法。

〔註1〕即光啓四年，二月改元文德。
〔註2〕《陸書》，卷一，〈烈祖本紀〉，頁5463。但此出生月份，也唯有陸游有記載，未見其它書籍記載，所以不知陸游所本爲何？故此出生月份是否眞實，則令人懷疑。
〔註3〕有關小字彭奴的記載有馬令《馬書》、《陸書》、吳任臣《十國春秋》等書。
〔註4〕也有記爲彭城，但爲同一地方，故不再另行記述。

　　以上有關李昪的出生地的說法，筆者以爲,應以第一種說法「徐州」較爲可信，一般以爲因李昪的小字爲彭奴，故其出生地爲「徐州」，此記載則出於《馬書》中，「彭奴以光啓四年生於彭城，未名，故書小字。」，〔註5〕但筆者則認爲不應以《馬書》的說法來作爲李昪出生於「徐州」，相反的是否有小字彭奴，反而都是一個問題，因有關李昪小字彭奴的記載並未見於其它史書，相反的唯有《馬書》、《陸書》、吳任臣《十國春秋》等三書方才有此記載。其中，小字彭奴又以馬令最早提出，陸游、吳任臣則因之。查馬令本人，爲北宋末年人，而其所著《南唐書》，與其它南唐相關史書相比，成書年代是較晚的，比馬令《南唐書》更早完成的史書，卻未曾提及李昪小字爲彭奴一事，可見李昪小字是否爲彭奴，實是令人值得懷疑？

　　不過，李昪的出生地爲「徐州」說法，筆者仍以爲應是較可信的。最早提出李昪的出生地爲「徐州」的，應是出自於徐鉉的《江南錄》之中，徐鉉先仕南唐，歷任中書舍人、翰林學士、吏部尚書，《江南錄》一書則爲，徐鉉跟隨南唐君主李煜歸宋，受宋太宗趙光義之命所編寫的，故《江南錄》是時人記錄的當時的事情，因此應較具有權威性。是故筆者仍以爲《江南錄》所記載的李昪的出生地爲「徐州」應較爲可信。如若不然，李昪的出生地爲「徐州」一說，也應是當時南唐內部所流傳的說法，而徐鉉即仕南唐久矣，據《宋史》載：

> 徐弦，字鼎臣，揚州廣陵人。……，仕吳爲校書郎，又仕南唐李昪父子，試知制誥，……，景死，事其子煜爲禮部侍郎，通署中書省事，曆尚書在丞、兵部侍郎、翰林學士、御史大夫、吏部尚書。〔註6〕

其也多受後主李煜的信任，所擔任的官職尚且不低，故應對南唐內部的各項史實也較爲了解，而此後的記載有關李昪的出生地一事的史書，如：《歐史》、司馬光《資治通鑑》、《馬書》、《陸書》、鄭文寶《江表志》、龍袞，《江南野史》、文瑩，《玉壺清話》、吳任臣《十國春秋》等書皆採此一說法。宋太宗命徐鉉編寫《江南錄》，也應是認爲徐鉉對南唐的歷史發展較爲了解，而其它史書又依《江南錄》之記載，也應皆是認爲《江南錄》之記載是可信的，這些史書也多是宋人所著，其中陳彭年所著的《江南別錄》一書，又是爲補《江南錄》所未備，若是《江南錄》的說法有誤，陳彭年也應會在所《江南別錄》中提出，另鄭文寶的《江表志》看法也同《江南錄》，鄭文寶的《江表志》一書，

〔註5〕《馬書》，卷一，〈先主書〉，頁5257。
〔註6〕《宋史》，卷四四一，〈文苑三〉，13044～13045。

也是爲補《江南錄》之不足而成的，鄭文寶在《江表志》的序言中說到：

太宗皇帝欲知前事，命湯悦、徐鉉撰成《江南錄》十卷，事多遺落，無年可編，筆削之際，不無高下，當時好事者往往少之。〔註7〕

雖說陳彭年、鄭文寶都曾師事徐鉉，卻也不代表陳彭年、鄭文寶的看法必定與徐鉉相同，陳彭年少爲南唐人，又曾爲後主李煜召進宮，鄭文寶其父又曾爲南唐右千牛衛大將。兩人或多或少應對南唐有一番認知，所著之事也絕非無的放矢，陳彭年、鄭文寶兩人在記載李昪的出生地一書，又與徐鉉的《江南錄》相同，可知李昪的出生地爲「徐州」的說法應是當時南唐人們所共知的。且陳彭年、鄭文寶兩人所著之事又是爲補《江南錄》之不足，當不致於不考案即抄錄《江南錄》之記載，故由此來看的話，李昪的出生地爲「徐州」的說法，應較爲正確。

關於第二種說法，李昪的出生地則「海州」，此一說法任爽先生認爲較可信，任爽先生在其所著《南唐史》一書中提到：

關於李昪的出生地，當屬《舊五代史》的說法較爲可靠，其書多取材實錄，此處關於李昪的出生地的記載，也許即來自久已亡佚的《南唐烈祖實錄》。〔註8〕

之後任爽先生又引其它史籍所記，如《江南餘載》中所記：

烈祖嘗以中秋夜翫月延賓亭，宋齊丘等皆會。時御史大夫李主明面東而坐，烈祖戲之曰：「偏照隴西。」主明應聲曰：「出自東海。」皆以帝之姓爲諷也。〔註9〕

在《江南野史》中也有相關記載：

初有禪代之志，忽夜半寺僧撞鐘，滿城皆驚。逮旦召問，將斬之，云：「夜來偶得月詩。」先主令白，乃曰：「徐徐出東海，漸漸入天衢，此夕一輪滿，清光何處無。」先主聞之，私喜而釋之。又天祐中，諸郡童謠云：「東海鯉魚飛上天。」東海，徐氏之望；鯉與李姓音同也。天時人事，冥符有如此者也。〔註10〕

〔註7〕鄭文寶，《江表志》（收錄於徐吉軍等編，《五代史書彙編》，杭州出版社，2004年5月，初版），頁5077。

〔註8〕任爽，《南唐史》（長春：東北師範大學出版社，1995年9月，初版），頁9。

〔註9〕佚名，《江南餘載》（收錄於徐吉軍等編，《五代史書彙編》，杭州出版社，2004年5月，初版），卷上，頁5106。

〔註10〕龍袞，《江南野史》（收錄於徐吉軍等編，《五代史書彙編》，杭州出版社，2004

李主明、寺僧與童謠所說的「東海」，即「海州」另稱，故任爽先生認爲，李昇的籍里當以《薛史》所記最爲可信。

在《薛史》中載，有關李昇的出生地：

> 李昇，本海州人，僞吳大丞相徐溫之養子也。溫字敦美，亦海州人。初從淮南節度使楊行密起兵於廬州，漸至軍校。唐末，青州王師範爲梁祖所圍，乞師於淮南，楊行密發兵赴之，溫時爲小將，亦預其行。師次青之南鄙，師範已敗，淮兵大掠而還。昇時幼穉，爲溫所虜，溫愛其慧黠，遂育爲己子，名曰知誥。〔註11〕

按徐溫收李昇爲養子在唐昭宗乾寧二年（895），青州王師範爲朱全忠所圍一事，則發生於唐昭宗天復三年（903）二相比較下，差距有八年之久，而李昇成爲徐溫養子時，年方八歲，若依《薛史》中所載之時間，則李昇成爲徐溫養子時，已爲十六歲之青年，若如此又何來「昇時幼穉，爲溫所虜，溫愛其慧黠，遂育爲己子」之事呢？故此爲《薛史》所犯錯誤。

楊行密在唐昭宗天復三年（903），確有援救青州王師範之事，史載：

> （四月）王師範求救於淮南，乙未，楊行密遣其將王茂章以步騎七千救之，又遣別將將兵數萬攻宿州。〔註12〕

當時楊行密遣王茂章率師援救王師範，與朱全忠戰於青州，但翻遍各家史書中，卻未有徐溫隨王茂章至青州之記載，不過確實有徐溫與王茂章共同作戰之事，《資治通鑑》載：

> （八月）己丑，安仁義襲常州，常州刺史李遇逆戰，極口罵仁義，仁義曰：「彼敢辱我，必有備。」乃引去。壬辰，行密以茂章爲潤州行營招討使，擊仁義，不克，使徐溫將兵會之。溫易其服旗幟，皆如茂章兵，仁義不知益兵，復出戰，溫奮擊，破之。〔註13〕

從《資治通鑑》上來看，徐溫與王茂章確有一同作戰之事，時間也確實在唐昭宗天復三年（903）但事在八月，而王茂章率師拯救青州王師範之事則在六月，在時間上也差距有二個月之久，一同作戰之地也非青州而爲潤州，潤州位於江南，青州則位於山東，兩地差距甚遠，《薛史》的記載應是將潤州之事

年5月，初版）卷一，頁5157。

〔註11〕《薛史》（台北：洪氏出版社，1977年10，初版），卷一三四，〈僭僞列傳一〉，頁1784～1785。

〔註12〕《資治通鑑》，卷二六四，唐昭宗天復三年條，頁8606。

〔註13〕《資治通鑑》，卷二六四，唐昭宗天復三年條，頁8614。

張冠李戴至青州去了，徐溫應未曾隨王茂章至青州之事，則此應爲《薛史》所犯的另一項錯誤。

《薛史》在有了以上的錯誤後，在有關李昇的出生地爲海州一事，可信度就相對降低了。但爲何《舊五代史》會記李昇的出生地爲海州，這可能與徐溫爲海州人有關，《薛史》在記載上，可能認爲徐溫爲海州人，是故李昇也爲海州。又有以「東海鯉魚飛上天」之語，東海一詞的解釋，也可解釋爲李昇曾受封的東海郡王，故再以此與「東海鯉魚飛上天」之語相互印證，就能更加的貼切。再加上徐溫即曾受封東海郡王，而後李昇再受封爲東海郡王，更是象徵李昇繼承徐溫勢力的一個表現。

因此《薛史》所記可能爲早先之傳聞，而徐鉉《江南錄》所載的則應當是李昇建立南唐後，所向外透露的。若依任爽先生的說法，《薛史》李昇的出生地爲海州的記載，可能來自於《南唐烈祖實錄》，若依此說法的話，即然薛居正等人都曾看過《南唐烈祖實錄》，那要如何斷定曾仕南唐，歷任中書舍人、翰林學士、吏部尚書的徐鉉就未曾見過此書。所以可見《南唐烈祖實錄》所記載的李昇的出生地應非海州，徐鉉在其《江南錄》中所記載的李昇的出生地爲徐州，方才有可能是依《南唐烈祖實錄》所載。且《薛史》的成書年代在宋太祖開寶七年閏十月，南唐亡國則在開寶八年十一月，兩者相差一年有餘，因此若謂薛居正等人都曾看過《南唐烈祖實錄》，則實令人難以相信，是故《薛史》中所載，李昇的出生地爲海州應是有誤的。

第三種說法李昇的出生地爲湖州安吉縣人，〔註14〕此說法是范坰、林禹在《吳越備史》上所提出。《吳越備史》中又爲加強此一說法，於是又曾載「（李昇）後嘗致書於我，以毗陵求易吳興」，〔註15〕但此說法應是最不可信，原因有三：

1. 其它史書皆未有此一說法，此一說法獨見《吳越備史》，而從未見它書有所提及，也未見《吳越備史》有其它佐證，此說法確實令人難以取信。
2. 李昇來信易地一事，雖《吳越備史》中有提及「後嘗致書於我，以毗陵求易吳興」，但《吳越備史》卻未有此書信的原文出現，因此《吳越備史》的說法較難以令人相信。

〔註14〕 范坰、林禹《吳越備史》（收錄於徐吉軍等編，《五代史書彙編》，杭州出版社，2004年5月，初版），卷二，〈文穆王〉，頁6228。
〔註15〕 《吳越備史》，卷二，〈文穆王〉，頁6228。

3. 南唐、吳越世為敵國，雖兩國曾保有數十年之和平，但事實上兩國卻一直仍處於緊張的狀態，互相仍保持高度警戒，雖多次和解，但關係仍是緊張：

> 且臣本道，與淮南雖連疆畛，久結仇讎，交惡尋盟，十翻九覆，縱敵已逾於三紀，弭兵纔僅於數年，諒非脣齒之邦，真謂腹心之疾。〔註16〕

此為吳越錢元瓘上後唐明宗之書，在文中錢元瓘就直接說明，兩國雖暫處和平，但事實上卻仍是敵對狀態。《吳越備史》所載李昇以書信求為易地一事，也是在錢元瓘時之事，因此兩國雖暫處和平，但即使李昇的出生地為湖州，也或許有此想法，但當時李昇已建國，又改姓為李，並不致於作出，如此舉動。故此一說法，就極有可能是吳越為打擊李昇而傳出，其最終目的是為說明李昇身世是偽造的，根本是不可信的。不然，一旦李昇建唐，並取得中原正統地位，那最先遭受壓力的，恐怕即是「久結仇讎」的吳越。

有關李昇的出生地的說法，在經過上面的探查後，出生地應以徐州較為可信，其它有關說法，則各有其背景因素，方才形成各種說法，使後人對其出生地，陷入了一團謎霧之中。

第二節　李昇身世之謎

李昇身世之謎，更是難解，光是否為李姓，就有許多的說法，即使為李姓，其世系之說，更有五種之多，如此一來更使李昇的身世，蒙上重重的謎霧。

有關李唐皇室後裔說，共有下表說法：

表一：李昇李唐皇室後裔說表

何　者　後　裔	出　　處	備　　註
唐憲宗之子建王恪	《江南錄》、《江南野史》、《玉壺清話》、《馬書》、《陸書》、《唐餘紀傳》。	《江南錄》最先提出。
唐高祖之子鄭王元懿	《江表志》	其它史書則未見從一說法。
唐玄宗子永王璘	《薛史》	據《資治通鑑考異》上之記載，最早記載此一說法的應是《周世宗實錄》。

〔註16〕《薛史》，卷一三四，〈世襲列傳二〉，頁1770。

薛王知柔之子	《蜀後主實錄》	
唐太宗子吳王恪	《資治通鑑》	

上表爲皇室後裔的幾種說法，現一一來探究其眞實性爲何。

第一種說法，李昇爲建王恪之後裔，《舊唐書》載：

> 建王恪，本名審，憲宗第十子也。元和元年八月，淄青節度李師古卒，
> 其弟師道擅領軍務，以邀符節。朝廷方興討罰之師，不欲分兵兩地，
> 乃封審爲建王。間一日，授開府儀同三司、鄆州大都督，充平盧軍淄
> 青等州節度營田觀察處置、陸運海運、押新羅渤海兩蕃等使，而以師
> 道爲節度留後．不出閤。七年，改今名。長慶元年薨。〔註17〕

《新唐書》載：

> 建王恪，元和元年始封。時淄青節度使李師古死，其弟師道丐符節，
> 故詔恪爲鄆州大都督、平盧軍淄青等州節度大使，以師道爲留後，
> 然不出閤。長慶元年薨，無嗣。〔註18〕

建王恪在《舊唐書》、《新唐書》皆有傳，內容也大致相同，但在《舊唐書》、
《新唐書》皆未曾提及生年，僅言及建王恪薨於長慶元年，因此難以推斷其
年齡，據《新唐書》所載，建王恪並未有嗣，因此李昇爲建王恪之後裔的說
法，則令人產生疑問，但又據《馬書》所載：

> 建王恪⋯⋯，長慶元年薨，無子，以宗室子爲嗣，史亡其名。〔註19〕

若以《馬書》所載，建王恪雖無子，但有以宗室子爲嗣，因此仍有可能李昇
爲建王恪之後裔，但事實上，連做此一記載的馬令，也應認爲李昇爲建王恪
之後裔一事，確有其疑點，故馬令之後記載：

> 其後有李超者，或以爲建王後。懿、僖之時，宗室世遠，遂與異姓
> 之臣雜而仕宦，至或流落民間。超之子志，爲徐州判司。志生榮，
> 號道者。榮生先主。先主即位，是爲南唐。〔註20〕

由此看來，馬令本人對於李昇是否爲建王恪之後裔一事，也充滿了懷疑，方

〔註17〕劉昫，《舊唐書》（台北：鼎文，民國67年6月二版），卷一七五，〈憲宗二十
子・建王恪傳〉，頁4535。

〔註18〕歐陽修，《新唐書》（台北：鼎文，民國68年9月二版），卷八二，〈憲宗諸子・
建王恪〉，頁3630。

〔註19〕《馬書》，卷三〇，〈世裔譜〉，頁5448。

〔註20〕《馬書》，卷三〇，〈世裔譜〉，頁5448。

有「其後有李超者，或以爲建王後」一詞的出現，這也再再的表明，李昪爲建王恪之後裔一事，恐有莫大的問題。且建王恪以宗室子爲嗣一事，卻也僅見於《馬書》之上，在兩唐書上卻未有此記載，因此建王恪是否有以宗室子爲嗣一事，實在也令人感到有許多的疑問。這或者是馬令的推斷，因馬令在李昪身世一事上，所採取的角度，與《江南錄》所採的立場一致，但《江南錄》等書，卻又未對建王恪無子一事有所解釋，因此馬令便做此一推斷，而又爲自圓其說，因此方有「懿、僖之時，宗室世遠，遂與異姓之臣雜而仕宦，至或流落民間」一詞，來解釋李昪爲建王恪之後裔一事的眞實性。

而其它相關史書，則對建王恪無子一事並未有所解釋，如《陸書》在記李昪世系：

> 恪生超，早卒。超生志，……。志生榮。〔註21〕

根本未注意到兩唐書所提，有關建王恪無子一事之記載，因此這些相關史書對李昪身世一事上的記載，恐則爲相互承襲而來，而未曾注意到此一問題。唯有馬令注意此一問題，因此在相關記載上，則有與其它史書所不同之處。但問題在於，馬令的說法，也應僅爲自己所做的推斷，甚至於也深覺有問題，方會在「以宗室子爲嗣，史亡其名」的記載後，又出現「其後有李超者，或以爲建王後」一詞，即以史亡其名，又何來李超爲建王之後呢？這應也表示馬令不認爲李超爲建王之後，甚至更不認爲李昪爲建王恪之後裔，故馬令在〈先主書〉所記則爲：

> 先主姓李，唐宗室裔也。……。其父榮。榮之父志，志之父超。
> 〔註22〕

馬令在〈先主書〉及〈世裔譜〉的記載則有不同，在〈先主書〉中，僅言及李昪爲唐宗室，但在〈世裔譜〉則記李昪爲建王恪之後裔，會有此種情形，可能是馬令僅認爲李昪是唐宗室裔，但並不認爲李昪是建王恪之後裔，但卻又不知李昪是承襲那位唐宗室裔，因此在〈先主書〉就僅記「唐宗室裔也」，又爲採《江南錄》之記載，因此雖不信李昪爲建王恪之後裔，但仍記載於〈世裔譜〉之中。

但不管馬令在〈世裔譜〉對李昪世系一事記載爲何，也不管其它史書所記又爲何，終究對於建王恪無子一事難以自圓其說，反而更顯其疑點，因此

〔註21〕《陸書》，卷一，〈烈祖本紀〉，頁5463。
〔註22〕《馬書》，卷一，〈先主書〉，頁5257。

筆者以為李昇應非建王恪之後裔，此一說法應為後人所捏造，或是因徐鉉心懷故主所捏造，又或者是李昇得國後所捏造，以符合其建國之號。

第二種有關李昇身世的說法，即為唐高祖子鄭王元懿之後裔，《舊唐書》載：

> 鄭王元懿，高祖第十三子也。頗好學。武德四年，封滕王。貞觀七
> 年，授兗州刺史，賜實封六百戶。十年，改封鄭王，歷鄭、潞二州
> 刺史。二十三年，加實封滿千戶。總章中，累授絳州刺史。數斷大
> 獄，甚有平允之譽，高宗嘉之，降璽書褒美，賜物三百段。咸亨四
> 年薨，贈司徒、荊州大都督，謚曰惠，陪葬獻陵。〔註23〕

《新唐書》載：

> 鄭惠王元懿，始王滕，貞觀中，出為兗州刺史，徙王，歷鄭、潞、
> 絳三州刺史，實封千戶。喜經術，數斷大獄，務寬平，高宗嘉之，
> 璽詔褒錫。薨，贈司徒、荊州大都督，陪葬獻陵。十子，長子璥嗣
> 王，為鄂州刺史。薨，子希言嗣，開元中，為右金吾大將軍，再為
> 太子詹事。弟察言，生二子，曰自仙、。自仙為楚州別駕，生夷簡。
> 為陳留公，生宗閔。璥弟琳，安德郡公，生擇言，擇言生勉。勉、
> 宗閔、夷簡皆位宰相，別有傳，時稱小鄭王後，亦曰惠鄭王後，以
> 別鄭王亮云。〔註24〕

鄭王元懿在《舊唐書》、《新唐書》中皆有傳，從鄭王元懿傳中來看，可知鄭王元懿頗受重用，方嘗「數斷大獄」，而子孫後代也各有發展，甚至有三人皆位至宰相，且有入傳，因此鄭王元懿及其後裔的世系表，較為完整。〔註25〕

提出李昇為唐高祖子鄭王元懿之後裔的僅有鄭文寶，《江表志》上載：

> 南唐高祖姓李，諱知誥，生於徐州，有唐鄭王疏屬之枝脈。父志，
> 祖榮俱不仕。〔註26〕

《江表志》上的記載先不論李昇世系為何，先是在「父志，祖榮俱不仕」一文上，即與其它史書所記有所不同，1. 其它史書所載為父榮、祖志；2. 李昇之父未曾出仕，但其祖則曾任徐州判司。由此來看《江表志》在記載上，疏

〔註23〕《舊唐書》，卷六四，〈高祖二十二子・鄭王元懿傳〉，頁2429。
〔註24〕《新唐書》，卷七九，〈高祖諸子・鄭王元懿〉，頁3552～3553。
〔註25〕《新唐書》，卷七○，〈宗室世系表・小鄭王房〉，頁2053～2062。
〔註26〕《江表志》，卷上，頁5079。

漏不少，光是在父、祖名就搞錯，之後又對李昇祖父曾任官之記載，又再發生疏漏，如此使《江表志》上記載的可信度，不由得令人產生懷疑。再加上李昇為鄭王元懿後裔的說法也僅見於《江表志》上，在更早於《江表志》的各種史書也皆未見，所以李昇為鄭王元懿後裔的說法恐也較令人難以信服。此一說法也仍有其它問題，在世系問題上，僅以「唐鄭王疏屬之枝脈」即一語帶過，完全未能完整的列出李昇的世系，這可能與鄭王元懿一系發展久矣，有較明確的世系，因此若要偽造世系，恐有其困難，因此方以「唐鄭王疏屬之枝脈」即可一語帶過。

但為何鄭文寶在《江表志》上，會提出李昇為鄭王元懿後裔的說法，這可能也是為解決，李昇為建王恪後裔此一說法所來衍生之問題，因李昇若祖建王恪，但建王恪無嗣一事終為事實，即使以宗室子為嗣，終究史失其名，若祖建王恪，反而會產生世系傳承上的問題，可能在此情況下，鄭文寶便另闢其徑，改祖鄭王元懿。鄭文寶本為南唐舊臣，其後雖仕於北宋，南唐仍為故主，鄭王元懿生前又有名聲，死後又多受榮寵，後裔子孫發展又遠勝於其它諸王，世系又從唐初即以產生，也相傳久矣，故祖鄭王元懿實遠勝祖建王恪。

第三種有關李昇身世的說法即為，唐玄宗六子永王璘之後裔，《薛史》載：

> 自云唐玄宗第六子永王璘之裔，唐天寶末，安祿山連陷兩京，玄宗幸蜀，詔以璘為山南、嶺南、黔中、江南四道節度採訪等使。璘至廣陵，大募兵甲，有窺圖江左之意，後為官軍所敗，死於大庾嶺北，故昇指之以為遠祖。〔註27〕

《薛史》所記有關李昇身世的說法，是依據《周世宗實錄》而來，雖不知《周世宗實錄》所記為何，但應與《薛史》大致相同。雖記李昇為唐玄宗六子永王璘之後裔，薛居正應不認同，因此在記李昇初時，未記其身世，僅記李昇為海州人。之後記李昇身世時，則先加「自云」兩字，即為薛居正並不認同為李昇永王璘後裔之說法。

李昇為永王璘後裔的說法，應有可能是當時後周朝廷上所流傳之說法。南唐立國後，即不斷表明其為唐室宗裔，為承襲唐代而來，不管是否如此，其真正的目的是為獲得大義名分及為統一天下做準備，但隨著李璟兩次對外征戰的失利，致使國力大為下降，喪失了逐鹿中原的機會。周世宗的南征，南唐喪失江北十四州，從此降為屬國。當時後周朝廷，在記載李昇身世時，或許並不認

〔註27〕《薛史》，卷一三四，〈僭偽列傳一〉，頁1787。

為李昪為唐宗室後裔，但在南唐自降為屬國後，兩方的關係也較為改善，因此在記載李昪身世時，則仍抬高李昪的身世，仍以其為唐宗室後裔，但又為打消南唐立國的大義名分，方以李昪為永王璘之後裔，如此李昪的先祖雖仍是唐宗室，但卻是一位曾發起叛亂的永王璘，李昪即是叛亂者的後裔，雖仍為唐宗室後，但號召力相形下，便降低許多。永王璘在叛亂時，即已被「上皇下誥：『降為庶人，徙置房陵。』」〔註28〕後雖永王璘「子儹為餘姚王，偵莒國公，儇郕國公，伶、儀並國子祭酒。」〔註29〕如此雖表永王璘死後已獲原諒，也仍被視為唐宗室的一員，但終究不能掩蓋永王璘為叛亂者的角色。後周朝廷的此一記載，既可削弱南唐立國的合法性，又可使周朝廷不致於在李昪身世的問題上，得罪南唐，喪失宗主國所應有的氣度。

第四種有關有關李昪身世的說法為，唐睿宗孫薛王知柔子，此一說法見於《通鑑考異》，此則引自《蜀後主實錄》：

　　唐嗣薛王知柔，為嶺南節度使，卒於官。其子知誥流落於江淮，遂為徐溫養子。〔註30〕

《新唐書》載：

　　知柔，嗣王，再為宗正卿。久之，擢京兆尹。始，鄭、白渠梗壅，民不得歲。知柔調三輔，治復舊道，灌浸如約，遂無旱虞，民詣闕請立石紀功，知柔固讓得止。加累檢校司徒、同中書門下平章事。又詔營緝太廟，判度支，充諸道鹽鐵轉運使。昭宗出莎城，獨知柔從，乘輿器用庀頓皆主之，大細畢給。性儉約，雖位通顯，無居第。未幾，出拜清海軍節度使，在鎮廉絜，貢獻時入，進檢校太傅，兼侍中。仕凡四紀，常為宗室冠。卒于鎮。〔註31〕

依《新唐書》上所載，薛王知柔曾任清海軍節度使，又卒于鎮。

薛王知柔任清海軍節度使的時間，則在乾寧二年（895）七月，《資治通鑑》載：

　　以薛王知柔為清海節度使、同平章事，仍權知京兆尹、判度支，充鹽鐵轉運使，俟反正日赴鎮。〔註32〕

〔註28〕　《新唐書》，卷八二，〈玄宗諸子・永王璘〉，頁3612。
〔註29〕　《新唐書》，卷八二，〈玄宗諸子・永王璘〉，頁3612。
〔註30〕　《資治通鑑》，卷二八二，後晉高祖天福四年條，頁9198。
〔註31〕　《新唐書》，卷八一，〈睿宗諸子・嗣薛王知柔〉，頁3603。
〔註32〕　《資治通鑑》，卷二六○，唐昭宗乾寧二年條，頁8473。

當時由於李茂貞兵犯長安，雖任命爲清源軍節度使，但並未馬上赴任，而是待擊退李茂貞後再行赴任，直至乾寧三年（896）十二月，劉隱斬廣州牙將盧琚等人，方才進入廣州。至唐昭宗光化三年（900）薨於廣州。〔註33〕李昇生於唐僖宗文德元年（888），李昇若爲薛王知柔之子，薛王知柔薨於廣州時，李昇12歲。諸書皆載，徐溫收養李昇時在唐昭宗乾寧二年（895），李昇八歲時，《蜀後主實錄》所載，李昇是在薛王知柔死後，自嶺南流浪至江淮時，方爲徐溫收養，可是薛王知柔去世時，爲光化三年，在時間上已有錯誤，若依《蜀後主實錄》，則徐溫收養李昇時，李昇則爲十二歲，此又爲另一項錯誤。由上述可知，《蜀後主實錄》所載，實是有許多的錯誤，故李昇爲薛王知柔子一事，當屬無稽之談，絕非眞實。

第五種有有關李昇身世的說法爲，唐太宗之子吳王恪之後裔，《資治通鑑》載：

> 唐主欲祖吳王恪，或曰：「恪誅死，不若祖鄭王元懿。」唐主命有司考二王曲裔，以吳王孫禕有功，禕子峴爲宰相，遂祖吳王，云自峴五世至父榮。其名率皆有司所撰。唐主又以歷十九帝、三百年，疑十世太少。有司曰：「三十年爲世，陛下生於文德，已五十年矣。」遂從之。〔註34〕

三月，庚戌，下令：

> 追尊吳王恪爲定宗孝靜皇帝，自曾祖以下皆追尊廟號及諡。〔註35〕

李昇追尊先祖一事，其它史書也有記載，《歐史》載：

> 乃自以爲建王四世孫，改國號曰唐。立唐高祖、太宗廟，追尊四代祖恪爲孝靜皇帝，廟號定宗；曾祖超爲孝平皇帝，廟號成宗；祖志孝安皇帝，廟號惠宗；考榮孝德皇帝，廟號慶宗。〔註36〕

《馬書》載：

> 遂改服屬當建王恪後，建唐廟祀，高祖、太宗以下如唐舊典。追尊建王恪爲孝靜皇帝，廟號定宗；超爲孝平皇帝，廟號成宗；志爲孝安皇帝，廟號惠宗；榮爲孝德皇帝，廟號慶宗。〔註37〕

〔註33〕《資治通鑑》，卷二六二，唐昭宗光化三年條，頁8543。
〔註34〕《資治通鑑》，卷二八二，後晉高祖天福四年條，頁9198～9199。
〔註35〕《資治通鑑》，卷二八二，後晉高祖天福四年條，頁9199。
〔註36〕《歐史》，卷六二，〈南唐世家〉，頁767。
〔註37〕《馬書》，卷一，〈先主書〉，頁5260。

《陸書》則載：

> 追尊高祖建王恪曰定宗孝靜皇帝，貞妃程氏曰貞靜皇后，曾祖超曰
> 成宗孝平王，配崔氏曰平貞妃，祖志曰惠宗孝安王，配盧氏曰安莊
> 妃，考榮曰慶宗孝德皇帝，配劉氏曰德恭皇后〔註38〕

在李昪追尊先祖一事上，《歐史》、《馬書》與《陸書》所記大致相同，但依《陸書》所記，曾祖超曰成宗孝平王、祖志曰惠宗孝安王，此處應有誤，應以《歐史》、《馬書》所記的帝號方為正確。

　　《資治通鑑》所記，與《馬書》及《陸書》皆有所差距，《資治通鑑》上所記，較為粗略，僅有吳王恪一人可知。相較之下，兩部《南唐書》記載較為詳實，符合《資治通鑑》上所言的「自曾祖以下皆追尊廟號及諡」一詞。按《資治通鑑》所載，可明確看出司馬光認為李昪絕非為吳王恪之後裔，因豈有對先祖先行考證，視其是非有功，再擇以為祖之道理？所以李昪非為吳王恪之後裔之理，不言即可自明。

　　有關李昪身世，除了李唐宗室後裔外仍有它種說法，今將其列出：

表二：李昪身世其它說法表

姓　　氏	出　　　處	備　　　註
潘　姓	《吳越備史》	未見有其它史書採取此一說法。
李　姓	《歐史》	
不知姓氏	《資治通鑑考異》	未見有其它史書採取此一說法。

　　第一種李昪本為潘姓的說法，出自於《吳越備史》，上載：

> 昪本潘氏，湖州安吉縣人。父為安吉砦將，嘗因准將李神福侵我吳興，
> 擄潘氏而去，昪遂為神福家奴。徐溫常造神福家，見而異之，求為養
> 子。至是以讖云：「東海鯉魚飛上天。」乃隱本族而冒李姓焉。後嘗
> 致書於我，以昆陵求易吳興，仍引祊田為說，則本潘氏明矣。〔註39〕

《吳越備史》提及李昪出身為吳越潘氏，但此一說法的可能性並不高，《吳越備史》在提及此事時並未有日期，也未見有李昪欲易地之書信，且兩國本即世仇，因此《吳越備史》在記載李昪身世一事本即可能藉以貶低李昪，且有關李昪本為潘姓的說法，也未見有其它史書有記載。所以《吳越備史》所記

〔註38〕《陸書》，卷一，〈烈祖本紀〉，頁5467。
〔註39〕《吳越備史》，卷二，〈文穆王〉，頁6228。

李昪本爲潘姓的說法，應當不可信。

第二種李昪本爲李姓但非李唐宗室後裔的說法，此一說法見於《歐史》，其載：

> 李昪字正倫，徐州人也。世本微賤，父榮，遇唐末之亂，不知其所終。〔註40〕

此一說法說法雖見於《歐史》，《薛史》、《資治通鑑》在其記載中，對李昪身世，提出了各自的看法，皆認爲其非李唐宗室後裔。《天中記》載：

> 金陵李氏，始以唐號國。錢文穆王問之曰：「金陵冒氏族於巨唐，不亦駭人乎？」沈韜文曰：「此可取譬也。且如鄉校間有姓孔氏者，人則謂之孔夫子，復何足怪哉！」王大笑，賞巵酒。〔註41〕

《天中記》所載對於李昪身世的看法，也正可印證此一說法。

筆者也以爲此一看法較爲可信，其因有二：

1. 李昪身世眾說紛紜：有關李昪身世一直以來即眾說紛紜，光是史書上所記即有八種，其中爲南唐舊臣所提出的便有二種，令人不解也在此，何以曾仕同朝，雖職位有高低，何以對李昪身世卻有不同之看法？此著實令人不解。

2. 李昪被收養之年齡：李昪被徐溫收養時已八歲，在記憶方面，或許仍處於懵懂的階段，因此李昪對其身世應本就不甚知曉，或許父、祖之名尚可知，但能否知曉父、祖以前的先祖，則較令人懷疑。

所以李昪根本有可能不知身世爲何，僅知爲李姓，而之後在各史書中所出現的有關李昪爲何李唐宗室後裔，都有可能是李昪在即位後，爲掩蓋其出身而令有司所進行的相關討論，此一討論即有可能就如同《資治通鑑》之記錄。也因此對於李昪到底爲李唐宗室何者之後裔，方才出現各種不同之記錄，方使李昪之身世一直陷入一團謎霧之中。

第三種有關李昪身世的說法，即李昪根本不知其姓氏爲何，此爲劉恕在《十國紀年》中所提出，而爲《資治通鑑考異》所引，其載：

> 昪復姓附會祖宗，固非李氏；而吳越與唐人仇敵，亦非實錄。昪少孤遭亂，莫知其祖系。昪曾祖超、祖志，乃與義祖之曾祖、祖同名，

〔註40〕《歐史》，卷六二，〈南唐世家〉，頁765。

〔註41〕陳耀文，《天中記》（收錄於《四庫全書》第965冊，台北：台灣商務印書館，民國72年，初版），卷一七，〈宗族〉，頁742下左～743上右。

知其皆附會也。〔註42〕

劉恕的此一說法，應較不可信，依《十國紀年》所載李昪少孤遭亂，所以莫知其祖系是有很大的可能性，又依據李昪得國後對其身世所進行的考證來看，也應當是如此。但若言李昪連對自己的姓名爲何都忘記，此種機會應不太有可能。《十國紀年》又載「昪曾祖超、祖志，乃與義祖之曾祖、祖同名」，有可能李昪除其父外，對先祖姓名皆未有記憶，因而附會徐溫的世系，以建構自身的世系。

　　李昪的身世一直以來，難以釐清，而各種史書又眾說紛紜，更加深了李昪的身世的謎團。但在上述討論後，可知李昪的世系捏造成份極高，應非李唐宗室後裔，又考量被收養時已經八歲應知本姓。所以李昪應爲李姓，但非李唐宗室後裔一事應大抵明確。

第三節　李昪被收養問題之探究

　　李昪生於唐僖宗文德元年（888），其出生之時正是李唐王朝走向分崩離析之時，各地藩鎮競相割據，互相攻伐。唐中央的政令已無任何威權可言，僅能守在長安苟延殘喘，而李昪便誕生在此亂世下。

　　李昪之父李榮，《馬書》載：

　　　榮性謹厚，適丁世亂，晦迹民間，號李道者。〔註43〕

《陸書》載：

　　　志生榮，榮性謹厚，喜從浮屠遊，多晦跡精舍，時號李道者。〔註44〕

《玉壺清話》亦載：

　　　安貧謹厚，喜佛書，多遊息佛寺，號爲李道者。〔註45〕

從以上之記載，李榮不止是一位佛教徒，還是一位非常虔誠的佛教徒，且爲一安貧謹厚之人。但《江南野史》所載之李榮，則又完全與《馬書》、《陸書》、《玉壺清話》所載之李榮完全不同，《江南野史》載：

　　　父榮，有器度，不事產業，每交結豪傑，以任俠爲事。屬時離亂，

〔註42〕《資治通鑑》卷二八二，後晉高祖天福四年條，《考異》引《十國紀年》，頁9199。

〔註43〕《馬書》，卷一，〈先主書〉，頁5275。

〔註44〕《陸書》，卷一，〈烈祖本紀〉，頁5463。

〔註45〕《玉壺清話》，卷九，〈李先主傳〉，頁86。

辜盜蜂起，朱梁統制天下，而楊行密專踞淮南，榮乃感憤，欲圖興
復之志，然無少康一旅之眾、數十里之地。久之，聞海賊夏詔眾甚
盛，欲因之以成大事，既往而說詔曰：「僕大唐之後，少失怙恃，遭
世多難，先祖基業，蕩然橫流，爲人所有。自料以高祖、太宗之遺
德，宗祧社稷必未杜絕，其間子孫必有興者。吾雖不調，風蘊壯志，
聞公英雄，士卒勇勁，吾欲因公立事，共取富貴。苟成霸業，古賢
魚水，未足爲喻。」詔感其言，於是從之。遂率眾自海入淮，轉掠
沿岸郡邑。至濠、梁間，眾至數千人，軍勢頗盛。郡邑與戰，多爲
所敗。行密聞之，因帥師攻之，數敗，乃爲所擒，因捕其家，盡誅
之。〔註46〕

依《江南野史》所載的李榮，是一位任俠之人，常懷中興唐室之志。與其它史
書所載之李榮，是完全不一樣的兩人，任爽先生則對此一情況，提出看法：

從一般角度來看，事情很簡單：當時曾經有過兩個李榮，一個無所
事事不知所終；另一個則英雄任俠，爲楊行密所殺，其中之一便是
李昪的生父。〔註47〕

任爽先生認爲李榮有二位，一位無所事事，一位英雄任俠。不過楊行密帥師
攻夏詔一事，所有史書皆未曾有此一記載，此事僅見於《江南野史》一書中。
因此是否有楊行密帥師攻夏詔一事就令人有所疑問？或許諸書認爲，此事不
實而不記載，也或許認爲此李榮非李昪的生父故不載，這都是有可能的。但
筆者以爲李昪的生父應爲安貧謹厚的李榮，而非英雄任俠李榮，主要是因爲
楊行密帥師攻夏詔一事既不見於諸書，如此證據相對較爲薄弱。且依《陸書》
所載，李昪六歲時，其父李榮去世，雖六歲仍爲孩童，但對父母的印象仍應
有之，生父應爲安貧謹厚、信仰佛教的李榮，此一李榮也應是對生父之印象。

由於李昪在八歲時爲徐溫所收養，故在建南唐復李姓以前，是以徐爲姓，
名爲知誥。關於是如何爲徐溫所收養，也有各種不同的說法：

1. 最常見的說法，也是最多史書所記載的說法，《歐史》、《資治通鑑》、《馬書》、
《陸書》、《十國春秋》皆採此一說法，其中以《陸書》所載較詳實，其載：

六歲而孤，遇亂，伯父球攜帝及母劉氏避地淮河，至濠州。乾寧二
年，淮南節度使楊行密見而奇之，養以爲子。行密長子渥惡帝，不

〔註46〕《江南野史》，卷一，〈先主〉，頁5153。
〔註47〕《南唐史》，頁6。

以爲兄弟。行密乃以與大將徐溫，曰：「是兒狀貌非常，吾度渥終不
能容，故以乞汝。」遂冒姓徐氏，名知誥。〔註48〕

2. 《薛史》載：

> 唐末，青州王師範爲梁祖所圍，乞師於淮南，楊行密發兵赴之，溫
> 時爲小將，亦預其行。師次青之南鄙，師範已敗，淮兵大掠而還。
> 昪時幼稚，爲溫所虜，溫愛其慧黠，遂育爲己子，名曰知誥。〔註49〕

3. 《江表志》載：

> 帝少孤，有姊出家爲尼，出入徐溫宅，與溫妻李氏同姓，帝亦隨姊
> 往來。溫妻以其同宗，憐其明慧，收爲養子，居諸子之上，名曰知
> 誥。〔註50〕

4. 《江南野史》載：

> 父榮有器度，……。遂率眾自海入淮，轉掠沿岸郡邑。……。行密
> 聞之，因自帥師攻之，數敗，乃爲所擒。因捕其家，盡誅之。時先
> 主方數歲，且異常。見濠上一桑門與行密有故。乞收養，以爲徒弟。
>
> 〔註51〕

5. 《吳越備史》載：

> 昪本潘氏，湖州安吉縣人。父爲安吉砦將，嘗因淮將李神福侵我吳
> 興，擄潘氏而去，昪遂爲神福家奴。徐溫常造神福家，見而異之，
> 求爲養子。〔註52〕

以上五種說法，即爲徐溫收養李昪的過程，此五種說法都有其問題存在，正
如任爽先生所言：

> 因爲按照其他說法，李昪成爲徐溫養子的時候，或其姊李某、或其
> 父潘氏、或其伯父李球與其母劉氏尚在，則李昪祖先的眞實情況，
> 必昭然於世，斷無失考難稽之理。〔註53〕

也正是如此，考察以上的說法，不管是否合理，其皆有相同的共通點，即李
昪被收養時是有一位長輩存在的，若依上述說法，李昪爲徐溫收養後，也應

〔註48〕《陸書》，卷一，〈烈祖本紀〉，頁 5463。
〔註49〕《薛史》，卷一三四，〈僭僞列傳一〉，頁 1784～1785。
〔註50〕《江表志》，卷上，頁 5079。
〔註51〕《江南野史》，卷一，〈先主〉，頁 5153。
〔註52〕《吳越備史》，卷二，〈文穆王〉，頁 6228。
〔註53〕《南唐史》，頁 11。

不致於忘記自身身世，但問題即在於李昇的身世卻一直是謎團，各有各的說法，也各有其道理，讓人無法判斷，照任爽先生所言：

> 即使後來李昇冒你唐室苗裔，眞相也不會完全泯滅，以致出現眾多矛盾牴梧、漏洞百出的記載。這種現象，只有李昇年幼被擄，才有可能發生。戰亂之中，四處搶掠而又急於撤走的軍隊絕不會去關心一個被擄孤兒的祖先究竟是誰，這正是導致李昇家世失考的直接原因。〔註54〕

任爽先生認爲各種史書的記載中，應以《舊五代史》所載較符合李昇被收養徐溫情況，但任爽先生也認爲《舊五代史》所載也有其解釋不通之處，故任爽先生也以歐陽修《新五代史》、司馬光《資治通鑑》、《馬書》、《陸書》、吳任臣《十國春秋》的說法較爲可信。

筆者也認爲《新五代史》、《資治通鑑》、《南唐書》等諸書所載較符合史實，以上諸書中所記載有關李昇之事，事實上早已符合任爽先生所提李昇年幼被擄於戰亂之中一事，按《陸書》所載，李昇於唐昭宗乾寧二年（895）在濠州爲楊行密所收養，楊行密也是因爲攻打濠州方才收養李昇，此事在許多史書中皆有載，《資治通鑑》載：「行密攻濠州，拔之，執刺史張璲」，〔註55〕《馬書》則載：

> 吳武王楊行密克濠州，得之，……，行密以乞徐溫，乃姓徐，名知誥。〔註56〕

《玉壺清話》載：

> 吳武王楊行密克濠、梁，主爲亂兵所掠，時尚幼，行密見而奇之，育爲己子。〔註57〕

《十國春秋》載：「已而攻濠州，拔之，執其刺史張遂。」〔註58〕從前述這些史書的記載來看，乾寧二年楊行密曾率師攻濠州，以致於李昇可能因此而與家人失散，或因戰亂因素李昇家人皆已死亡，方才爲徐溫所收養，因此若按任爽先生所提李昇年幼被擄於戰亂之中一事，這些史書的記載，不管在時序、人物、地點上都較《薛史》更爲合理，在上一章筆者也針對《薛史》記錄上

〔註54〕《南唐史》，頁11。
〔註55〕《資治通鑑》，卷二六○，唐昭宗乾寧二年條，頁8467。
〔註56〕《馬書》，卷一，〈先主書〉，頁5275。
〔註57〕《玉壺清話》，卷九，〈李先主傳〉，頁86。
〔註58〕吳任臣，《十國春秋》，（收錄於徐吉軍等編，《五代史書彙編》，杭州出版社，2004年5月，初版）卷一，《吳太祖世家》，頁3454。

的錯誤，已提出看法，在此不再贅述。正因《薛史》記錄上的諸多錯誤，所以應以《歐史》、《資治通鑑》、《馬書》、《陸書》、《十國春秋》等書的記載較爲合情合理，如此方爲筆者認同這些史書記載的因素。

李昪爲徐溫所收養一事，從以上諸多史書中所記載來看，徐溫收養李昪的過程有以下幾種：

1. 楊行密先行收養，再交由徐溫。這是由於楊行密長子楊渥或楊行密諸子厭惡李昪所致，以致楊行密可能擔心李昪將難以在楊家生存，便交由徐溫所收養，此一說法是最常見的，也是最多史書所記載的。

2. 徐溫本人因見李昪聰穎便收養爲子。也有不少史書採此一記載，雖內容所記並不相同，但收養原因則是相同。如《薛史》所載即如此，雖《薛史》所記有時序上之錯誤，但按以上史書所載，李昪被收養於濠州戰亂之中，因此極有可能如《薛史》所載，徐溫在戰亂中虜獲李昪，徐溫本可能打算將李昪做爲家中奴僕，但因見李昪聰穎便收養爲子。《江南野史》也有類似記載，楊行密滅掉李榮後，李昪便由當地人所收養，後行密大將徐溫出師濠上，見先主「方顙豐頤，隆上短下，乃攜歸爲己子。」〔註59〕

《江南野史》所載，也是見李昪聰穎便收養爲子。《吳越備史》所載也是如此：

　　徐溫常造（李）神福家，見（李昪）而異之，求爲養子。〔註60〕

依《吳越備史》所載，徐溫也是見李昪異於常人，因而收爲養子。雖以上三書所載有所不同，但基本上有其共同點，即收養李昪爲徐溫自己的意願。

3. 由李昪之姊，交由徐溫妻李氏。《江表志》即爲此記載，有關李昪之姊爲尼一事，除《江表志》外，在《玉壺清話》也載「家貧，二姊爲尼」，〔註61〕李昪之姊爲尼也確實頗符合，李昪可能有姊在濠州爲尼，李昪之母劉氏去世後，因其姊在濠州爲尼，李昪可能曾寄居於濠州的寺廟中。雖曾寄居於寺廟，但應不可能如《江表志》所記載，是李昪之姊將其交由李氏收養，當時李氏應居於揚州，而非居於濠州，所以與李昪之姊相遇的可能性不大，李氏即使喜佛，也應不致於至濠州參拜，應不大可能遇到李昪之姊，當然也更談不上收養李昪爲養子的事。

〔註59〕《江南野史》，卷一，〈先主〉，頁5153。
〔註60〕《吳越備史》，卷二，〈文穆王〉，頁6228。
〔註61〕《玉壺清話》，卷九，〈李先主傳〉，頁86。

　　李昇爲徐溫收養雖有以上各種說法，但若在以李昇身世問題來做考量的話，則徐溫收養李昇應在戰亂之際，也或許眞如部份史書所載，李昇尚有在濠州爲尼的姊姊，李昇也曾去投靠，但在楊行密攻打濠州之後，在此兵荒馬亂之際，恐怕連寺廟也難逃兵火之刧，更何況是李昇之姊，因此不管如何，李昇應是在戰亂下爲人所擄，只不過李昇是否曾爲楊行密所收養，就更不易考究。但是不管如何，最後李昇仍爲徐溫所收養，開始了李昇不平凡的歷程。

第三章　李昇的成長歷程及與徐家的關係

第一節　李昇的成長歷程

李昇於唐昭宗乾寧二年（895）八歲時為徐溫所收養，經過數過數年的教育後，至徐知誥十幾歲時，徐溫為了測試知誥〔註1〕是否有辦事能力，便將全部家務交由其管理，《江南野史》載：

> 自是溫家生計，食邑采地夏秋所入，及月俸料，或頒賜物段，出納府廩，雖有專吏主職，然能於晦朔總其支費存留，自緡疋之數，無不知其多少。及四時伏臘，薦祀牲腒，饍饌肴蒸，賓客從吏之費，概量皆中其度。逮殯婢嬰姥寒燠衣御，紈綺幣帛高下之等，皆取其給，家人之屬且亡間言。〔註2〕

知誥也不負徐溫的交付，將徐溫家中的事務、錢財等處理的井井有條，使家中所有的人，皆對知誥這個年輕的總管極為佩服，沒有任何人在背後對知誥有所抱怨。徐溫的此一試驗，也總算是順利通過，徐溫也對他的能力有初步的認知。且徐知誥在個性上也與徐溫諸子不同：

> 溫之嫡子皆好騁田獵，主唯習書計，暇則肄射，所志必精。〔註3〕

徐知誥十分明瞭自身的地位，因此必須處處表現出優於徐溫諸子，以搏取徐溫的認同及賞識，也正是這種好學、勤奮及努力的表現，使徐溫對徐知誥更

〔註1〕 至李昇改名前皆稱徐知誥。
〔註2〕 《江南野史》，卷一，〈先主〉，頁5154。
〔註3〕 《江南野史》，卷一，〈先主〉，頁5154。

增加了一份的認知。經過考驗及考察後，終於獲得徐溫的認同，正式承認徐
知誥爲徐家的一份子。〔註4〕

徐知誥年長後其身材、樣貌也更加的英偉，有別於常人，史書載其相貌：

> 身長七尺，方顙隆準，修上短下，語聲如鐘，精采鑠人。常緩步，
> 而從者疾行莫能及。〔註5〕

給人的印象：

> 姿貌瑰特，目瞬如電，語音厚重，望之儡人，與語可愛。〔註6〕

其個性：

> 善書計，性嚴明，不可以非理犯。〔註7〕

從這些記載來看，知誥生長的確實極爲英偉，正是「所謂龍行虎步之相。」
〔註8〕聲音也非常洪量，雙眼更是炯炯有神，因此當外人看到徐知誥，會令
人覺得難以接近，甚至望而生畏，但若與之交談後，便會發覺，他並非是一
位難以相處之人，相反的是一位令人感到溫厚的人，他善於思考，自我要求
也高，並非是任何人可以隨意輕視的。因此楊行密也常與徐溫論及知誥，並
言：「知誥俊傑，諸將子皆不及也。」〔註9〕成年之後的徐知誥，徐溫爲其娶
妻王氏，知誥更得妻子之助，每當徐溫有疾時，夫婦二人更是侍奉於床前，
如此也更獲徐溫信任，提拔知誥爲偏將，開始隨從徐溫外出征戰：

> 溫凡出征討而疑其帳下，故先主常得奉侍，遂習熟武事，因能騎射，
> 起家爲偏將。〔註10〕

因常隨從徐溫外出征戰，開始接觸軍旅，擔任偏將一職，使知誥從家中走出，
不再僅是徐溫家中的總管，正式走入官場之中，成爲了一名將領。知誥也沒
有辜負徐溫的提拔，隨從外出征戰時，總是身先士卒，毫不畏懼。〔註11〕也
更是他的這些表現，使徐溫對其信任不斷的加深，徐溫就曾對其他的兒子說：
「事在二哥矣，汝輩當善事之。」〔註12〕這說明徐溫的信任，已不將其視爲

〔註4〕《江南野史》，卷一，〈先主〉，頁5154。
〔註5〕《陸書》，卷一，〈烈祖本紀〉，頁5463。
〔註6〕《江南野史》，卷一，〈先主〉，頁5154。
〔註7〕《江南別錄》，頁5134。
〔註8〕《馬書》，卷一，〈先主書〉，頁5275。
〔註9〕《資治通鑑》，卷二六○，唐昭宗乾寧二年條，頁8467。
〔註10〕《江南野史》，卷一，〈先主〉，頁5154。
〔註11〕《南唐書》，卷一，〈先主書〉，頁5275。
〔註12〕佚名，《五國故事》（收錄於徐吉軍等編，《五代史書彙編》，杭州出版社，2004

外人，而是將其視爲徐家的一份子。

吳天祐五年（後梁太祖開平二年，908），徐溫聯合張顥，弒害楊渥，立楊渥弟隆演爲淮南節度使、東面諸道行營都統、弘農郡王以繼楊渥之位。〔註13〕隨即徐溫又聽從嚴可求之謀，殺敗張顥，自此正式掌控吳國政權，〔註14〕自任「常州刺史、檢校司徒」，〔註15〕徐溫雖任常州刺史，但爲掌控吳國政權，便「留廣陵，遣昇知州事〔註16〕」，〔註17〕到了吳天祐六年（後梁太祖開平三年，909）三月，徐溫再次提昇知誥的官職：

> （徐溫）以金陵形勝，戰艦所聚，乃自以淮南行軍副使領昇州刺史，留廣陵，以其假子元從指揮使知誥爲昇州防遏兼樓船副使，〔註18〕往治之。〔註19〕

到了隔年五月，更「遷昇州副使，知州事」，〔註20〕正式成爲地方大員，開始培養自身的勢力。吳天祐九年（太祖後梁乾化二年，912）三月，徐溫開始對舊楊吳將領進行整肅：

> 以淮南節度副使王壇爲宣州制置使，數（李）遇不入朝之罪，遣都指揮使柴再用帥昇、潤、池、歙兵納檀于宣州，昇州副使徐知誥爲之副。〔註21〕

五月，李遇出城投降，徐溫命柴再用殺李遇，並夷李遇全族，此事件後，楊吳舊將開始懼怕徐溫，無人敢反抗徐溫的命令。〔註22〕此戰役中，亦可見徐溫對知誥的信任，雖命其爲副將，但事實上卻是「監軍事」，〔註23〕徐溫對於楊吳舊將根本不信任，也不敢信任，雖以柴再用爲主將，率軍攻打李遇，但又怕柴再用聯合李遇，來共同反抗，便派知誥擔任副將，監視柴再用等將領，

　　　年5月，初版），卷上，頁3182。

〔註13〕《資治通鑑》，卷二六六，後梁太祖開平二年條，頁8697〜8698。

〔註14〕《資治通鑑》，卷二六六，後梁太祖開平二年條，頁8699。

〔註15〕《薛史》，卷一三四，〈僭僞列傳一〉，頁1785。

〔註16〕此事僅見《薛史》，它書則未載。

〔註17〕《薛史》，卷一三四，〈僭僞列傳一〉，頁1785。

〔註18〕《馬書》僅書樓船軍使一職、《陸書》，則書昇州防遏使樓船軍使，《江南別錄》則作樓船指揮使。

〔註19〕《資治通鑑》，卷二六七，後梁太祖開平三年條，頁8708。

〔註20〕《陸書》，卷一，〈烈祖本紀〉，頁5463。

〔註21〕《資治通鑑》，卷二六八，後梁太祖乾化二年條，頁8755。

〔註22〕《資治通鑑》，卷二六八，後梁太祖乾化二年條，頁8757。

〔註23〕《江南野史》，卷一，〈先主〉，頁5154。

以防再用聯合李遇等楊吳舊將來反抗徐溫。知誥在此次戰役中，除監視柴再用等將領外，仍是奮勇殺敵，「既至，乃帥部下先擊之」，〔註24〕任務完成後，徐溫便以知誥出征有功，遷爲昇州刺史。〔註25〕

　　遷爲昇州刺史後，知誥也於此時完成了私人班底的設置：

> 洪州進士宋齊丘，好縱橫之術，謁知誥，知誥奇之，辟爲推官，與判官王令謀、參軍王翃專主謀議，以牙吏馬仁裕、周宗、曹悰爲腹心。〔註26〕

帳下有宋齊丘、王令謀、王翃、馬仁裕、周宗、曹悰等人，這些人中，如宋齊丘、王令謀、馬仁裕、周宗這些人，在日後徐知誥掌吳政、建南唐時，均發揮了極大的效用。知誥擔任昇州刺史時，獲得了良好的名聲，當時由於江淮一帶方才初定，各地的武人多建有功勳，地方守令也多以武人充任，〔註27〕這些武人所想的，完全只有軍事，平時所說的也是如何作戰、殺敵，所發展的也唯有軍備，〔註28〕並不重視民生發展及建設，〔註29〕平時也只注重如何搜括更多的民脂民膏，以累積更多的財富，〔註30〕更有目不識丁者：

> 至有位居侯伯，而目不識點畫、手不能捉筆者。〔註31〕

知誥則完全與這些武人不同，雖然也是以軍功，方能擔任昇州刺史一職，但在治理昇州上「獨選用廉吏，脩明政教」，〔註32〕在政事的處理上則「以寬仁爲政，遠近響風，郡政大治」，〔註33〕不喜奢華崇尚節儉，卻不吝惜財物，「而輕財好施，無所愛吝」，〔註34〕又非常好文事，故「招延四方士大夫，傾家貲無所愛」，〔註35〕更與這些招延來的士大夫，進行政事的討論，以求政事的施行更加的完善，方能了解人民的需求及痛苦，在這一連串政令的施行下，其

〔註24〕《江南野史》，卷一，〈先主〉，頁 5154。
〔註25〕《資治通鑑》，卷二六八，後梁太祖乾化二年條，頁 8757。
〔註26〕《資治通鑑》，卷二六八，後梁太祖乾化二年條，頁 8757。
〔註27〕《釣磯立談》，頁 5003。
〔註28〕《陸書》，卷一，〈烈祖本紀〉，頁 5463。
〔註29〕《資治通鑑》，卷二六八，後梁太祖乾化二年條，頁 8757。
〔註30〕《馬書》，卷一，〈先主書〉，頁 5275。
〔註31〕《釣磯立談》，頁 5003。
〔註32〕《資治通鑑》，卷二六八，後梁太祖乾化二年條，頁 8757。
〔註33〕《馬書》，卷一，〈先主書〉，頁 5275。
〔註34〕《陸書》，卷一，〈烈祖本紀〉，頁 5463。
〔註35〕《資治通鑑》，卷二六八，後梁太祖乾化二年條，頁 8757。

治理下的昇州，「由是遠彌宅心，以爲已歸。」〔註36〕昇州此時已完全有別於武人所鎮守的州縣，數年之間百姓安居樂業。《江南野史》記載昇州的情況：

> 在位十餘年，民庶豐實，郡邑安堵，禮律修舉，庶位公廉，城郭浚
> 固，軍器充積，兵士輯睦，人樂爲用。〔註37〕

徐溫知其在昇州的事績，於吳天祐十一年（後梁末帝乾化四年，914）加爲檢校司徒，知誥也於此時開始重建昇州城。〔註38〕

在知誥治理昇州的同時，徐溫也於吳天祐十二年（後梁末帝貞明元年，915）四月，任命其子（徐知訓）「牙內都指揮使知訓爲淮南行軍副使、〔註39〕內外馬步諸軍副使」，〔註40〕同年八月，徐溫自任爲：

> 鎮海節度使徐溫爲管內水陸馬步諸軍都指揮使、兩浙都招討使、守
> 侍中、齊國公，鎮潤州，以昇、潤、常、宣、歙、池六州爲巡屬，
> 軍國庶務參決如故；留徐知訓居廣陵秉政。〔註41〕

徐溫此時已外據重鎮，並控有六州之地，內制吳國之權，所有軍國大小事務完全聽從徐溫的決策。吳天祐十四年（後梁末帝貞明三年，917）五月，昇州城竣工，徐溫前往視察昇州民情及觀看新建完工的昇州城。〔註42〕至昇州後，徐溫就喜愛上昇州的繁華，又「見其府庫充實，城壁修整」，〔註43〕此時又有「潤州司馬陳彥謙勸溫徙鎮海軍治所於昇州」，〔註44〕徐溫在陳彥謙勸告下，便將鎮海軍治所遷於昇州，任命徐知誥爲「檢校太保、潤州團練使」，〔註45〕徐溫要將鎮海軍治所遷往昇州，知誥即便是心有不滿，也不敢不答應，唯有交出昇州，不過知誥想出鎮宣州，卻被徐溫所拒絕，徐溫只願意讓其出鎮潤州，知誥因此心生不滿，打算不出任潤州團練使一職，看徐溫是否會回心轉意，同意其出鎮潤州，此時謀士宋齊丘便私下勸知誥：

〔註36〕《釣磯立談》，頁 5003。
〔註37〕《江南野史》，卷一，〈先主〉，頁 5154。
〔註38〕《陸書》，卷一，〈烈祖本紀〉，頁 5464。
〔註39〕《馬書》則書爲淮南節度副使，今從《資治通鑑》。
〔註40〕《資治通鑑》，卷二六九，後梁均王貞明元年條，頁 8788。
〔註41〕《資治通鑑》，卷二六九，後梁均王貞明元年條，頁 8796～8797。
〔註42〕昇州城即爲金陵城，《南唐書音釋》載：「昇州，古金陵，唐稱爲昇州城。始東南跨淮水，即今城也。」見戚光，《南唐書音釋》（收錄於《叢書集成初編》，3853 冊，北京，中華書局，1985 年，初版），頁 1。
〔註43〕《歐史》，卷六二，〈南唐世家〉，頁 765。
〔註44〕《資治通鑑》，卷二六九，後梁均王貞明三年條，頁 8815。
〔註45〕《陸書》，卷一，〈烈祖本紀〉，頁 5464。

三郎驕縱，敗在朝夕。潤州去廣陵隔一水耳，此天授也。〔註46〕

又曰：

昔項羽叛約，王沛公以漢中之地。時皆以爲失職左遷，唯蕭何贊之，
以爲語有天漢，其稱甚美。今明使君中有大志，而忽得京口，其名
殆不可失也。且西朝拱己，知訓童昏，老臣宿將不甘詬辱。度其勢
亂在旦暮。蒜山之津，曾不一昔而可以定事。更捨此利，而求入宣
城山中，卒度歲月，其亡聊奈何？〔註47〕

再曰：

宣州去江都遠，難爲應；潤州方隔一水爾，有急則可立功，愼勿辭
也。〔註48〕

聽了宋齊丘的勸告後，知誥大驚而起，執著宋齊丘的手說道：「善哉子嵩。非
吾子，吾無所聞之。」〔註49〕便在宋齊丘的建議下，出任潤州團練使。

當時徐溫出鎭在外，以徐知訓居廣陵秉吳政，以期內外配合來完全掌控
吳國，打算日後可篡奪楊吳，建立徐氏之國，豈料徐溫所託非人，徐知訓行
爲多有不法，秉政時驕倨淫暴，對上無人臣之禮：

知訓狎侮吳王，無復君臣之禮。嘗與王爲優，自爲參軍，使王爲蒼
鶻，總角弊衣執帽以從。又嘗泛舟濁河，王先起，知訓以彈彈之。
又嘗賞花於禪智寺，知訓使酒悖慢，王懼而泣，四座股栗，左右扶
王登舟，知訓乘輕舟逐之，不及，以鐵撾殺王親吏。將佐無敢言者，
父溫皆不之知。〔註50〕

對下又無人主之威：

威武節度使、知撫州李德誠有家妓數十，知訓求之，德誠遣使謝曰：
「家之所有皆長年，或有子，不足以侍貴人，當更爲公求少而美者。」
知訓怒，謂使者曰：「會當殺德誠，并其妻取之！」〔註51〕

如此對上無禮，對下無威之人焉能不敗。徐知訓的不法行爲，徐溫在外，本
已不易了解，加上左右之人，皆不敢將徐知訓這些倒行逆施的行爲報予徐溫，

〔註46〕《資治通鑑》，卷二六九，後梁均王貞明三年條，頁8815。
〔註47〕《釣磯立談》，頁5003。
〔註48〕《五代史補》，卷三，〈李昇得江南〉，頁2502。
〔註49〕《釣磯立談》，頁5003。
〔註50〕《資治通鑑》，卷二七○，後梁均王貞明四年條，頁8827～8828。
〔註51〕《資治通鑑》，卷二七○，後梁均王貞明四年條，頁8827。

因此徐溫完全不知徐知訓的暴行。徐知訓也完全沒有應變事情的能力：

> （貞明二年，916）二月，辛丑夜，吳宿衛將馬謙、李球劫吳王登樓，
> 發庫兵討徐知訓；知訓將出走，嚴可求曰：「軍城有變，公先棄眾自
> 去，眾將何依！」知訓乃止。眾猶疑懼，可求闔戶而寢，鼾息聞於
> 外，府中稍安。壬寅，謙等陳于天興門外，諸道副都統朱瑾自潤州
> 至，視之，曰：「不足畏也。」返顧外眾，舉手大呼，亂兵皆潰，擒
> 謙、球，斬之。〔註52〕

馬謙、李球等人的叛變，可能即是對徐溫的反擊，自徐溫專政後，即不斷的
壓抑楊吳舊將，可能因而導致懷念楊氏的將領不滿，且自徐知訓輔政以來，
對吳王大加羞辱，種種行徑都可能使楊吳舊將的不滿更加上昇，因此方有此
次叛變的產生。反觀徐知訓一旦遭遇亂事，卻只想著逃跑，完全不知事情的
嚴重性，當時若不是嚴可求的勸阻與故做鎮靜的話，徐知訓恐怕早已出逃，
殊不知一旦出逃，恐怕將有可能失去吳國的控制權，更有甚者徐氏一族也將
走上族誅的命運。當時若不是朱瑾剛巧至廣陵的話，恐怕局勢更加難以控制，
也幸賴朱瑾的平叛，不然亂事將會更加的擴大，也更會難以收拾。

可是徐知訓卻完全不感謝，為了小事與朱瑾產生嫌隙：

> 初學兵於朱瑾，瑾力教之，後因求馬於瑾，瑾不與，遂有隙，夜遣
> 壯士殺瑾，瑾手刃數人瘞舍。後知訓知曲在己，隱而不聞。〔註53〕

徐知訓曾學兵於朱瑾，卻為一匹馬，竟遣人暗殺朱瑾，雖未成功，卻也引起
朱瑾的殺機，方才導致徐知訓被殺：

> 平盧節度使、同平章事、諸道副都統朱瑾，遣家妓通候問於知訓，知
> 訓強欲私之，瑾已不平。知訓惡瑾位加己上，置靜淮軍於泗州，出瑾
> 為靜淮節度使，瑾益恨之，然外事知訓愈謹。瑾有所愛馬，冬貯於幄，
> 夏貯於幬；寵妓有絕色；知訓過別瑾，瑾置酒，自捧觴，出寵妓使歌，
> 以所愛馬為壽，知訓大喜。瑾因延之中堂，伏壯士於戶內，出妻陶氏
> 拜之，知訓答拜，瑾以笏自後擊之踣地，呼壯士出斬之。瑾先繫二悍
> 馬於廡下，將圖知訓，密令人解縶之，馬相蹄齧，聲甚屬，以是外人
> 莫之聞。瑾提知訓首出，知訓從者數百人皆散走。瑾馳入府，以首示
> 吳王曰：「僕已為大王除害。」王懼，以衣障面，走入內，曰：「舅自

〔註52〕《資治通鑑》，卷二六九，後梁均王貞明二年條，頁8800。
〔註53〕《馬書》，卷八，〈徐知訓傳〉，頁5319。

爲之，我不敢知！」瑾曰：「婢子不足與成大事！」以知訓首擊柱，
挺劍將出，子城使翟虔等已闔府門勒兵討之，乃自後踰城，墜而折足，
顧追者曰：「吾爲萬人除害，以一身任患。」遂自剄。〔註54〕

朱瑾雖成功的運用計謀，將徐知訓殺於家中，本打算一併將徐氏的勢力推翻，
但卻無人敢響應號召，本想將吳王推出以作爲號召，沒想到吳王根本不敢出
面，在無人響應，而追兵又至的情況下，朱瑾唯有走上了自盡一途。

　　徐知訓在廣陵的倒行逆施，正如同宋齊丘所料一般，遲早會引起變亂，
當廣陵亂起，徐知誥隨即與宋齊丘商議，要如何在亂事中取得較大的利益，
以免徐溫一來，又將知誥的功績加以排除，宋齊丘便建議：

請明公今日渡江定其事，仍馳聞令公，則政事之任歸公矣。不然令
公當以諸子入代，明公無望矣。〔註55〕

知誥聽從了建議，一面派人通知徐溫，一面準備軍隊：

即日以州兵渡江，至廣陵。會瑾自殺，因撫定其眾。〔註56〕

在平定了廣陵亂事後，知誥隨即卸去軍備，以待徐溫的到來。徐溫到了廣陵
後，便對其說：

猶幸汝在潤州，不然吾家大事將去矣。汝於兄弟中有大功者耶！〔註57〕

徐溫在亂事平定後，懷疑駐留廣陵的將領，參予了此次亂事：

疑諸將皆預朱瑾之謀，欲大行誅戮。徐知誥、嚴可求具陳徐知訓過
惡，所以致禍之由，溫怒稍解，……。〔註58〕

之後徐溫又進一步的觸及到徐知訓的胡作非爲，方使徐溫相信了知誥、嚴可
求的說法：

就知訓廨有土室，繪畫溫像，身被五木，諸弟皆執縛受刑，而畫知
訓袞冕正座，皆署其名。溫見之，唾曰：「狗死遲矣！」知誥因得疏
其罪惡，由是內外全活者甚眾，而死者猶數家。〔註59〕

在看過土室之後，決定聽從徐、嚴兩人的懇求，不再擴大範圍，但仍將米志

〔註54〕《資治通鑑》，卷二七〇，後梁均王貞明四年條，頁8828～8829。
〔註55〕《五國故事》，卷上，頁3181。
〔註56〕《資治通鑑》，卷二七〇，後梁均王貞明四年條，《考異》引徐鉉《江南錄》，
　　　頁8829。
〔註57〕《五代史補》，卷三，〈李昇得江南〉，頁2502。
〔註58〕《資治通鑑》，卷二七〇，〈後梁紀五〉，頁8831。
〔註59〕《馬書》，卷一，〈先主書〉，頁5258。

誠、李儼兩人殺死：

> 瑾之殺知訓也，泰寧節度使米志誠從十餘問瑾所向，聞其已死，乃
> 歸；宣諭使李儼貧而困，寓居海陵；溫疑其與瑾通謀，皆殺之。嚴
> 可求恐志誠不受命，詐稱袁州大破楚兵，將吏皆入賀，伏壯士於戟
> 門，擒志誠，斬之，并其諸子。〔註60〕

米志誠、李儼二人遭殺，著實冤枉，米志誠也僅是問了朱瑾所在，根本不能
證明有參予叛亂的情事，卻因此本人與諸子皆被殺；李儼則更冤枉，只因貧
困寓居海陵，就惹來殺身之禍，所以此二人著實冤枉。不過，被牽連之人至
少限制住了，沒有更加開展清洗的行動，總算是不幸中之大幸。

　　亂事平定後，仍須選定一人留於廣陵輔政，「義祖以己子既弗克負荷，用
烈祖，猶愈於他人，因留輔政。」〔註61〕且亂事的平定，又以知誥出力最多，
加上辦事能力也爲徐溫所信任，在考量之後，決定授以知誥廣陵輔政的任務。
〔註62〕以知誥淮南行軍副使、〔註63〕內外馬步都軍副使、通判府事，兼江州
團練使。〔註64〕徐溫還鎮金陵，仍舊總攬吳國政事，其餘一般民政事務，則
全交由其處理。〔註65〕在取代徐知訓後，隨即將之前的惡政加以革除：

> 知誥悉反知訓所爲，事吳王盡恭，接士大夫以謙，御眾以寬，約身
> 以儉。以吳王之命，悉蠲天祐十三年以前逋稅，餘俟豐年乃輸之。
> 求賢才，納規諫，除奸猾，杜請託。於是士民翕然歸心，雖宿將悍
> 夫無不悅服。〔註66〕

又聽從宋齊丘的建議，免除吳國人民的丁口錢，促進了江淮土地的開拓：

> 先是，吳有丁口錢，又計畝輸錢，錢重物輕，民甚苦之。齊丘說知
> 誥，以爲「錢非耕桑所得，今使民輸錢，是教民棄本逐末也。請蠲

〔註60〕　《資治通鑑》，卷二七○，後梁均王貞明四年條，頁8830。

〔註61〕　《江南別錄》，頁5134。

〔註62〕　《資治通鑑》，卷二七○，後梁均王貞明四年條，頁8831。

〔註63〕　《馬書》則書爲淮南節度副使，今從《資治通鑑》。

〔註64〕　《資治通鑑》，卷二七○，後梁均王貞明四年條，頁8831。

〔註65〕　事實上此時廣陵之政，已爲徐知誥所掌，徐溫所爲則是正式確認徐知誥掌廣
　　　　　陵之政的合法性。《通鑑考異》曰：「按《十國紀年》，六月乙卯，知訓被殺。
　　　　　至此四十四日，吳之政事必有所出。蓋知誥至廣陵即代知訓執吳政，至此方
　　　　　除官耳。」見《資治通鑑》，卷二七○，後梁均王貞明四年，《考異》引《十國
　　　　　紀年》，頁8831。

〔註66〕　《資治通鑑》，卷二七○，後梁均王貞明四年條，頁8831。

> 丁口錢；自餘稅悉輸穀帛，紬絹匹直千錢者當稅三千。」或曰：「如
> 此，縣官歲失錢億萬計。」齊丘曰：「安有民富而國家貧者邪！」知
> 誥從之。由是江、淮間曠土盡闢，桑柘滿野，國以富強。〔註67〕

又有：

> 頒佈六條〔註68〕以率群吏，定民科制，勸課農桑，薄征輕賦，禁止
> 非徭。〔註69〕

在一連串的施政下，國家更加的富庶，也逐步的穩定了政局，使國力更進一
步的提昇：

> 時諸國交兵，江淮為強盛。烈祖增修法度，人獲乂安，識者歸心焉。
> 〔註70〕

又在府署之中設立迎賓亭，以招延四方俊秀之才：

> 乃治府署之內，立亭號之曰"延賓"，命宋齊丘為記，以待多士。
> 於是四方豪傑翕然歸之。〔註71〕

為避免錯失及招延北地士，派人至關口查探：

> 遣人司守關繳，物色北來衣冠，凡形狀奇偉者，必使引見，語有可
> 采，隨即陞用。〔註72〕

招延北方士人的作法，確實獲得了許多的迴響，也有許多士人紛紛投奔知誥：

> 時中原多故，名賢夙德皆亡身歸順。乃使人於淮上以厚幣資之，既
> 至縻以爵祿。故北土士人，向風而至者迨數十人，……。〔註73〕

所得之人有孫忌、韓熙載等人。〔註74〕在南北士人紛投之下，自此知誥總算
「羽翼大成，裨佐彌眾。」〔註75〕在一連串的措施及作為之下，奠定了知誥
在徐溫心中無法取代的地位，也使日後篡奪吳國建立南唐，獲得穩固的基礎。
徐知誥勢力的發展，全賴於徐溫對其潤州團練使的任命，宋齊丘亦言：「潤州

〔註67〕《資治通鑑》，卷二七〇，後梁均王貞明四年條，頁8832。
〔註68〕〈六條〉內容史書並未有載，據《江南野史》的記載來看，應是有關於吏治、
　　　勸農及賦稅等條文。
〔註69〕《江南野史》，卷一，〈先主〉，頁5154。
〔註70〕《江南別錄》，頁5135。
〔註71〕《江南野史》，卷一，〈先主〉，頁5155。
〔註72〕《釣磯立談》，頁5005。
〔註73〕《江南野史》，卷一，〈先主〉，頁5155。
〔註74〕《江南野史》，卷四，〈宋齊丘傳〉，頁5182。
〔註75〕《江南野史》，卷一，〈先主〉，頁5155。

之命，實天贊也。」〔註76〕自此以後，知誥的勢力開始不斷的發展。但權力終究來自於徐溫，因此如何減少與徐溫的衝突，則是所要面臨的主要難題。知誥終究並非是徐溫的親子，即使極盡孝道，徐溫也視其如親子，但非親子的事實終究存在，此時徐溫或許因諸子皆弱，也方使知誥有廣陵輔政之機，但隨著諸子的漸長、能力漸足後，繼位問題勢將再度浮現，將如何應對此一難題，這將是徐知誥鞏固及發展自身勢力最大的困境。

第二節　李昇與徐溫的關係

　　從徐溫收養徐知誥的開始，兩人即有許多牽扯不清的關係，彼此間的關係則是時而平和時而緊張，在部分史籍中，提到有關徐溫收養徐知誥前的異事，《江南別錄》載：

> （徐知誥）少孤，爲義祖所養。有相者謂義祖曰：「君相至貴，且有貴子，然非君家所生。」又夢爲人引臨大水中，黃龍數十，令義祖捉之，義祖獲一龍而寤。明旦，乃得烈祖。〔註77〕

《釣磯立談》亦載：

> 義祖嘗夢臨大水，水中有黃龍無數，旁有一古丈夫，冠服如《三禮圖》所畫節服氏之形，荷一大戟而立，語義祖曰：「汝可隨意捉之。」義祖袒身而入，捉得一龍而出，驚悸而覺。未幾，掠得烈祖，養以爲子。〔註78〕

在《江南別錄》、《釣磯立談》兩書中，皆有載此異事，筆者以爲此事應該是徐知誥所捏造的，在兩書中有關之異事，皆有「捉龍」一事，龍所象徵的又是帝王，因此有關徐溫捉龍而得知誥爲子一事，則是爲強調其得國的正當性，也爲表達天命所歸，方才捏造此事。在深入探究兩人關係時，在史籍的記載上，會有一些異事的出現，這些記錄雖非眞實，但卻也代表著知誥爲繼承徐溫的勢力，所花費的心力。

　　徐溫收養知誥後，對其也頗爲喜愛，雖非親出，但仍給予不錯的照顧及教育，《玉壺清話》載：「溫得主，致保姆，命師傅，鞠育異之」，〔註79〕可以看出

〔註76〕《馬書》，卷一，〈先主書〉，頁 5258。
〔註77〕《江南別錄》，頁 5134。
〔註78〕《釣磯立談》，頁 5018。
〔註79〕《玉壺清話》，卷九，〈李先主傳〉，頁 86。

徐溫對知誥頗為重視，對其教育更極為用心。知誥在九歲時，曾作過一首〈詠燈〉詩，其詩寫道：

> 一點分明值萬金，開時惟怕冷風侵；主家若也勤挑撥，敢向尊前不
> 盡心。〔註80〕

在這首詩中就表明了，若是徐溫願意給予更多的機會及教育，知誥絕對會盡心的服務徐家，徐溫看了此詩後，相信也應會對其更加的疼愛。此詩之作，也表現出徐溫對知誥的用心，雖然不知在被徐溫收養前，是否已受過啓蒙教育，但從六歲而孤的經歷來看，在被收養前應未受過良好教育，九歲即能作詩，也正表現出知誥的聰明靈俐。但不可否認的是，徐溫對知誥教育上的重視，方使其在九歲之齡，即能作詩一首。詩史亦曰：「九歲在溫家作，溫閱之歡賞，遂不以常兒遇之。」〔註81〕徐溫也因此對其聰明才智有深刻的印象，也不禁重新估量知誥，不再視為一般的孩童，這也為日後獲得徐溫重用知誥種下一個因子。

徐溫給予良善的教育，目的仍是要培養一位，可幫助自己的左右手，因此在知誥十餘歲時，便命其持掌家務，藉以測試能力，在持掌家務後，確實展現了自身的能力，做到了「家人之屬，且無間言。」〔註82〕這也使徐溫對知誥能力有了初步的認知，更了解知誥是一位可幹實事的人。在經過初步的測試後，也開始將知誥帶於身旁，從其出外征戰。知誥對徐溫非常恪盡孝道，且徐溫妻李氏又與其同姓「鞠養甚至」，〔註83〕知誥雖是養子，但在徐氏夫妻的教養下，雖不致給予親生父母的感覺，但至少仍可感受到些許家庭的溫暖。但知誥也深知，不管徐氏夫妻有多少關愛，自己終究是一位外人，這是無法改變的事實，常從徐溫外出征戰，卻屢屢遭受嚴厲的對待：

> 嘗從義祖征伐，有不如意，杖而逐之。及歸，拜迎門外。義祖驚曰：
> 「爾在此邪？」烈祖泣曰：「為人子者，舍父母何適。父怒而歸母，
> 子之常也。」義祖由是益憐惜。〔註84〕

雖屢遭嚴厲的對待，卻知曉若脫離徐家，將難以獲得更好的發展，所以如何

〔註80〕清聖祖編，《全唐詩》（台北：復興書局，1967年10月，再版），第一函第二冊，〈南唐先主李昇〉，頁87。
〔註81〕《全唐詩》引詩史，見《全唐詩》，第一函第二冊，〈南唐先主李昇〉，頁87。
〔註82〕《江南野史》，卷一，〈先主〉，頁5154。
〔註83〕《陸書》，卷一，〈烈祖本紀〉，頁5463。
〔註84〕《江南別錄》，頁5134。

取得信任，將是功成名就的主要關鍵，在此情況之下，不管遭受如何嚴厲的對待，都要完全忍受，若不如此，將難以取得徐溫的信任。另一方面，又必須展現出其對徐溫極盡孝道：

> 溫嘗臥疾，唯先主躬侍左右，至於糞溺皆親執器，動至連月逾時。扶腑出入，或通宵達曙曾不解帶；或夜聞警欬，乃率婦往者數四。溫于幃間聞人至則問曰：「汝爲誰」對曰：「知誥在。」斯又問曰：「彼更何人」對曰：「知誥之婦。」溫見其篤於孝養而復能幹家，知非常品而諸子難及，……。〔註85〕

極盡孝道之事，即使至知誥輔吳政後，仍是如此：

> 既洎知誥之第，侍奉彌謹。初更睡覺，見有侍於床前者，問之，曰：「知誥。」溫因遣其休息，知誥不退。及再寢，又見之，乃曰：「汝自有政事，不當如此以廢公家之務。」知誥乃退。及溫中夕而興，又見一女子侍立，問之。曰：「知誥新婦。」亦勞而遣之。〔註86〕

對徐溫盡孝甚極，所求是爲能取得徐溫的認同，甚至希望能成爲繼承人，因此即在輔吳政後，對於徐溫的侍奉仍不敢有所懈怠，這也是由於其了解，雖已輔吳政，但權力的來源及吳國的眞正掌控者仍是徐溫，自身根本完全沒有對抗的能力。所以最重要的並非是如何對抗，而是如何討徐溫歡心，從而獲得信任。爲獲信任，知誥從早年即努力不懈：

> 溫之嫡子皆好騁田獵，主唯習書計，暇則隸射所，所志必精。〔註87〕

又嘗從徐溫四出征戰，也必是「身先士卒」，〔註88〕這一切都是爲取得徐溫信任所作出的努力，也唯有取得信任，方是擴大權力及掌握權力的最好方式。這也是爲什麼知誥在輔政後，仍是親自與妻子侍俸徐溫的最大原因，這一切全是爲了取得信任。

對徐溫而言，又何嘗不喜愛、不信任知誥，其也說過：「吁，汝雖異族，吾無親疏」，〔註89〕但終究非親出，雖也知曉知誥之優秀，楊行密亦曾言：「知誥俊傑，諸將子皆不及也。」〔註90〕徐溫亦認爲「（徐知誥）非常品而諸子難

〔註85〕《江南野史》，卷一，〈先主〉，頁5154。
〔註86〕《五國故事》，卷上，頁3182。
〔註87〕《江南野史》，卷一，〈先主〉，頁5154。
〔註88〕《馬書》，卷一，〈先主書〉，頁5257。
〔註89〕《江南野史》，卷一，〈先主〉，頁5154。
〔註90〕《資治通鑑》，卷二六〇，唐昭宗乾寧二年條，頁8467。

及」，〔註91〕即便如此徐溫仍以親子作爲繼承人的優先考量：

> 以其子牙內都指揮使知訓爲淮南行軍副使、內外馬步諸軍副使。
> 〔註92〕

徐溫既以徐知訓作爲繼承人，便開始削弱知誥的勢力：

> 吳昇州刺史徐知誥治城市府舍甚盛。五月，徐溫行部至昇州，愛其
> 繁富。潤州司馬陳彥謙勸溫徙鎮海軍治所於昇州，溫從之，徙知誥
> 爲潤州團練使。〔註93〕

徐溫自鎮昇州，雖說「愛其繁富」，但眞實目的全然是針對知誥而來，自吳天祐六年（後梁太祖開平三年，909）知誥任昇州防遏使開始，自徐溫自鎮昇州爲止，已在昇州經營有八年的時間，在昇州也確實表現出其不凡的才幹，「凡數年間，府廩盈積，城隍完峻，士卒驍勇」，〔註94〕也正因在昇州顯現出不凡的才幹，使徐溫非更早對其勢力進行打擊，否則一旦久鎮昇州後，將難以拔除知誥的勢力。便藉自鎮昇州一事，而調其爲潤州團練使。昇州民眾知曉知誥將轉任潤州團練使的消息後，「時金陵之民，頗懷其惠，莫不心折氣沮。」
〔註95〕徐溫自鎮昇州，除爲削弱知誥，仍包含有其它因素：

> 初，唐天祐中，布衣錢亮寓居於昇，嘗謂人曰：「金陵王氣復興，當
> 有申生子應運於此。」至先主典郡，亮謁之，退而謂左右曰：「當郡
> 侯是也。」徐溫心忌，徙先主於潤。因廣修廨署，闊布城隍，期己
> 當之。〔註96〕

徐溫本即有意篡吳，聽聞昇州有王氣一事後，當然無法容忍知誥續鎮昇州，在此二項因素相加下，難以續鎮昇州成爲必然的情況。

雖被調任，但知誥並不願出鎮潤州，欲求鎮宣州，「溫不許，知誥不樂。」
〔註97〕不願出任潤州團練使，主要是由於潤州爲徐溫的勢力範圍的中心，若至潤州將形同籠中鳥一般，爲徐溫所管束，不易發展自身的勢力，因此提出出鎮宣州的要求，即是以此作爲考量，未料出鎮宣州的要求卻被拒絕，這是

〔註91〕《江南野史》，卷一，〈先主〉，頁5154。
〔註92〕《資治通鑑》，卷二六九，後梁均王貞明元年條，頁8788。
〔註93〕《資治通鑑》，卷二六九，後梁均王貞明三年條，頁8815。
〔註94〕《江南野史》，卷四，〈宋齊丘〉，頁5181。
〔註95〕《釣磯立談》，頁5003。
〔註96〕《唐餘紀傳》，卷一八，〈志略〉，頁5772。
〔註97〕《資治通鑑》，卷二六九，後梁均王貞明四年條，頁8815。

因為徐溫深知，唯有將其放於自身能掌控的之處方才安全，這也是為什麼當知誥提出要鎮宣州時，隨即被否決，即是徐溫不願讓其脫離掌控。知誥因此心中悶悶不樂，知曉一旦任潤州團練使，將難有發展的機會，只能成為徐氏的家臣。為脫離管束，「屢求宣州，溫不與」，〔註98〕在屢求宣州，卻又遭拒後，便有意辭去潤州團練使，但在宋齊丘的勸說下，使徐知誥決定出任潤州團練使。此次改調潤州一事，正是兩人的第一次衝突，不過知誥深知無對抗的實力，最終仍需服從徐溫之意，雖有意抗拒改調潤州的命令，所作的也不過是採取消極的抵抗，打算以辭職來要求改調宣州，最後在宋齊丘的建議下，方出任潤州團練使，雖之後因此獲益甚多，但當時來看仍是徐溫的意志得以貫徹。

　　朱瑾之亂，繼承人徐知訓被殺，知誥率軍平亂，因而得以掌握吳國政事。朱瑾之亂的發生，徐知訓被殺，知誥快速率軍平亂，這一切事情的發生，使徐溫對知誥有所懷疑，亂事平定，徐溫初入廣陵時，雖曾謂：

>　　猶幸汝（徐知誥）在潤州，不然吾家大事將去矣。汝於兄弟中，有
>　　大功者也。〔註99〕

亂事平定迅速，使徐溫懷疑，知誥是否有參與朱瑾之亂，「及知訓死，溫意潤州預謀」，〔註100〕但在徐知誥、嚴可求的說明下，方使徐溫相信：

>　　徐知誥、嚴可求具陳徐知訓過惡，所以致禍之由，溫怒稍解，乃命
>　　綱瑾骨於雷塘而葬之。〔註101〕

知誥得以解除懷疑，主要是因嚴可求「具陳徐知訓之惡」，徐溫非常信任嚴可求，在其所言之下，徐溫相信徐知訓之死完全是咎由自取，朱瑾之亂也錯在徐知訓，從而解除了對知誥的懷疑。徐知訓本是徐溫繼承人，留其於廣陵輔政，既是以父子二人，一內一外，來共同掌控楊吳，現今徐知訓被殺，便以知誥為廣陵輔政，能成為廣陵輔政，很大的原因是由於在平定朱瑾之亂中所表現的態度，首先在亂起之時，聽從宋齊丘之言：

>　　請明公即今渡江定其事。仍馳聞令公，則政事之任歸公矣。不然令
>　　公當以諸子入代，明公無望矣。〔註102〕

〔註98〕　《歐史》，卷六二，〈南唐世家〉，頁765。
〔註99〕　《五代史補》，卷三，〈李昪得江南〉，頁2502。
〔註100〕　《馬書》，卷一，〈先主書〉，頁5258。
〔註101〕　《資治通鑑》，卷二七〇，後梁均王貞明四年條，頁8831。
〔註102〕　《五國故事》，卷上，頁3181。。

知誥在第一時間內通報徐溫出兵一事，使徐溫知其未有異心。亂事平定後，「（徐知誥）解甲去備，以待徐溫之至」，〔註103〕為使徐溫了解，其毫無異心，在亂平之後，隨即去除自身的武備，以免產生誤會，在此二項的表現下，獲得了信任，況且徐溫又認為，諸子皆不如知誥：

義祖以己子既弗克負荷，用烈祖，猶愈於他人，因留輔政。〔註104〕

在獲得信任及考量下，徐知誥得以成為廣陵輔政。雖留廣陵，但並未成為繼承人，在繼承人的選擇上，仍以徐氏諸子優先考量，知誥得以輔政，部份因素是由於「知訓又死，知詢尚少，因以大政委焉。」〔註105〕由於史書未有載徐知詢當時的年紀為何，大抵只能推算出徐溫五子徐知證為十五歲，徐知證之上尚有三位兄長，以此來看徐知詢應最少有二十歲，所以應不算「尚少」，但若從徐知訓廣陵輔政時徐知誥時年二十八歲，徐知訓年紀應遠大於知誥，所以輔政時可能有三十歲左右，則應可知徐溫任其子為廣陵輔政的先決條件，可能要有三十歲才行，若從這個條件來看，徐知詢確實「尚少」，況且從之前的記錄及徐知詢之後的官職為「行軍司馬、忠義節度使、同平章事」來看，〔註106〕則應尚未有擔任地方守令的經歷，也應未曾理政一方，從這兩個情況來看，加上事變時徐知詢又未曾立功，因此便不以其為輔政。徐溫下一個考量的繼承人為徐知詢，因徐知詢年紀不夠，又無理政經驗，待徐知詢增加經驗及年紀漸長後，便可以取代知誥的地位。知誥任輔政，僅是因徐溫諸子中，暫無人可勝任此一職務，故先以知誥任之，待日後再行取代，因此徐溫從未視知誥為繼承人，其只是在無可選擇下的優先人選。雖然如此，徐溫應仍不放心，便「以徐知諫權潤州團練事」來監視知誥。〔註107〕

徐溫既有以徐知詢為繼承人之意，雖以知誥廣陵輔政，卻仍打算將徐知誥集團的勢力加以瓦解。在集團中，知誥倚為謀主的當屬宋齊丘，自宋齊丘投靠以來，先是協助治理昇州，調任潤州團練使也是宋齊丘勸其赴任，平定朱瑾之亂，宋齊丘亦出力甚多，故對宋齊丘可謂言聽計從極為倚重，對宋齊丘更是恭敬：

〔註103〕《五代史補》，卷三，〈李昇得江南〉，頁2502。
〔註104〕《江南別錄》，頁5134。
〔註105〕《江南別錄》，頁5133。
〔註106〕《資治通鑑》，卷二七六，後唐明宗天成二年條，頁9010。
〔註107〕《資治通鑑》，卷二七○，後梁均王貞明四年條，頁8831。

> 烈祖于宋齊丘,字之而不敢名。齊丘一語不合,則絜衣笥望秦淮門
> 欲去,追謝之乃已。〔註108〕

知誥得任廣陵輔政,追其原由,也多有賴宋齊丘的建言,若未依其建言,恐早已辭官下野。擔任輔政,就欲進用宋齊丘。不過,徐溫知曉宋齊丘為謀主,為削知誥的勢力,便一直阻撓宋齊丘的進用,「知誥欲進用齊丘,而行溫惡之,以為殿直軍判官」,〔註109〕由於徐溫的阻撓,致使宋齊丘難以進用,「義祖獨惡其人,每欲進拔,輒不果,浮沈下僚十餘年。」〔註110〕宋齊丘因此當了十餘年的下層官吏,難以提昇。胡三省認為,徐溫阻撓宋齊丘進用是由於宋齊丘為人輕佻浮躁所致:

> 宋齊丘為徐知誥謀奪徐氏之政,使溫知之,豈特惡之而已。蓋齊丘
> 之為人,輕佻褊躁,溫以此惡之耳。〔註111〕

徐溫阻撓昇任,是由於為人令徐溫所厭惡,方阻撓此事,但是否僅如此?依胡三省所言,若徐溫知宋齊丘協助謀奪徐氏之政,則恐所遭受到的懲治絕不止如此。當時知誥應從未想謀奪徐氏之政,所想的應是如何成為繼承人,宋齊丘所作的也是協助知誥成為繼承人,未有謀奪徐氏之政的企圖,這應當是徐溫也了解的。宋齊丘協助知誥的名望高昇,知誥雖非親出,終為徐氏子,名望越高,將迫使徐溫在確立繼承人時,無法忽視知誥的存在,在此種情況下,徐溫實難以下重手對付,也是因宋齊丘為人輕佻浮躁,方得以保存一命,徐溫曾遣人試探宋齊丘:

> 宋齊丘既在知誥賓席,溫甚疑之。有石頭大師者,溫頗加待遇。而
> 齊丘亦寓於石頭之精舍。一日,溫謂石頭曰:「宋措大在吾兒子門下,
> 甚非純信之士。慮其近習,不以忠孝為務。師其察之。」石頭乃伺
> 其所為。而齊丘已察其意,自是,晨出暮返,歸必大醉,或以花間
> 柳曲謳歌之辭以示之。石頭乃謂溫曰:「宋措大蓋狂漢耳,不足為慮。」
> 溫由是不介意。〔註112〕

並非如胡三省所言,徐溫阻撓進用是由於宋齊丘為人輕佻浮躁,應是為免徐知誥的勢力擴大、名望昇高,所採取的措施,若當時宋齊丘所表現的並非是

〔註108〕《陸書》,卷一一,〈馮孫廖彭列傳〉,頁5555。
〔註109〕《資治通鑑》,卷二七○,後梁均王貞明四年條,胡三省註,頁8832。
〔註110〕《陸書》,卷四,〈宋齊丘傳〉,頁5494。
〔註111〕《資治通鑑》,卷二七○,後梁均王貞明四年條,頁8832。
〔註112〕《五國故事》,卷上,頁3182。。

輕佻浮躁，則恐徐溫會爲了繼承人的問題，將宋齊丘殺害。宋齊丘是否進用一事，則是徐溫與知誥的第二次衝突，不過知誥僅能順從徐溫之意，雖多次欲進用，皆爲徐溫所阻。

徐溫不以知誥爲繼承人一事，親近之人皆知，如嚴可求，「屢勸溫以次子知詢代徐知誥知吳政」，〔註113〕又嘗謂徐溫：

> 二郎君非徐氏子，而推賢下士，人望頗歸，若不去之，恐爲後患。

〔註114〕

又有徐玠，因與徐知誥有隙，便多次進言徐溫：

> 治郡，貪猥不法，烈祖輔政罷之。而義祖悅其善事人，引爲副使，遂見親狎。玠挾宿怨，且希義祖意，每與嚴可求言烈祖疏財結士，不宜久執國權，請以嫡子知詢代之。事垂行而義祖殂。〔註115〕

另有陳彥謙：

> 吳鎮海節度判官、楚州團練使陳彥謙有疾，徐知誥恐其遺言及繼嗣事，遺之醫藥金帛，相屬於道。彥謙臨終，密留書遺徐溫，請以所生子爲嗣。〔註116〕

徐溫也知曉知誥勢力不斷的擴大，但仍無法下定決心來處置，其也了解知誥將有可能會危害徐知詢的繼承，但又念及舊情，遲遲無法決斷：

> 義祖亦知烈祖終爲己害，而烈祖勤於侍養，又自幼畜之，故不忍。陳夫人於烈祖鍾愛尤切，常曰：「我家貧賤養此兒，今日富貴負之，非人理也。」〔註117〕

就在無法決斷及枕邊人的勸說下，終使知誥輔政的地位未遭撤換。知誥也非無反擊的能力，但仍不敢直接對抗徐溫，只能從徐溫的周邊下手，首先是針對嚴可求：

> 知誥與駱知祥謀，出可求爲楚州刺史。可求既受命，至金陵，見溫，說之曰：「吾奉唐正朔，常以興復爲辭。今朱、李方爭，朱氏日衰，李氏日熾。一旦李氏有天下，吾能北面爲之臣乎？不若先建吳國以繫民望。」溫大悅，復留可求參總庶政，使草具禮儀。知誥知可求

〔註113〕《資治通鑑》，卷二七〇，後梁均王貞明四年條，頁8832。
〔註114〕《歐史》，卷六一，〈吳世家〉，頁757。
〔註115〕《陸書》，卷七，〈徐玠傳〉，頁5515。
〔註116〕《資治通鑑》，卷二七三，後唐莊宗同光三年條，頁8934～8935。
〔註117〕《江南別錄》，頁5133。

不可去，乃以女妻其子續。〔註118〕

在打擊嚴可求方面既無法成功，便改與可求建立姻親關係，欲藉此機會向嚴可求交好，雖此姻親關係在徐溫在世時無太多用處，嚴可求要求汰換知誥的立場也從未有所動搖。但在徐溫去世後，眾人見徐知詢非可佐之主，當會加速叛離徐知詢的動作，此也為知誥日後繼承徐溫的勢力建立了基點。

表三：楊行密世系表〔註119〕

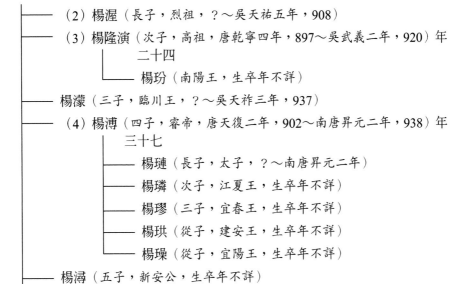

（1）楊行密（太祖，唐大中六年，856～吳天祐二年，905）年五十四

 ── （2）楊渥（長子，烈祖，？～吳天祐五年，908）

 ── （3）楊隆演（次子，高祖，唐乾寧四年，897～吳武義二年，920）年二十四
 　　　 ── 楊玢（南陽王，生卒年不詳）

 ── 楊濛（三子，臨川王，？～吳天祚三年，937）

 ── （4）楊溥（四子，睿帝，唐天復二年，902～南唐昇元二年，938）年三十七
 　　　 ── 楊璉（長子，太子，？～南唐昇元二年）
 　　　 ── 楊璘（次子，江夏王，生卒年不詳）
 　　　 ── 楊璆（三子，宜春王，生卒年不詳）
 　　　 ── 楊琪（從子，建安王，生卒年不詳）
 　　　 ── 楊璪（從子，宜陽王，生卒年不詳）

 ── 楊潯（五子，新安公，生卒年不詳）

 ── 楊澈（六子，德化王，生卒年不詳）

知誥為對抗徐溫，仍作出一些措施以應對：

徐溫嘗入覲，知誥密聞于楊氏曰：「溫雖臣之父，忠孝有素，而節鎮入覲，無以兵仗自從之例。請以臣父為始。」乃命溫悉去兵仗而入。〔註120〕

知誥的作法，事實上是不得已的，當時徐溫入朝，主要是因楊隆演病篤，入朝是為吳主嗣位一事。此時週邊人士，開始不斷的鼓吹徐溫代吳自立：

溫好被白袍。知誥每遇溫生日必獻。一日既獻，而座客有詔溫者曰：

〔註118〕《資治通鑑》，卷二七○，後梁均王貞明四年條，頁8837。
〔註119〕據《十國春秋》所附〈十國世系表〉及楊氏宗族各傳而成。
〔註120〕《五國故事》，卷上，頁3182。

「白袍不如黃袍好。」知誥遂斥之，而謂溫曰：「令公忠孝之德，朝
野所仰。一旦惑諂佞之說，聞於中外，無乃玷互赫之名願令公無聽
其邪言。」溫亦然之。〔註121〕

嚴可求也引劉備顧命一事勸徐溫代吳：

（吳）王（楊隆演）疾病，大丞相溫來朝，議立嗣君。門下侍郎嚴
可求言王諸子皆不才，引蜀先主顧命諸葛亮事。溫以告知誥，知誥
曰：「可求多知，言未必誠，不過順大人意爾。」……。乃與內樞密
使王令謀定策，稱（楊）隆演命，迎丹楊公（楊）溥監國。〔註122〕

知誥最懼怕的即是徐溫代吳，一旦代吳知誥將難有繼位之希望，《五國故事》言：

知誥慮溫急於取國，而己非其嫡，不得以嗣，故以是言之。〔註123〕

知誥所要作的便是勸阻此事，以免一旦徐溫代吳，喪失自身的權力，更有甚
者可能連全家的性命都將難以保存，雖徐溫再世時不致於發生，若徐溫去世，
端看其與徐知詢的關係，抄家滅族之事恐將難以避免。

徐溫入朝時，本欲以兵仗自隨，知誥則為預防逼宮之事，便以吳王之名
要求去兵仗後方能入朝。利用此機會，來打擊徐溫及其週邊人士代吳的野心。
不然，一旦徐溫代吳，則繼位無望，連輔政之位也會馬上被拔除。再看徐溫，
應為念舊之人，所以明知知誥勢力不斷的擴大，將有可能影響日後徐知詢的
繼任，但常念及知誥為其所養，又極盡孝道，遲遲未能決斷。徐溫的個性，
知誥也甚為了解，因此每當徐溫欲代吳時，便謂：「令公忠孝之德，朝野所仰」，
來促使徐溫念及楊行密舊情，而無法擺脫此一舊情加以自立，最後唯有放棄
代吳的想法，並說明自己並未有篡位的野心：

溫曰：「吾若自取，非止今日。張顥之亂，嗣王幼弱，政在吾手，取
之易於反掌。然思太祖大漸，欲傳位劉威，吾獨力爭，太祖垂泣，
以後事託我，安可忘也！」〔註124〕

知誥以吳王名義，要求去兵仗後方能入朝，也是對徐溫野心所作的試探，徐
溫若是不理朝命，堅持率兵入朝，恐楊吳上下，未有任何人敢提出異議，事

〔註121〕《五國故事》，卷上，頁3182。
〔註122〕《資治通鑑》，卷二七一，後梁均王貞明六年，《考異》引《十國紀年》，頁
8855。
〔註123〕《五國故事》，卷上，頁3182。
〔註124〕《資治通鑑》，卷二七一，後梁均王貞明六年，《考異》引《十國紀年》，頁
8855。

若至此，大事已定，代吳已成定局，知誥也將難以提出任何勸阻的言語，相反的若勸阻太多，恐會遭殺身之禍。但若去兵仗後方入朝，就表現出尚未有堅決篡位的決心，其也方能提出勸阻，如此方才阻絕代吳之心。徐知誥的勞心，也正如《五國故事》所言：

> 然內謀其家，外謀其國，勞心役慮，數倍于曹、馬矣。〔註125〕

足見當時處境之艱困。不過，削弱徐溫勢力的情況終究少見，會有上述之情事，究其原因，則是此事已至生死存亡之際，若再未有動作則覆亡之禍近在眼前，當此之際方才奮力一搏，若讓徐溫知曉其用心，恐難逃殺身之禍。

知誥與徐溫對抗之事終究少有，絕大部份一旦事關徐溫，則採退避之策，以張崇貪賕一事，即是如此：

> 崇在廬州，貪暴不法。廬江民訟縣令受賕，徐知誥遣侍御史知雜事楊廷式往按之，欲以威崇，廷式曰：「雜端推事，其體至重，職業不可不行。」知誥曰：「何如？」廷式曰：「械繫張崇，使吏如昇州，簿責都統。」知誥曰：「所按者縣令耳，何至於是！」廷式曰：「縣令微官，張崇使之取民財轉獻都統耳，豈可捨大而詰小乎！」知誥謝之曰：「固知小事不足相煩。」以是益重之。〔註126〕

張崇雖貪賕，但所獲取之財物，卻全獻給徐溫以討歡心。知誥一直利用各種方式增加自身的威望，今遇張崇貪賕之事，若處置得當，就能提昇威望，不過此事卻因涉及徐溫，迫使知誥唯有放棄處置。

當時楊吳政事主要仍以徐溫之意決斷，知誥也唯能讚同：

> 徐溫聞壽州團練使崔太初苛察失民心，欲徵之，徐知誥曰：「壽州邊隅大鎮，徵之恐為變，不若使之入朝，因留之。」溫怒曰：「一崔太初不能制，如他人何！」徵為右雄武大將軍。〔註127〕

另尚有鍾泰章侵市官馬一事：

> 吳人有告壽州團練使鍾泰章侵市官馬者，徐知誥以吳王之命，遣滁州刺史王稔巡霍丘，因代為壽州團練使，以泰章為饒州刺史。徐溫召至金陵，使陳彥謙詰之者三，皆不對。或問泰章：「何以不自辨？」泰章曰：「吾在揚州，十萬軍中號稱壯士；壽州去淮數里，步騎不下

〔註125〕《五國故事》，卷上，頁3182。
〔註126〕《資治通鑑》，卷二七一，後梁均王貞明六年條，頁8853。
〔註127〕《資治通鑑》，卷二七一，後梁均王龍德元年條，頁8870。

五千，苟有他志，豈王稔單騎能代之乎！我義不負國，雖黜爲縣令亦行，況刺史乎！何爲自辨以彰朝廷之失！」徐知誥欲以法繩諸將，請收泰章治罪。〔註128〕

鍾泰章侵市官馬一事是否眞實，並未可知，但知誥應欲藉此事以立威，再加上鍾泰章是徐溫得以獨佔楊吳政權的關鍵人物，因此對知誥而言是一個麻煩人物，且知誥認爲其「頗持功頡頏，烈祖疑其難制」，〔註129〕鍾泰章因有功於徐溫，可能對知誥並不重視，甚至不聽從命令。此外，鍾泰章可能也是反知誥繼任的人士，知誥便打算藉侵市官馬一事，來處斷鍾泰章，如此即可打擊反知誥人士，又可提昇威望，對其而言可謂一舉二得。徐溫認爲，鍾泰章有功於已，不應以小事處斷，故曰：

昔日赤族之禍間不容髮。使無泰章豈有今日富貴耶！奈何以薄物細故疑之。〔註130〕

徐溫反對將鍾泰章治罪，又怕兩人因此事有所過節，「命知誥爲子景通娶其女以解之。」〔註131〕以上事例，可見楊吳之政仍掌於徐溫，知誥實難以相抗。不過若依上述事例來看，徐溫掌政之力也確實高出知誥多矣，更展現徐溫理政之剛毅，遠非知誥所能及。知誥掌政手段不如徐溫，這也有可能是徐溫掌政已久，知誥方掌政數年，因此在威望上、手段上及處事的果決力等皆不如徐溫。雖極欲展現威勢，但卻曾因徐溫而難以展現，此皆是體現徐溫掌政之勢，斷非其所能敵。

　　自任輔政以來，徐溫週邊人士便不斷上言，要求汰換徐知誥，以親子代之的聲浪不斷湧現，先有嚴可求，後有徐玠，甚至於陳彥謙病逝前，仍上書徐溫要求汰換。知誥又爲保住地位，著實費盡心力，先是與嚴可求結親，後又「恐其（陳彥謙）遺言及繼嗣事，遺之醫藥金帛，相屬於道」，〔註132〕當時上言汰換，絕不止這些人，光以陳彥謙一事，徐知誥不斷的遣人送藥、送財物，但終未能改變陳彥謙的心意，由此更能看出當時繼位競爭的激烈。隨著徐溫的逐漸年老，迫使必須正視身後事，徐知誥終究非親出，再加上不斷有人上言汰換，徐溫終於打算以徐知詢替換。事實上徐知詢從以前，就不斷向

〔註128〕《資治通鑑》，卷二七二，後唐莊宗同光元年條，頁8903。
〔註129〕《陸書》，卷一六，〈元宗光穆皇后鍾氏〉，頁5588。
〔註130〕《陸書》，卷一六，〈元宗光穆皇后鍾氏〉，頁5588。
〔註131〕《資治通鑑》，卷二七二，後唐莊宗同光元年條，頁8903。
〔註132〕《資治通鑑》，卷二七三，後唐莊宗同光三年條，頁8934。

徐溫要求取代徐知誥：

> 初，溫子行軍司馬、忠義節度使、同平章事知詢以其兄知誥非徐氏
> 子，數請代之執吳政，溫曰：「汝曹皆不如也。」〔註133〕

徐知詢多次要求取代，終未能成，主要是由於徐溫知曉徐知詢遠不如知誥，甚至於諸子皆未能有與徐知誥相提者，故此方使徐溫難下決心，直至年老方決心替換，「溫即遣知詢入覲，謀代烈祖輔政」，〔註134〕徐溫以勸進吳王爲名義，遣徐知詢入廣陵替換。知誥亦了解徐溫所下決心，認爲難與相抗，決心交出輔政之位：

> 知誥草表欲求洪州節度使，俟旦上之。是夕，溫凶問至，乃止。知
> 詢亟歸金陵。〔註135〕

徐知誥本已打算交出廣陵輔政之位，另求洪州節度使之位，但未料徐溫的暴卒，改變了整個局面。徐溫晚年氣疾嚴重：

> 義祖晚年有氣疾，歲中數發，發則困躓，將殂之夕，氣暴作，醫者
> 進藥無效而絕。〔註136〕

也因此方決心替換，卻因氣疾病逝，使徐知詢未能與徐知誥相抗，假若徐溫晚幾月病逝，局面將可能完全改觀。

徐知誥內部本在得知徐溫的決定後，人心非常不安：

> 又烈祖執政柄時，義祖忌之，將啓以知詢爲代。中外岌岌，人無固
> 志。宋齊丘夜召知術者劉通微同宿而微其事。坐久，聞鼓聲，通微
> 投袂而起曰：「子嵩，事必中變。政事僕射安若泰山，不足多慮也。
> 彼懷惡志者，自當受禍。金鼓之聲漸漸然，殆有大喪歟？」夕未曙，
> 捷步至，白義祖死矣。〔註137〕

此段記載雖多有玄虛之處，也表現出當時知誥內部的不安局面，大有樹倒猢猻散的景像，宋齊丘等謀士，對此事已無法有任何設想，唯有寄託在未知的力量上，藉以尋求解決之道。從此可知已無法可想，無計可施。最後因徐溫的暴卒，方有翻身之地。徐溫暴卒後，徐知詢奔還金陵，〔註138〕卻對知誥未有處置，若

〔註133〕《資治通鑑》，卷二七六，後唐明宗天成二年條，頁9010。
〔註134〕《馬書》，卷八，〈徐知詢傳〉，頁5320。
〔註135〕《資治通鑑》，卷二七六，後唐明宗天成二年條，頁9010。
〔註136〕陳澎年，《江南別錄》，頁5133。
〔註137〕史溫，《釣磯立談》，頁5004。
〔註138〕馬令，《南唐書》，卷八，〈徐知詢傳〉，頁5320。

徐知詢先取輔政之位，再還金陵繼承徐溫爵位，則知誥大事去矣，但由於徐知詢目光短淺，自以爲繼承爵位，即無人敢與其相抗，不久便招失敗之禍。

　　徐溫收養知誥，給予成材、成功的機會。知誥也爲爭取徐溫的認同，不斷的作出各種努力，極盡孝道，徐溫也因此極爲疼愛視爲親子。然而，知誥終非親出，因此在繼嗣問題上，從未將其納入考量之中。相反的又爲免徐知誥的勢力過於擴大，不斷的施以各種打擊，曾令其幾欲辭去官職。朱瑾之亂使知誥重獲新機，成爲輔政，徐溫以徐知誥輔政，則全然是由於諸子年少，又無理政經驗，才得以輔政，待徐家諸子年長後，理政經驗又增加，便會取代。徐溫又念及舊情，不忍替換，使輔政之位方可穩固。爲保輔政之位，也付出許多心力，先後與嚴可求、鍾泰章結親，雖徐溫在世時效果有限，徐溫去世後，徐知詢又非可扶立之主，這些人都將倒向徐知誥。又爲免徐溫代吳，一旦代吳成功，輔政地位將喪失，因此不斷的巧施各種計謀，終使徐溫打消代吳自立之心。隨著徐溫週邊人士不斷的上言及徐溫日漸年老，促使徐溫下定決心，以徐知詢來替換知誥。在知曉後知其無能抵抗徐溫，便求洪州節度使之職，後因徐溫暴卒，終使知誥有反敗爲勝之機。

第三節　李昇與徐溫諸子的關係

表四：徐溫世系表〔註139〕

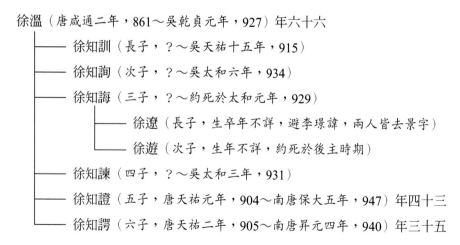

徐溫（唐咸通二年，861～吳乾貞元年，927）年六十六
- 徐知訓（長子，？～吳天祐十五年，915）
- 徐知詢（次子，？～吳太和六年，934）
- 徐知誨（三子，？～約死於太和元年，929）
  - 徐遼（長子，生卒年不詳，避李璟諱，兩人皆去景字）
  - 徐遊（次子，生年不詳，約死於後主時期）
- 徐知諫（四子，？～吳太和三年，931）
- 徐知證（五子，唐天祐元年，904～南唐保大五年，947）年四十三
- 徐知諤（六子，唐天祐二年，905～南唐昇元四年，940）年三十五

〔註139〕據《十國春秋》所附〈十國世系表〉及〈徐溫傳〉中所附諸子各傳、《馬書·義養傳》而成。

　　徐知誥自八歲爲徐溫收養，便與徐溫諸子一同生活，史籍中又有稱徐知誥爲二哥或二郎之記錄，故在徐溫諸子應排行第二，排行第一者應爲徐知訓。〔註140〕自小即與徐溫諸子們，共同生活、共同學習。在《馬書·義養傳》中，徐溫有六子，依次分別爲徐知訓、徐知詢、徐知誨、徐知諫、徐知證、徐知諤等。〔註141〕徐溫諸子中與徐知誥較有關係的是，徐知訓、徐知詢、徐知誨、徐知諫等四人，其中徐知訓因瞧不起徐知誥，徐知詢又不斷的想取代徐知誥，因此兩人與其關係應不太好；徐知誨、徐知諫兩人則多次幫助其脫險與奪位，所以與其關係應較佳。徐知訓、徐知詢兩人與知誥關係較差的原因，也與徐溫有關，徐知誥在徐溫諸子中表現最好，徐知誥卻又非徐溫親子，使徐溫對其他親生兒子們有恨鐵不成鋼之感，「溫嘗罵其諸子不如昪，諸子頗不能容，而知訓尤甚。」〔註142〕在此情況下，致使知誥表現的愈好，則令徐知訓等人就更加憤恨。爲獲得徐溫賞識，必須不斷努力，表現需與徐溫諸子不同，「溫之嫡子皆好騁田獵，主唯習書計，暇則肄射，所志必精。」〔註143〕因此知誥在徐溫諸子中表現最佳，與其他諸子就未有和諧的關係，造成日後知誥與徐知訓、徐知詢兩人關係緊張的狀況。除此外，可能與繼承權之爭有關，徐知訓、徐知詢皆爲徐溫前後任的繼承人，眼見知誥受徐溫的重用，更擔心徐溫日後以其爲繼承人，方與知誥交惡。

　　徐知訓在吳天祐十二年（後梁末帝貞明元年，915）四月，任淮南行軍副使、內外馬步諸軍副使，〔註144〕成爲徐溫繼承人。八月居廣陵輔政。〔註145〕在輔政期間多有不法，欺上凌下、貪婪暴虐，可是徐知訓在地方任官時早已如此：

　　　　徐知訓在宣州聚斂苛暴，百姓苦之。入覲侍宴，伶人戲作綠衣。大
　　　　面若鬼神者。傍一人問：「誰何？」對曰：「我宣州土地神也，吾主

〔註140〕《江南別錄》稱徐知訓爲三郎，《歐史》則稱徐知誥爲二郎則徐知訓應爲徐知誥之後，但若如此徐溫長子爲何人，卻又未曾有載，《馬書》、《陸書》，又皆以徐知訓爲長子，徐知訓爲三郎之記載，它書又未曾有載，僅見於《江南別錄》，故徐知訓是否在徐溫諸子中排行第三，著實可疑，故今從《馬書》、《陸書》之記載，以徐知訓爲徐溫諸子中排行第一。

〔註141〕《陸書》記載亦同，見《陸書》，卷八，〈徐知證傳〉，頁5524。

〔註142〕《歐史》，卷六二，〈南唐世家〉，頁766。

〔註143〕《江南野史》，卷一，〈先主〉，頁5154。

〔註144〕《資治通鑑》，卷二六九，後梁均王貞明元年條，頁8788。

〔註145〕《資治通鑑》，卷二六九，後梁均王貞明元年條，頁8797。

入覲，和地皮掘來，故得至此。」〔註146〕

徐知訓與知誥的關係極差，常不叫其名，稱其為「乞子」，〔註147〕徐知訓又常與弟弟們夜飲，也會邀約知誥，要是知誥不去的話，徐知訓便會生氣的說：「不喫酒，喫劍乎。」〔註148〕徐知誥任宣州團練使時，徐知訓便常召李昪至廣陵，打算殺害徐知誥：

> 知訓忌烈祖，每欲加害，嘗召烈祖飲，伏劍士於室中。（刁）彥能
> 行酒，以手陷烈祖而推之，烈祖悟，起去。又嘗從知訓會烈祖于
> 山光寺，是日知訓大沉酗，決欲害烈祖。……。知訓授彥能劍，
> 使追殺之，及於中塗，彥能舉劍揚袖以示烈祖，還，紿以弗及。
>
> 〔註149〕

兩人關係之惡劣由此可見。徐知訓被殺後，知誥率軍平亂，知誥自此得以擴大權力。徐知訓之死，徐溫一度也懷疑知誥，但隨著不法證據的出現，方使徐溫相信此事無關知誥，方可代替徐知訓居廣陵輔政。

徐知訓死後，徐知詢隱然成為繼承人。知誥居廣陵輔政期間，徐溫週邊人士不斷上言，要求以徐知詢代居廣陵輔政，徐溫在幾經考量下也已然同意，便派徐知詢入廣陵以替代。對知誥而言，情勢實是異常危急，知誥也已打算放棄抗爭，改求出任洪州刺史，只剩奏章未上，形勢發生了變化，徐溫的病逝，使知誥有敗部復活的機會。徐溫病逝後，徐知詢急著趕回昇州，以繼承徐溫。吳王楊溥建國稱帝，改元乾貞（後唐明宗天成二年，927），十一月，楊溥加封知誥：

> 侍中、中書令、太尉、都督中外諸軍事。封潯陽公、改封豫章公。
>
> 〔註150〕

以徐知詢繼承徐溫之位，「為諸道副都統、鎮海、寧國節度使、兼侍中」，〔註151〕徐知詢坐鎮昇州與知誥對抗，但卻妄自尊大，自以為知誥無法與之抗衡，殊不知已眾叛親離，最後被騙入廣陵，知誥數責其罪，改授徐知詢為左統軍。徐知詢雖敗，但知誥仍不放心：

〔註146〕《江南餘載》，卷上，頁 5108。
〔註147〕《江南別錄》，頁 5134。
〔註148〕《江南別錄》，頁 5134。
〔註149〕《馬書》，卷一一，〈刁彥能傳〉，頁 5335。
〔註150〕《馬書》，卷一，〈先主書〉，頁 5259。
〔註151〕《資治通鑑》，卷二七六，後唐明宗天成二年條，頁 9011。

知誥召徐知詢飲，〔註152〕以金鍾酌酒賜之，曰：「願弟壽千歲。」知詢疑有毒，引他器均之，跽獻知誥曰：「願與兄各享五百歲。」知誥變色，左右顧，不肯受，知詢捧酒不退。左右莫知所為，伶人申漸高徑前為詼諧語，掠二酒合飲之，懷金鍾趨出，知誥密遣人以良藥解之，已腦潰而卒。〔註153〕

徐知詢有備逃過一刼未死，知誥可能也知徐知詢已有所防備，再也未有毒害事情發生。幾年後，徐知詢任潤州刺史，自此不敢再與知誥對抗，每日醉生夢死、飲宴不斷，不久移鎮江西，吳太和六年（後唐潞王清泰元年，934）卒於任內。〔註154〕

　　徐知誨與知誥的關係較為友善，徐知詢之敗也與其有關，《馬書》載：

知詢守金陵，所為多不法，知誨每得其陰謀，以告烈祖。知詢之敗，知誨構之為多。〔註155〕

徐知誥能繼承徐溫勢力，知誨出力不少。後以其為鎮南軍節度使，〔註156〕卒於任內。〔註157〕徐知誨之死頗為離奇：

知誨先娶吳功臣呂師道女，非嫡出，知誨常切齒，因醉刺殺之。後呂氏數為厲，知誨惡之，請僧誦經，為陳因果。僧亦見呂氏，曰：「吾不解此，志在報冤爾。」及鎮江西，歲餘，呂氏不復見，知誨喜甚。

〔註152〕此事《南唐近事》則載為周本，《江表志》則載為徐知詢，司馬光在考異中，則認為《南唐近事》所載此事已在徐知誥即帝位，若欲除去周本實不用採此方式，故今從《資治通鑑》。

〔註153〕《資治通鑑》，卷二七六，後唐明宗天成四年條，頁9036。

〔註154〕《十國春秋》，卷一三，〈徐知詢傳〉，頁3596。

〔註155〕《馬書》，卷八，〈徐知誨傳〉，頁5320。

〔註156〕《馬書》謂江西節度使，《十國春秋》則謂鎮南軍節度使，然楊吳至南唐皆未設江西節度使，唯有於洪州設鎮南軍節度使，徐知詢、徐知誨、徐知諫皆鎮江西，《資治通鑑》上載徐知諫卒於鎮南軍節度使任內，朱玉龍《五代十國方鎮年表》，亦如《資治通鑑》、《十國春秋》所載，故今從《資治通鑑》、《十國春秋》。

〔註157〕按史書所載，徐知誨為其兄弟中最早任鎮南軍節度使，但諸書皆未載其任官時間，唯《五代十國方鎮年表》載其接任時間為吳順義五年（925），不過依史書所載，其應在徐知誥獨掌吳政後方才接任，因此順義五年徐溫尚在，也尚未發生徐知誥與徐知詢奪權之事，所以《五代十國方鎮年表》的記載有誤。筆者以為，徐氏三兄弟應是接連三任的鎮南軍節度使，其弟徐知諫於太和元年任此職，史書又載徐知誨任此職後，歲餘即暴卒，所以徐知誨任鎮南軍節度使則應在乾貞元年，最晚也應在二年，如此方符合史書所載。

> 有家人自淮南迴，於江心遇綵舟，有婦人漸邇，視之，乃呂氏也，
> 招家人曰：「爲我謝相公，善自愛，我今它適矣。」因遺繡履曰：「相
> 公謂爾不信，以此示之。」家人至江西，首語其事，以履示知誨。
> 知誨熟視未畢，輒見呂氏在側曰：「爾謂我眞不來耶；」頃刻，知誨
> 暴卒。〔註158〕

史載徐知誨之死，爲其亡妻所殺，但是否如此，著實令人懷疑，但較能確定
的是，徐知誨非自然死亡，徐知誨的死亡又是否與知誥有關，頗令人懷疑。

徐知諫在諸子中最爲雅循，與知誥也最爲友好。徐知訓居廣陵輔政時，
由徐知諫輔佐。徐知訓輔政期間，多有不法，諸將甚爲不滿，相反對徐知諫
評價甚高，認爲其有長者之風。徐知訓常有意殺害知誥，也因有知諫的幫助，
方能免於爲遭禍：

> 烈祖自潤州入覲，知訓會飲山光寺。是日知訓大沉酗，決欲害烈祖，
> 知諫以謀告烈祖，烈祖獲免。〔註159〕

知誥能獨掌吳國大政，其也出力頗多，常參與謀畫，「先是，知誥誘知詢入朝，
知諫實與其謀」。〔註160〕太和改元時知誥命徐知諫「領鎮南軍節度使、同平章
事」，〔註161〕太和三年（後唐長興二年，931）九月，卒於任內。徐知諫去世
後，徐知詢代鎮洪州：

> 遇其喪于塗，撫棺泣曰：「弟用心如此，我亦無憾，然何面目見先王
> 於地下乎！」，聞者傷之。〔註162〕

徐知詢知其敗，知諫也曾參予其中，所發揮的功效也應不小，因此徐知詢方
有此語。再從徐知詢所言，可看出徐知詢對其失敗仍不甘心，始終都不願將
知誥視爲家人。

徐溫諸子中以前四位跟知誥的關係較深，其中徐知誨、徐知諫兩人，也
曾幫助知誥打敗徐知詢，獲得楊吳政權，但並載明徐知誥在掌政後，對兩人
有何封賞，這可能怕兩人的勢力坐大。南唐建立後，兩人皆已去世，由於不
知徐知諫是否有後，但對徐知誨的後代則極爲優厚。〔註163〕但較特殊的是，

〔註158〕《馬書》，卷八，〈徐知誨傳〉，頁5321。
〔註159〕《馬書》，卷八，〈徐知諫傳〉，頁5321。
〔註160〕《十國春秋》，卷一三，〈徐知諫傳〉，頁3596。
〔註161〕《十國春秋》，卷一三，〈徐知諫傳〉，頁3596。
〔註162〕《十國春秋》，卷一三，〈徐知諫傳〉，頁3597。
〔註163〕《十國春秋》，卷一三，〈徐知誨傳〉，頁3596。

徐知詢、徐知誨、徐知諫三人，皆卒於鎮南軍節度使任內，則不禁令人對此
三人的死亡有所懷疑，但唯一能確定的唯有徐知誨非得善終，而徐知詢、徐
知諫兩人，死亡年紀也應在四十歲左右，皆在壯年之際，但又因史書末曾有
載徐知詢、徐知諫兩人死亡原因，更不易了解兩人死亡是否爲善終，但從些
許的蛛絲馬跡來看，此三人的死亡之因絕非單純，或多或少也應與徐知誥有
關。

第四章　李昪得國歷程

第一節　徐溫卒後的政局

　　徐溫去世對當時已完全打算放棄的徐知誥，實為一大好消息，本已要上表棄輔政改求洪州節度使，卻因徐溫的去世，而使其絕處逢生。徐溫去世後，整個楊吳大政落入徐知誥與徐知詢之手，兩人分據廣陵與金陵相互抗衡。

　　徐溫因氣疾暴卒，其子徐知詢聽聞後，隨即自楊州趕赴金陵以繼徐溫之位：

> 拜諸道副都統，鎮海、寧國等軍節度使，兼侍中輔國大將軍、檢校
> 太尉、守中書令、金陵尹。〔註1〕

在繼徐溫之位後，便著手對付知誥，要求知誥赴金陵奔徐溫之喪，「義祖死於建康，知詢等督先主奔赴。」〔註2〕徐知詢的想法應是打算趁此機會來打擊知誥，金陵現為徐知詢的勢力，一旦親赴金陵，必將落入其手，如此唯有任人宰割，若不赴金陵，徐知詢又可向外宣告知誥的不孝，將喪失作為徐溫繼承人的權力，徐知詢也必然成為唯一繼承人，到時徐知誥也將毫無名義與之對抗，僅能束手待斃。知誥也深知其計謀，依人子的立場，不能不親赴金陵，但一入金陵又恐難以脫身，可若不去金陵，在人情、義理上皆站不住腳，也會掛上不孝之名，對自身的勢力及名聲都將是一大打擊，更有甚者也可能成為敗亡之因。徐知詢在提出赴金陵奔徐溫之喪時，著實令其陷入了進退兩難

〔註1〕　《十國春秋》，卷一三，〈徐知詢傳〉，頁3596。
〔註2〕　《馬書》，卷六，〈元恭皇后宋氏傳〉，頁5299。

的境地。

　　幾經思量下，實無其它可行之法，便決定冒險一行，妻子宋氏知曉後，便勸其打消親赴金陵的念頭，《馬書‧元恭皇后宋氏傳》載：

> 先主欲往，宋氏從容諫曰：「移孝爲忠，臣子之常。況權重身危，而輒罷所執，何異太阿倒持，柄不在我矣。」先主大悟，因寢其行，而命周宗赴金陵。〔註3〕

誠如宋氏所言，一入金陵即陷入「權重身危」的境地，此一情況知誥又何嘗不知，所幸宋氏建議以「移孝爲忠」的名義，使其在進退兩難的情況下，獲得了解決的方式，最後便以捨小孝盡大忠的名義，將徐知詢的計謀加以破解，便以吳主之命，稱其無法赴金陵：

> 義祖喪將終，遣使請烈祖至金陵。烈祖上十餘表，而讓皇不允。〔註4〕

改命周宗赴金陵以祭拜徐溫，更進一步來探查金陵當前的情況。周宗在接獲命令後，隨即趕赴金陵，在抵達金陵後，徐知詢加以接見，《南唐近事》載：

> 康王（徐知詢）已下諸公子謂周宗曰：「幸聞兄長，家國多事，宜抑情損禮，無勞西渡也。」宗度王等非本意，堅請報簡示信於烈祖，康王以匆遽爲詞。宗袖中出筆，復爲左右取紙，得故茗紙帖爲手札。
> 康王不獲已而札曰：「幸就東府舉哀，多壘之秋，二兄無以奔喪爲念也。」……。〔註5〕

徐知詢在周宗抵達金陵，知道計謀已然被所識破，周宗也說明知誥無法奔喪的原因，徐知詢也假意的順其意，說出以國事爲重等應付的話，周宗在聽聞後要求留下書簡作證明，以使所有人了解，知誥所以不來金陵奔喪，也是經由徐知詢同意的，也爲避免徐知詢日後拿此事來大作文章，徐知詢本來打算以未備筆墨來加以推辭，但沒想到周宗早已備妥筆墨，致使徐知詢不得不開具書簡，證明徐知誥之所以不來奔喪，是經由徐知詢同意的，此書簡一開，使徐知詢再也無法利用徐溫之死來大作文章，知誥也順利的躲過了攻擊，自此以後也在兩人鬥爭中漸佔上風，相反的徐知詢則落於下風，以致於失敗。

　　兩人的爭鬥，自奔喪一事後，知誥已漸佔上風，但徐知詢的勢力終究仍未瓦解，不斷的與徐知誥展開爭鬥。徐知詢自以爲手握重兵且據上游，自以爲不

〔註3〕《馬書》，卷六，〈元恭皇后宋氏傳〉，頁5299。
〔註4〕《江南別錄》，卷上，頁5133。
〔註5〕《南唐近事》，卷二，頁5059。

可一世，認爲「烈祖雖管大政而無兵，去之甚易」，[註6] 自以爲必勝，因此導致了失敗的因素。徐知詢本就不如知誥，不管在計謀的行使上或執政能力上，皆遠遜於知誥甚多，以執政能力而言徐知詢掌控金陵時，「知詢守金陵，所爲多不法」，[註7] 又「以徐溫既卒，乃代爲金陵節制，爲政暴急」，[註8] 以此觀之，可知在治理金陵上，其根本毫無執政能力，甚至以爲成功在望，而不知有所避嫌，吳越王鏐遺知詢金玉鞍勒、器皿，皆飾以龍鳳，[註9] 知詢不以爲嫌，乘用之。[註10]

錢鏐贈送這些東西，是爲了加深兩人的內鬥，這些器物爲帝王所能用，錢鏐的用意即是讓徐知詢知道一旦打倒知誥，便可稱王稱帝，使其懷抱著這種夢想，就可加強兩人鬥爭的決心。另一方面錢鏐也可因促進兩人的互鬥，來削弱吳國的力量，以此來保衛吳越的安全。錢鏐的這些想法，徐知詢完全沒察覺到，相反的更是沾沾自喜，將這些器物拿來使用，故胡三省方言：

> 錢鏐以此間徐知詢，知詢不之覺，其庸昧如此。[註11]

如此之愚昧又如何是知誥的對手。使用天子器物，根本不能幫助徐知詢爭取權力，相反的使用天子器物一事，只會成爲日後加諸於身上的罪名而已。

徐知詢雖愚昧，但繼承了徐溫的勢力後確實也頗令人頭痛，當時內樞密使王令謀便說：

> 公輔政日久，挾天子以令境內，誰敢不從！知詢年少，恩信未洽於
> 人，無能爲也。[註12]

王令謀所說也正是點出了徐知詢的缺點，雖繼承了徐溫的勢力，兵力也確實遠勝知誥，可最大問題，是無恩德於人，周廷望曾向徐知詢建議：

〔註6〕 《馬書》，卷八，〈徐知詢傳〉，頁5320。

〔註7〕 《馬書》，卷八，〈徐知誨傳〉，頁5320。

〔註8〕 《五國故事》，卷上，頁3182。

〔註9〕 《九國志》則載爲錢弘佐所贈，而錢弘佐之上尚有錢元瓘，況錢弘佐生於天成三年，此時方爲二歲孩童，豈有贈禮以二歲孩童之名贈送，且若眞以錢弘佐之名所贈，是否也代表吳越對其輕視？若在此情況下，徐知詢應不會接受此贈禮。若是錢元瓘所贈則較爲合理，但當時吳越王仍爲錢鏐，即使眞爲錢元瓘所贈，名義上仍應以錢鏐，而不應用錢元瓘之名。且若是以錢鏐之名贈禮，在形式也較無輕視之意味。

〔註10〕 《資治通鑑》，卷二七六，後唐明宗天成四年條，頁9034。

〔註11〕 《資治通鑑》，卷二七六，後唐明宗天成四年條，胡三省注，頁9034。

〔註12〕 《資治通鑑》，卷二七六，後唐明宗天成四年條，頁9034。

公誠能捐寶貨以結朝中勳舊，使皆歸心於公，則彼誰與處！〔註13〕
徐知詢確實也聽從了建議，派遣周廷望至廣陵來結交大臣。事實上周廷望是
一首鼠兩端之人，與周宗關係非常密切極為友好，因此周廷望一到廣陵先與
周宗見面，更進一步的透過周宗，表達臣服之意，將徐知詢所有的陰謀完全
告知，但返回金陵後，又將知誥的計劃告知徐知詢。所以，結交大臣的計劃
是失敗的。徐知詢雖意結交朝中大臣，可卻完全忽視了身邊的問題，王令謀
所言「恩信未洽於人」，徐知詢並非不知，因此才有結交朝中大臣的計劃，卻
不知「恩信未洽於人」並不僅有朝中大臣，相反的徐知詢對弟弟們並不好，「知
詢待諸弟薄，諸弟皆怨之」，〔註14〕本應幫助自己的弟弟們，反而都投靠了敵
人，如：

知誨每得其陰謀，以告烈祖。知詢之敗，知誨構之為多。〔註15〕
對自己的弟弟們尚且如此，又如何能不叫徐溫的舊屬們寒心呢？徐溫去世後，
徐知詢對徐溫的舊屬卻從未有任何表示，未曾給予任何賞賜，以拉攏舊屬們的
心，在此種情況下，使舊屬們開始倒向對手，如徐玠，本與徐知誥有怨，是最
積極打倒徐知誥之人，曾不斷向徐溫要求以徐知詢替換徐知誥，但徐溫去世後，
不到一年的時間內，徐玠已完全倒向知誥，「徐玠知知詢不可輔，反持其短以附
知誥」，〔註16〕其它如楊吳內外皆有人私通知誥，將其所行之事完全告知，徐知
詢一舉一動完全為對手所知，又如何與之對抗，如此焉能不敗。

在兩人爭權時，徐溫舊人中的駱知祥，早與徐知誥關係密切，因而可能
早已投向知誥，而嚴可求、鍾泰章等又為姻親，在兩人的爭權上，未見有何
表示或支持任何一方，兩人或許感念舊情，未投入徐知誥陣營，但見徐知詢
難以輔佐，在此事上可能採取中立，未投入任何一方；楊吳舊將們，其中柴
再用之前配合徐知誥來鎮嚇朝中大臣，之後又被任命為武昌節度使，所以應
該已投入知誥陣營。其它的楊吳舊將則未見有表示，可能是認為此為徐家內
鬥，不願意介入此事，也可能怕介入此事若日後失敗，會遭至勝方的報復，
所以大部份的人多採中立，不願介入；李建勳可能也有參與此事，並且與徐
知誥互相暗中勾結，來暗害徐知詢，因此在徐知詢失敗後，「寮屬皆受譴，獨

〔註13〕《資治通鑑》，卷二七六，後唐明宗天成四年條，頁9034。
〔註14〕《資治通鑑》，卷二七六，後唐明宗天成四年條，頁9035。
〔註15〕《馬書》，卷八，〈徐知誨傳〉，頁5320。
〔註16〕《資治通鑑》，卷二七六，後唐明宗天成四年條，頁9034。

建勳自全」，〔註17〕之後徐知誥出鎮金陵時，又任副使，〔註18〕由此可見，李建勳在此事應出力不少，故頗受重用。兩人的爭權，吳國官員可能多採中立，應該不願也不敢介入此事，以免站錯方向，遭到殺身之禍。

吳太和元年（後唐明宗天成四年，929）八月，兩人又為武昌節度使人選一事，產生爭鬥。武昌節度使兼侍中李簡，身染重病，要求返回江都，之後李簡卒於采石磯，徐知詢為李簡的女婿，便擅自將其的親兵二千人加以留併，擴充自身的實力，並上表要求以其子李彥忠繼任為武昌節度使。知誥認為李彥忠與徐知詢兩人關係深厚，若使李彥忠繼任為武昌節度使，則對其較為不利，因此對李彥忠繼任一事並不同意，而是以龍武統軍柴再用為武昌節度使。徐知詢聽聞後大為忿怒，便說：

> 劉崇俊，兄之親，三世為濠州；彥忠吾妻族，獨不得邪！〔註19〕

徐知誥成功的將武昌節度使拿到手，但也使兩人關係徹底決裂，鬥爭自此表面化。徐知誥為免被動，決定先下手為強，便透過周宗向周廷望說：「人言侍中有不臣七事，宜亟入謝」，〔註20〕周廷望便將此事予以傳達，徐知詢最先應在考量是否入朝，其了解一旦入朝，恐難回金陵，但可能週邊親近的人士，如徐玠、徐知誨、徐知諫等，這些早已投向對手的人，應多建言徐知詢應入朝解釋，其中以徐知諫應出力最多，也應為促使其入朝的主要人物，「先是，知誥誘知詢入朝，知諫實與其謀。」〔註21〕

所以後來徐知諫死後，徐知詢方有此語：

> 遇其喪于塗，撫棺泣曰：「弟用心如此，我亦無憾，然何面目見先王於地下乎！」，……。〔註22〕

從以上這些事例來看，徐知詢入朝應與徐知諫脫不了關係，按《五國故事》所載，真正誘使徐知詢入朝的因素為：

> 知誥患之（徐知詢），乃給以楊氏將申輔相之命，使知詢入朝。知詢信之，亟請入覲。〔註23〕

〔註17〕《馬書》，卷一〇，〈李建勳傳〉，頁5328。
〔註18〕《馬書》，卷一〇，〈李建勳傳〉，頁5328。
〔註19〕《資治通鑑》，卷二七六，後唐明宗天成四年條，頁9031。
〔註20〕《資治通鑑》，卷二七六，後唐明宗天成四年條，頁9035。
〔註21〕《十國春秋》，卷一三，〈徐知諫傳〉，頁3596。
〔註22〕《十國春秋》，卷一三，〈徐知諫傳〉，頁3597。
〔註23〕《五國故事》，卷上，頁3182。

徐知誥假意要將楊吳大政交出，徐知詢週邊人士應多向徐知詢鼓動，且其又自以爲手握重兵，因此根本不怕，便在此情況下決定入朝。但徐知詢週邊人士，也有反對入朝者，如周廷望勸諫不可入朝，周廷望說：「公有往日，而無還日。」〔註24〕徐知詢對周廷望應頗爲信任，不然也不會將結交朝廷大臣之事交予其執行，但徐知詢乃不聽從諫言，決定入朝，如此可知其認爲入朝絕對不會有危險，甚至馬上可掌握吳國大政。

徐知詢入朝後也正如周廷望所言，爲徐知誥所扣留：

> 及至江都，舍於知誥之第，且不得見。知詢詰之，知誥曰：「吾兄爲政暴急，上知之，將加譴責。希待罪於私第，尚恐未暇，況欲見乎」
> 知詢由是始悔入覲，尋處環衛之列焉。〔註25〕

徐知詢自此方知上當，但已經來不及。但仍不甘心就此認輸，便以不親赴徐溫之喪來責問：

> 知詢責知誥曰：「先王違世，兄爲人子，初不臨喪，可乎？」知誥曰：「爾挺劍待我，我何敢往！爾爲人臣，畜乘輿服御物，亦可乎？」
> 〔註26〕

徐知詢反而被責問的啞口無言，更被冠上不臣之罪，自此一敗塗地，再也無法對抗徐知誥。兵權完全被解除，《資治通鑑》載：

> 知詢入朝，知誥留知詢爲統軍，領鎮海節度使，遣右雄武都指揮使柯厚徵金陵兵還江都，知誥自是始專吳政。〔註27〕

徐知誥也趁此機會，將徐家在金陵的勢力加以削弱，「知詢被遣，金陵爲之一空」，〔註28〕自此徐溫諸子再也無人可於其對抗，知誥成爲吳國唯一的統治者。在環顧吳國無人是其對手之後，便開始走向了篡吳建唐的路途。

第二節　李昪得國經過

徐知誥在篡吳上，可謂是準備已久。篡吳的基礎是建立在徐溫的基礎上的，徐溫於吳天祐五年（後梁太祖開平二年，908）先是與張顥共弒弘農郡王

〔註24〕《十國春秋》，卷一三，〈徐知詢傳〉，頁 3595。
〔註25〕《五國故事》，卷上，頁 3182。
〔註26〕《資治通鑑》，卷二七六，後唐明宗天成四年條，頁 9034。
〔註27〕《資治通鑑》，卷二七六，後唐明宗天成四年條，頁 9034。
〔註28〕《馬書》，卷八，〈徐知詢傳〉，頁 5320。

楊渥，再與嚴可求密謀復殺張顥，專掌吳政，至吳乾貞元年（後唐明宗天成二年，927）暴卒爲止，掌政已有二十年之久，整個吳國已完全爲徐溫所掌控，當時若有意篡吳，則吳國也將由姓楊改爲姓徐，但徐知誥考量的是若篡吳，則繼承人恐必非已，因而動之以情，打消了徐溫篡吳的念頭。

徐知誥則在吳天祐十五年（後梁太祖貞明四年，918）爲廣陵執政開始，即不斷爲保有地位展開奮戰，期間徐溫雖一度有意以他子代替，然終究不忍而中止，直至徐溫去世前，方決心以徐知詢替換，但因徐溫暴卒以致此事未成。徐溫去世後，徐知誥與徐知詢展開內鬥，最後在吳太和元年（後唐明宗天成四年，929）以知誥勝利告終，自此專掌吳國大權。

自天祐十五年輔政開始，至太和元年內鬥結束執掌大權爲止共十二年的時間之中，徐知誥在此時則應尚未有時間顧及日後篡吳一事，在這十二年的時間中，所慮及的是如何獲得徐溫的信任及保有自身的地位，雖在此時已建立日後篡吳建唐的執政班底，但眞正所計劃的絕不是如何篡吳，而是如何鞏固自身的地位及勢力。所以雖從開始輔政（吳天祐十五年，後梁太祖貞明四年，918）至吳天祚三年（後晉高祖天福二年，937）篡吳，時間長達二十年，但從天祐十五至乾貞元年的十年間，地位及勢力根本不夠穩固，只要徐溫有意，輔政的地位隨即被剝除，所以這十年間所重視的是如何鞏固自己的地位及勢力。

徐溫暴卒後，局勢改觀，雖仍有徐知詢可挑戰其地位，但卻已無人可直接威脅了，自此地位及勢力方才穩固。乾貞元年（後唐明宗天成二年，927）至太和元年（後唐明宗天成四年，929）這兩年之間，徐知誥所面臨的是徐知詢的挑戰，此時的徐知詢的勢力雖大，但卻也不易撼動知誥，徐知詢便在內外互謀下，爲徐知誥所因，自此其專掌吳政，環視境內已無人可向其挑戰。

太和元年（後唐明宗天成四年，929）開始至天祚三年（後晉高祖天福二年，9937）止，約九年的時間中，方是篡吳建唐的準備期，因此若言爲篡吳花二十年的時間則未免太過，爲篡吳所花費的時間，應當不超過九年，如此應方符合事實。如若不然，在此前十餘年的歲月之中，爲鞏固自身地位及勢力不斷努力，實不可能會思及如何篡吳，唯有當所有威脅消失時，徐知誥及其執政班底方會思及篡吳之事。

在獨掌吳國大政後，便開始走向了篡奪吳國的路子，所採取的方式大體也與徐溫相同，即自身出鎮金陵而留其子輔政，因此在吳太和二年（後唐明宗長興元年，930），以長子留廣陵輔政：

徐知誥以其長子大將軍景通爲兵部尚書、參政事，知誥將出鎮金陵
故也。〔註29〕

到了吳太和三年（後唐明宗長興二年，931）正式出鎮金陵：

> 吳中書令徐知誥表稱輔政歲久，請歸老金陵；乃以知誥爲鎮海、寧國
> 節度使，鎮金陵，餘官如故，總錄朝政如徐溫故事。以其子兵部尚書、
> 參政事景通爲司徒、同平章事，知中外左右諸軍事，留江都輔政；以
> 內樞使、同平章事王令謀爲左僕射，兼門下侍郎，以宋齊丘爲右僕射，
> 兼中書侍郎，並同平章事，兼內樞使，以佐景通。〔註30〕

以其子徐景通於廣陵輔政，並以王令謀、宋齊丘兩人來輔佐。宋齊丘在輔佐
徐景通以前，有感於自身的資淺，欲以退隱來自抬身價：

> 齊丘自以名望甚淺，欲爲退讓以自重，乃告如豫章改葬其父，因入
> 九華山，放求退居。吳主連徵不至。元宗時爲大將軍，烈祖使元宗
> 親往敦迫，乃起，除中書侍郎，遷右僕射、平章事。烈祖出鎮金陵，
> 以元宗入輔政，委齊丘左右之。〔註31〕

宋齊丘與徐知誥合演的這場戲，確實使其在吳國的名望上昇，爲了配合宋齊
丘，甚至徐景通親往九華山敦請，從中也可看出宋齊丘受重視的程度。

徐知誥雖稱歸老金陵，情況與徐溫時相同，即徐景通掌庶政，軍國大事
則仍掌於徐知誥。出鎮金陵的作法，是爲了與其子內外來掌控吳國，除此之
外也應是向所有人表示，其是徐溫繼承人，因此出鎮金陵更是繼承徐溫的一
個舉措，此時徐知誥已獨掌吳國，但時間僅有三年，徐溫獨掌吳國的時間卻
超過二十年，徐溫雖死但勢力依然存在，徐知詢雖已敗，金陵部隊及錢財均
被徐知誥所佔有，但徐溫所培養的勢力卻仍存在，如徐玠雖已投靠徐知誥，
但仍進行密謀推翻徐知誥，《玉壺清話》載：

> 司馬徐玠素不悅於主，欲（楊）濛受禪，陰諷太尉、中書令西平周
> 本及趙王李德誠輩，倚以德爵勳舊之重，欲使推戴於濛，蓋玠之謀。
>
> 〔註32〕

徐玠雖出賣了徐知詢，但卻因與徐知誥有舊怨，可能因此得不到信任及重用，

〔註29〕《資治通鑑》，卷二七七，後唐明宗長興元年條，頁9048。

〔註30〕《資治通鑑》，卷二七七，後唐明宗長興二年條，頁9062。

〔註31〕《馬書》，卷二〇，〈黨與傳上〉，頁5388。

〔註32〕《玉壺清話》，卷九，〈李先主傳〉，頁88。

便策劃了此一陰謀。雖自徐知詢敗後，看似已收納徐溫的勢力，可應非如此，觀察整個徐知誥掌政及篡吳的過程，就可知其所信任的仍是宋齊丘等人，徐溫舊人根本無法進入決策中心，這也使徐溫舊人們感受不到重視，徐玠的陰謀推翻，正是徐溫舊人與楊吳舊將合作，密謀推倒徐知誥的一次行動，這也正是徐溫舊人對徐知誥所發出的一次警訊，若仍不正視此一警訊，那日後徐溫舊人必會有更多的行動出現，但政權的掌握是具有排它性的，此時統治集團已漸成形，根本無法再接受他人的加入，但徐溫舊人的勢力仍令其無法忽視，因此唯有再三重申，其為徐溫繼承人，如此方能稍解徐溫舊人的不滿。

出鎮金陵後，徐知誥除延攬四方人才、收集圖書外，更於吳太和四年（後唐明宗長興三年，932）八月，「吳徐知誥廣金陵城周圍二十里」，〔註33〕擴大金陵城，事實上是為了日後遷都金陵作準備，江都（廣陵）為吳都久矣，楊家勢力雖已弱，但此地終是楊吳舊勢力的集中之地，若在此地要求吳主禪讓，將有可能遭至舊勢力的反撲，如此可能將長久以來所營造出的形象加以損壞，也會使和平轉移政權的計劃無法施行，打算將吳都遷至金陵，使之後的篡吳行動，不會遭受太多的反對。在擴大金陵城後，於吳太和五年（後唐明宗長興四年，933）五月，開始營建宮城：

> 吳宋齊丘勸徐知誥徙吳主都金陵，知誥乃營宮城於金陵。〔註34〕

又建都統府於古臺城，以作徐知誥居所：

> 徙都統府於古臺城，使都教練使孔昌祚營之。都統府成，凡二千四百間，環一千五百步。〔註35〕

吳太和六年（後唐潞王清泰元年，934）正月，開始進行遷都之舉：

> 吳徐知誥別治私第於金陵。乙未，遷居私第，虛府舍以待吳主。〔註36〕

由於宮城尚未完成，知誥將府邸讓出，打算作為吳主居處，便遷至都統府。雖已作好遷都的準備，但當時居於江都的官員們，大多不贊成遷都，周宗便建議暫停遷都之舉：

> 烈祖已徙居，且迎讓皇矣，宗請問曰：「若主上西遷，則公當東駕，

〔註33〕《資治通鑑》，卷二七八，後唐明宗長興三年條，頁9076。
〔註34〕《資治通鑑》，卷二七八，後唐明宗長興四年條，頁9084。
〔註35〕《陸書》，卷五，〈周宗傳〉，頁5499。
〔註36〕《資治通鑑》，卷二七八，後唐潞王清泰元年條，頁9100。

勞費方始，怨嗟將日聞矣。」烈祖納之，託以歲不利而止。〔註37〕
在聽從周宗建議後，暫緩遷都之舉。遷都之舉雖暫緩，不臣之心卻已大致展
現。所做的私第即都統府，都統府規模甚大，儼然如宮殿一般，相反的其原
本府舍應不如都統府規模，若按理而言，應是將都統府讓予吳主，可其卻未
有如此打算，反而僅將原本府舍給予吳主居往，這應是爲展現其實力，給予
國內外知曉，誰才是吳國眞正的主人，因此在宮城與都統府的營造上，吳主
宮城的營造雖早於都統府，但都統府已建造完成，吳主宮城卻仍未建成，其
因即在其刻意的拖延，以此展現其篡吳之心。遷都之舉雖未成，但徐知誥的
臣下們，也大抵明瞭其篡吳之心，故自遷都一事後，便開始不斷的湧現勸進
之聲。

徐知誥也曾就是否篡吳一事而與宋齊丘商討，史載：

先是，知誥久有傳禪之志，以吳主無失德，恐眾心不悅，欲待嗣君；
宋齊丘亦爲然。〔註38〕

最後決定篡吳之舉留待嗣君。但徐知誥卻改變心意，展開積極篡吳的決心：

一旦，知誥臨鏡鑷白髭，歎曰：「國家安而吾老矣，奈何？」周宗知
其意，請如江都，微以傳禪諷吳主，且告齊丘。齊丘以宗先己，心
疾之，遣使馳詣金陵，手書切諫，以爲天時人事未可；知誥愕然。
後數日，齊丘至，請斬宗以謝吳主，乃黜宗爲池州副使。久之，節
度副使李建勳、行軍司馬徐玠等屢陳知誥功業，宜早從民望，召宗
復爲都押牙。知誥由是疏齊丘。〔註39〕

按《資治通鑑》的記載，知誥心意的改變，在於爲有感於自身的年老，而決
心篡吳。宋齊丘則又因推舉之功不在己，而反對篡吳，也因此被疏遠。從《資
治通鑑》的記載來看，此事應爲黨爭，當時支持徐知誥篡吳的爲周宗、李建
勳及徐玠等，這些人都是所謂的楊吳舊將及徐溫舊人，其中李建勳其妻爲徐
溫之女，其父李德誠更是楊吳舊將，因此李建勳更是在土著士人及徐溫舊人
具有代表性之人。依此而言，周宗推舉一事已獲得楊吳舊將及徐溫舊人的認
同，楊吳舊將及徐溫舊人相對於宋齊丘等人，在整個徐知誥統治集團中所佔
的地位較不重要，因此若要擠入統治集團中，則勢必要聯合起來方能與宋齊

〔註37〕《陸書》，卷五，〈周宗傳〉，頁5499。
〔註38〕《資治通鑑》，卷二七九，後唐潞王清泰元年條，頁9103～9104。
〔註39〕《資治通鑑》，卷二七九，〈後唐紀八〉，後唐潞王清泰元年條，頁9104。

丘等人相抗衡。此事初起之時，徐知誥以宋齊丘反對，故恐怕此事未成，而先將周宗黜為池州副使，本來宋齊丘要求徐知誥斬周宗：

> 烈祖將從之，徐玠固爭，事乃已，但黜宗為池州副使。〔註40〕

依周宗一事來看，更是證明了周宗等人對此事是採合作的態勢。宋齊丘雖對此事大表反對，但隨著楊吳舊將及徐溫舊人紛表擁戴後，徐知誥了解到傳禪之事大有可為，便決定捨宋齊丘而與楊吳舊將及徐溫舊人合作，宋齊丘也因此事而被疏遠，被召還金陵：

> 吳徐知誥召左僕射兼中書侍郎、同平章事宋齊丘還金陵，以為諸道都統判官，加司空，於事皆無所關預，齊丘屢請退居，知誥以南園給之。〔註41〕

自此以後，宋齊丘不再受信任，重要性也大為降低。

促使徐知誥決心篡吳，除年老因素外，尚有宋齊丘介入嗣君之爭，《江南錄》載：

> 時先主權位日隆，中外皆知有代謝之勢，而以吳主恭謹守道，欲待嗣君，先主次子景遷，吳主之壻也，先主鍾愛特甚。齊丘使陳覺為景遷教授，為之聲價。齊丘參決時政，多為不法，輒歸過於嗣主而盛稱景遷之美，幾有奪嫡之計。所以然者，以吳主少而先主老，必不能待，他日得國授於景遷易制，己為元老，威權無上矣。此其日夕為謀也。先主覺之，乃召齊丘如金陵以為己之副，遙兼申蔡節度使，無所關預，從容而已。〔註42〕

徐知誥與宋齊丘，當時已有共識，即將篡吳之事留待嗣君，宋齊丘因此打算先行操控徐景遷，扶立徐景遷繼任。為達此一目的，便想盡辦法打擊徐景通，徐知誥知曉此一狀況後，也害怕楊吳之事重演，一旦宋齊丘擁立成功，日後徐景遷恐又是另一個吳主，徐溫之事則將又重演，那辛苦一輩子的努力，將付之流水。在此情況下，迫使其下定決心篡吳，但並非未給予宋齊丘機會，在周宗提出傳禪一事時，仍與宋齊丘商議，卻未料宋齊丘反對傳禪，因此「知誥愕然」，〔註43〕也因宋齊丘反對，更加深徐知誥的疑慮，

〔註40〕《陸書》，卷五，〈周宗傳〉，頁5499。
〔註41〕《資治通鑑》，卷二七九，後唐潞王清泰元年條，頁9122。
〔註42〕《資治通鑑》，卷二七九，後唐潞王清泰二年條，《考異》引《江南錄》，頁9129。
〔註43〕《資治通鑑》，卷二七九，後唐潞王清泰元年條，頁9104。

懷疑宋齊丘有所野心,在得到其它派系的支持後,隨即將宋齊丘調回金陵以方便監管。徐知誥本來可能真無篡吳之心,或有此心但不願背負篡吳之名,欲效魏武之事,但又有感自身的年老,再加上宋齊丘操控徐景遷,如此一生努力,就恐如同徐溫一般,僅是為人做嫁衣裳而已,如此方促使篡吳決心。

> 吳太和四年(後唐明宗長興三年,932)十一月:

> 吳以諸道都統徐知誥為大丞相、太師,加領得勝節度使,知誥辭丞相、太師。〔註44〕

又「封徐知誥東海王」,〔註45〕當決心篡吳後,整個篡吳的行動便加快起來,吳太和六年(後唐潞王清泰元年,934)十月:

> 吳主加徐知誥大丞相、尚父、嗣齊王、九錫;辭不受。〔註46〕

吳天祚元年(後唐潞王清泰二年,935)十月:

> 吳加中書令徐知誥尚父、太師、大丞相、大元帥,進封齊王,備殊禮,以昇、潤、宣、池、歙、常、江、饒、信、海十州為齊國;知誥辭尚父、丞相,殊禮不受。〔註47〕

隔年又建大元帥府:

> 吳徐知誥始建大元帥府,以幕職分判吏、戶、禮、兵、刑、工部及鹽鐵。

篡吳之勢已成,諸國皆知其心,先有「高從誨遣使奉牋於徐知誥,勸即帝位」,〔註48〕後又有「閩、越諸國皆遣使勸進,謂人望已歸」,〔註49〕徐知誥也令楊吳舊將,推舉其登位:

> 徐知誥以鎮南節度使·太尉兼中書令李德誠、德勝節度使兼中書令周本位望隆重,欲使之帥眾推戴,……,與德誠帥諸將詣江都表吳主,陳知誥功德,請行冊命;又詣金陵勸進。……,於是吳宮多妖,吳主曰:「吳祚其終乎!」左右曰:「此乃天意,非人事也。」〔註50〕

〔註44〕《資治通鑑》,卷二七八,後唐明宗長興三年條,頁9080。

〔註45〕《歐史》,卷六一,〈吳世家〉,頁759。

〔註46〕《資治通鑑》,卷二七九,後唐潞王清泰元年條,頁9126。

〔註47〕《資治通鑑》,卷二七九,後唐潞王清泰二年條,頁9136。

〔註48〕《資治通鑑》,卷二八○,後晉高祖天福元年條,頁9141。

〔註49〕《歐史》,卷六二,〈南唐世家〉,頁767。

〔註50〕《資治通鑑》,卷二八○,後晉高祖天福元年條,頁9166。

而在積極篡吳的同時，宋齊丘的反對行動也不斷，先「遣宗信書，〔註 51〕令宗信諷止德誠勸進」，〔註 52〕又對李建勳說：「尊公，太祖元勳，今日掃地矣。」〔註 53〕希望以此來阻止傳禪的進行，甚至不署表勸進。自反對傳禪後，便被排除於政治中樞之外，若能阻止傳禪的進行，又可打擊土著士人及徐溫舊人，待日後再由其重起傳禪之事，如此一來，便可再受信任，重回政治中樞。但傳禪之事既已進行，又豈能停止，其所做的一切終究未能成功，此事日後也造成宋齊丘的危機：

> 唐主宴群臣於天泉閣，李德誠曰：「陛下應天順人，惟宋齊丘不樂。」因出齊丘止德誠勸進書，唐主執書不視，曰：「子嵩三十年舊交，必不相負。」齊丘頓首謝。〔註 54〕

宋齊丘本來希望籍由楊吳舊將來反對傳禪之事，但沒想到反遭李德誠的攻擊，若非徐知誥念舊，饒恕了宋齊丘，不然其恐怕將命喪當場。

吳天祚三年（後晉高祖天福二年，937）正月：〔註 55〕

> 知誥始建太廟、社稷，改金陵為江寧府，牙城曰宮城，廳堂曰殿；以左、右司馬宋齊丘、徐玠為左、右丞相，馬步判官周宗、內樞判官黟人周延玉為內樞使。自餘百官皆如吳朝之制。置騎兵八軍，步兵九軍。〔註 56〕

二月，受齊王冊命：

> 吳主使宜陽王璪如西都，冊命齊王；王受冊，赦境內。冊王妃曰王后。〔註 57〕

三月，冊立太子，並追封徐溫夫婦：

> 吳徐知誥立子景通為王太子；固辭不受。追尊考忠武王溫曰太祖武王，妣明德太妃李氏曰王太后。壬申，更名誥。〔註 58〕

十月甲申，正式受禪：

〔註 51〕宗信何人則不知。
〔註 52〕《資治通鑑》，卷二八一，後晉高祖天福二年條，頁 9182。
〔註 53〕《資治通鑑》，卷二八○，後晉高祖天福元年條，頁 9166。
〔註 54〕《資治通鑑》，卷二八一，後晉高祖天福二年條，頁 9182。
〔註 55〕十月傳禪，改元昇元。
〔註 56〕《資治通鑑》，卷二八一，後晉高祖天福二年條，頁 9169。
〔註 57〕《資治通鑑》，卷二八一，後晉高祖天福二年條，頁 9169。
〔註 58〕《資治通鑑》，卷二八一，後晉高祖天福二年條，頁 9172。

（楊）溥遣攝太尉楊璘傳位於昪，國號齊，改元昇元。〔註59〕

乙酉，尊吳主爲讓皇帝：

> 遣右丞相玠，奉冊詣吳主，稱受禪老臣誥謹拜稽首上皇帝尊號曰高
> 尚思玄弘古讓皇，宮室、乘輿，服御皆如故，宗廟、正朔、徽章、
> 服色悉從吳制。〔註60〕

並追尊徐溫爲武皇帝，〔註61〕自此徐誥篡吳建國號齊，改元昇元，定都金陵。昇元二年（後晉太祖天福三年，938）四月，徐誥復姓李改名昪。改國號爲唐，史稱南唐。〔註62〕李昪本即姓李，故其今欲借用唐朝的光輝，來達成政權鞏固及一統天下的目的。但李昪所面臨的問題是自小爲徐溫所養，若貿然復姓則易使人認爲其忘恩於徐溫，便在於復姓的過程中，作一完善的安排，欲使人對其復姓不致產生異議，復姓可分爲三個步驟，首先由徐溫之子提出李昪復姓的要求，「江王知證、饒王知諤表請帝復姓李氏，不許。」〔註63〕爲使人知曉，其仍感恩於徐溫故不允徐知證、徐知諤所提出復姓的要求。之後，再由大臣們提出復姓的要求：

> 右丞相齊丘、平章事居詠、建勳、樞密使同平章事宗等表請復姓。
> 〔註64〕

最後，再同意大臣們的請求：

> 御札詳議復姓。……，齊丘等議宜如所請，從之。〔註65〕

在復姓的過程中，所要表現的是，復姓非其所主張，而是在眾人的推請下，不得已而爲之。如此，方可使人不覺，其有忘徐溫養育之恩。李昪之名本非其最初更名的選擇：

〔註59〕《歐史》，卷六二，〈南唐世家〉，頁767。

〔註60〕《資治通鑑》，卷二八一，後晉高祖天福二年條，頁9182。

〔註61〕《馬書》，卷一，〈先主書〉，頁5259。

〔註62〕史書對南唐國號的更改，有許多不同的說法，《資治通鑑》以即位時國號即唐，但各書皆載先齊而後唐，故《資治通鑑》應有誤，《九國志》、《十國春秋》、《吳越備史》則載國號的更改爲昇元三年，《歐史》、《馬書》則記爲昇元二年，但一般而言，李昪復姓史書多載於昇元三年，如此應以昇元三年爲國號更改時間，但按劉津所作《婺源諸縣都置新城記》（周紹良主編，《全唐文新編》，卷871，頁10973。），其載時間爲昇元二年十月五日所作，文中則稱唐昇元二年，如此應以昇元二年爲南唐國號更改之時，故《歐史》、《馬書》所載較爲正確。

〔註63〕《陸書》，卷一，〈烈祖本紀〉，頁5466。

〔註64〕《陸書》，卷一，〈烈祖本紀〉，頁5466～5467。

〔註65〕《陸書》，卷一，〈烈祖本紀〉，頁5467。

> 帝初欲更名昂，以犯文宗諱，乃名晃；或云朱全忠名也，又更名坦。
>
> 御史王鵠言字從旦犯睿宗諱，……，詔更名昇。〔註66〕

李昇之名，便就是在如此一番波折下，方才選定的。

第三節　徐知誥篡吳的準備工作

徐知誥自專掌吳政，即為篡吳建唐而作準備，花了約九年的時間，但若加上其養父徐溫所花的時間，則所花的時間已不下三十年。徐知誥也為篡吳建唐作了不少準備：

（一）整肅軍紀

徐知誥深知必須控制軍隊，如此方可鞏固自身勢力，也唯有控制軍隊，不使士卒擾民，這樣方可獲得民心，如此對其自身的發展將有極大的益處，因此在輔政時期便開始從事整肅軍紀的活動：

> 烈祖輔吳，四方多壘，雖一騎一卒，必加姑息。以群校多從禽聚飲
> 近野，或騷擾民庶，上欲繩之以法。而方藉其材力，思得酌中之計，
> 問於嚴求。〔註67〕求曰：「無煩繩之，易絕耳。請勑泰興、海鹽諸縣
> 罷揀鷹鷂，可不令而止。」烈祖從其計，暮月之間，群校無復游墟
> 落者。〔註68〕

在嚴可求的建議下，一方面順利的將軍紀加以整肅，另一方面，也獲得了人民的感謝，因此對其而言，嚴可求的建議實為一石二鳥之計，即整肅軍紀，也獲得民心。

（二）提昇威望

自廣陵輔政以來，即不斷的想辦法提昇自身威望，當時徐知誥年僅三十一歲，對於吳國舊將或徐溫舊人根本毫無威望可言，且眾人皆知其非徐溫所親出，使知誥在面對這些吳國舊將或徐溫舊人時非常難以指揮，這些舊將們又多掌兵權分守方面，年紀又大於徐知誥，使其在政事的執行上是困難重重：

〔註66〕《陸書》，卷一，〈烈祖本紀〉，頁5467。

〔註67〕鄭文寶在《南唐近事》中稱嚴可求為嚴求，在《江表志》中則稱為嚴球。其它史書俱稱其為嚴可求，故統一稱嚴可求。

〔註68〕鄭文寶，《南唐近事》（收錄於徐吉軍等編，《五代史書彙編》），杭州出版社，2004年5月，初版），卷二，頁5059。

> 烈祖輔吳之初，未踰強仕，元勳碩望，足以鎮時靖亂，然當時同立
> 功如朱瑾、李德誠、劉延壽、劉信、張崇、柴再用、周本、劉金、
> 張宣、崔太初、劉威、韋建、王綿等，皆握強兵，分守方面，由是
> 朝廷用意牢籠，終以跋扈爲慮。〔註69〕

爲了壓制這些「元勳碩望」們，便利用外表的改變來增加自身的威望，知誥
爲尚書左僕射，年甫三十，「自以居揖讓之際，非老舊無以臨眾，乃服白髮藥，
一夕皓然。」〔註70〕

　　服白髮藥改變外貌之舉，雖說兒戲，但這也正表現出局勢的困難。在當
時爲了發展自身的勢力，對內必須與徐溫諸子競爭，對外又必須壓制吳國舊
將或徐溫舊人，在此種內外交迫的情況下，對其而言，只要有方法能改善此
種情況，皆會一試，所以服白髮藥改變外貌之舉，也正象徵當時的困難。除
了利用改變外貌的方式外，也利用律法來壓制吳國「元勳碩望」們，如：

> 吳人有告壽州團練使鍾泰章侵市官馬者，徐知誥以吳王之命，遣滁
> 州刺史王稔巡霍丘，因代爲壽州團練使，以泰章爲饒州刺史。……，
> 徐知誥欲以法繩諸將，請收泰章治罪。〔註71〕

之後又有柴再用之事，其利用此事來壓制這些舊將們，讓這些「元勳碩望」
們，從此不敢再隨意恃功而跋扈，也以此事來加強自身的權力及威勢：

> 馬軍都指揮使柴再用戎服入朝，御史彈之，再用恃功不服。侍中徐
> 知誥陽於便殿誤通起居，退而自劾，吳王優詔不問，知誥固請奪一
> 月俸；由是中外肅然。〔註72〕

也以此事讓所有人知曉，守法的重要性，藉自劾來展現國法的力量，連身爲
輔政都必須遵守國法，這樣國法的重要性及力量必會提昇，而「元勳碩望」
們，當然也更必須遵守國法，即使「元勳碩望」們仍有所不服，但卻不能不
遵從國法，便以國法來約束「元勳碩望」們。

（三）收買人心

　　徐知誥了解收買人心是增加權勢及威望的方法之一，在任輔政之初，即
天祐十五年（後梁貞明四年，918）七月：

〔註69〕《南唐近事》，卷一，頁5047。
〔註70〕《江南餘載》，卷下，5115。
〔註71〕《資治通鑑》，卷二七二，後唐莊宗同光元年條，頁8903。
〔註72〕《資治通鑑》，卷二七五，後唐明宗天成二年條，頁9000～9001。

以吳王之命，悉蠲天祐十三年以前逋稅，餘俟豐年乃輸之。〔註73〕
將天祐十三年以前的欠稅加以蠲免，使一般民眾的負擔減輕許多。又於吳順義二年（後梁末帝龍德二年，922）重訂田稅，並允許人民可用金、銀來折錢：

> 命官與版簿，定租稅，厥田上上者每頃稅錢二貫一百文，中田一頃稅
> 錢一貫八百文，下田一頃稅錢一貫五百文，皆輸足陌見錢，若見錢不
> 足，許依市價折以金銀，並計丁口課調，亦科錢以為率守。〔註74〕

會有重訂田稅的舉動，可能是當時吳國田稅過高，又或者各地田稅並未統一，各地守令可能會藉機大肆加稅，以此剝削人民，藉由重訂田稅的方式，將全國的田稅加以統一。一方面可獲得民心，一方面可減少地方官員剝削人民的機會，從中使各地錢財收入減少，削弱地方官員的實力，使他們無法與中央對抗。

同時，也允許人民可用金、銀來折錢，此一作法是由於銅錢獲得不易，王夫之曰：

> 且於時天下割裂，封疆各守戰爭日尋，商賈不通，民有有餘之粟帛，
> 無可貿遷之金錢，江淮之間無銅、鉛之產以供鼓鑄，而必待錢於異
> 國，粟帛滯而錢窮，……非四海一家，商賈通而金錢易得之比也。

〔註75〕

吳國產銅並不多，銅錢必須依靠他國流入。又多為水鄉，交通發達，若能發展商業，必會非常方便，銅錢也易流通，但由於天下大亂，商賈難通，且吳國與鄰近各國多有不睦，致使商業發展受到限制，也造成銅錢的不足，若一昧要求人民用錢來繳稅，將勢必造成銅價的上漲，使人民產生困擾，恐使人民將因繳稅而家破人亡。但是徐知誥卻未考量到，一般人民雖獲銅錢不易，相對的一般人民想獲得金、銀也極為不易，雖允許人民繳稅時可用金、銀折錢，但金、銀不易獲得的情況下，使用金、銀折錢的方式，根本無太大的意義，相反的僅會造成金、銀、銅三種金屬的價格向上飆漲，對於人民無絲毫的幫助，宋齊丘也看到此一問題，便上書徐知誥：

> 江、淮之地，自唐季以來，為戰爭之所。今兵革乍息，配黎始安，

〔註73〕《資治通鑑》，卷二七〇，後梁均王貞明四年條，頁8831。
〔註74〕《十國春秋》，卷三，〈睿帝本紀〉，頁3494。
〔註75〕王夫之，《讀通鑑論》（台北：漢京文化，2004年3月，初版），卷二八，〈五代上〉，頁1030。

而必率以見錢，折以金、銀，斯非民耕桑可得也，將興販以求之，
是教民棄本而逐末耳。乞虛升時價，悉收穀帛本色爲便。〔註76〕

宋齊丘建議，今後收稅不以金、銀、銅，而改收穀、帛之類物品。若收穀、
帛，一方面可方便一般民眾，另一方面這類物品，一般民眾家中即有生產，
如此的話，也可增加一般民眾生產的意願。徐知誥便聽從建議，改收穀、帛
折稅：

是時絹每匹市價五百文，紬六百文，綿每兩十五文；請匹絹升爲一貫
七百文，紬爲二貫四百文，綿爲四十文，皆足錢。〔註77〕

不僅以穀、帛折稅，更以高於市價三至四倍的價格來計價，如此即可使民眾
的經濟壓力減輕，更可提昇民眾的生產意願，有利於國家的經濟發展。

宋齊丘又建議徐知誥蠲免丁口錢，此一建議在當時引起許多人的反對：

又請蠲丁口錢。朝議喧然沮之，以爲如此則縣官歲失錢億萬計。齊
丘曰：「安有民富而國家貧者邪？」乃致書於徐知誥，謂：「明公總
百官，理大國，督民見錢與金銀，求國富庶，所謂擁薪救火，撓水
求清，欲火滅水清，可得乎？」知誥得書曰：「此勸農上策也。」即
行之。〔註78〕

以上可看出當時丁口錢是財政收入的重要項目，如此方有「縣官歲失錢億萬
計」之語，但丁口錢應不僅爲國庫收入的重要項目，也極有可能是各地守令
的重要收入。一般而言，土地是固定，較不易隱匿，相反的當時中原各地戰
亂頻仍，南方則相對安定，也使許多的人口流入南方，因此人口流動極大，
人口的正確數目更加難以掌握，所以地方官員所上報的丁口之數，實難以查
證，如此將有利於官員趁機上下其手。這也是爲什麼當宋齊丘提出蠲免丁口
錢的建議時，會造成極大的反彈聲浪的原因。相信徐知誥也承受了極大的壓
力，但在提昇農業生產及拉攏民心的考量下，最後決定支持宋齊丘的建議，
蠲免丁口錢一事，便在徐知誥的支持下，順利通過。蠲免丁口錢後也確實提
昇了吳國的農業生產，「自是不十年間，野無閒田，桑無隙地。」〔註79〕整個
吳國的農業生產也展現出欣欣向榮的局面，從而進一步的促進經濟發展。

〔註76〕《十國春秋》，卷三，〈睿帝本紀〉，頁3494。
〔註77〕《十國春秋》，卷三，〈睿帝本紀〉，頁3494。
〔註78〕《十國春秋》，卷三，〈睿帝本紀〉，頁3494。
〔註79〕《十國春秋》，卷三，〈睿帝本紀〉，頁3494。

　　除了利用財政等措施來拉攏民心外，也為了獲得更多人民的支持，處處
利用各種方式來展現出仁德：

　　　　常陰使人察視民間，有凶荒匱乏者，賙給之。盛暑未嘗張蓋操扇，
　　　　左右進蓋，必卻之，曰：「士眾尚多暴露，我何用此。」以故溫雖遙
　　　　秉大政，而吳人頗歸知誥。〔註80〕

這些作法，皆可為自己帶來更高的名聲，更可大幅的收買民心，對其勢力的
發展及鞏固將會帶來更大的益處。因此大政雖仍控於徐溫之手，但民心及輿
論卻早已倒向徐知誥，這也是為什麼徐溫去世後，徐知詢雖繼承徐溫勢力，
卻仍難與其相抗，其原因即在此。

（四）招募士人

　　徐知誥自任職昇州以來，即不斷的招募士人，獨掌吳國大政後，招募士
人的行動則更加的擴大，先是起用常夢錫：

　　　　常夢錫，鳳翔人。岐王李茂貞臨鎮，惟喜狗馬博塞，馳逐聲伎。夢
　　　　錫抱學有才，雖為鄉里所重，以茂貞不禮儒術，故束書渡淮至廣
　　　　陵，……。〔註81〕

徐知誥聽聞後，便將常夢錫「召置門下，薦為大理司直」，〔註82〕任用常夢錫，
除因是為人才外，也打算藉由此一事例，向中原士人展現，其是喜愛人才的，
只要是人才皆會任用，而不管出身何處。也可促使中原士人，向其投奔。

　　另外，起用中原士人，更可了解中原的狀況，此時徐知誥已獨掌吳政，
目光不僅需注視吳國外，更重要的是中原局勢不可不忽略，長期以來，吳越
等國聯合中原朝廷與吳國對抗，使吳國的擴張受到限制，因此中原朝廷的動
向是必須注意的。起用中原士人對徐知誥而言，也是增加其統治集團內部多
樣化的重要關鍵，其深知若是僅用江淮士人，就易使江淮士人獨佔統治集團，
如此朋黨就會產生，一旦朋黨產生就會互相朋比為奸，這對徐知誥日後的統
治將產生不利，為了避免朋黨產生或防止任何集團坐大，就必須引進各地人
才，到時即使朋黨產生，也可使他們互相牽制，不使任何一派因此而坐大，
這樣只要分化各集團，便可穩固其統治權。之後，又有江文蔚的投奔：

　　　　江文蔚字君章，建安人。博學，工屬文。後唐明宗時擢第，為河南

〔註80〕《馬書》，卷一，〈先主書〉，頁5258。
〔註81〕《玉壺清話》，卷一○，〈江南遺事〉，頁96。
〔註82〕《馬書》，卷一○，〈常夢錫傳〉，頁5328。

府館驛巡官。坐秦王重榮事奪官，南奔。烈祖輔吳，用爲宣州觀察
巡官，歷比部員外郎、知制誥。〔註83〕

起用中原士人，如此可加強徐知誥統治集團的多樣化，更可瞭解中原朝廷，
以作爲日後與中原朝廷對抗的基礎。爲了更全面的招募各地士人，作禮賢院
以延攬士人，史載：

烈祖以東海王輔吳，作禮賢院，聚圖書萬卷，及琴奕游戲之具，以
延四方賢士，……。〔註84〕

自此徐知誥之下，聚集各地的士人，爲日後篡吳立唐提供了一個完善的班底。

表五：徐知誥（李昪）時期南奔士人表

名　字	出　　　身	出　　　　處
張延翰	宋州睢陽（今河南商丘市）	《陸書》，卷六，〈張延翰傳〉，頁5510。
常夢錫	扶風（今陝西扶風）或京兆萬年（今陝西西安）	《陸書》，卷七，〈常夢錫傳〉，頁5519。
高　越	幽州（今河北北京）	《陸書》，卷九，〈高越傳〉，頁5534。
江文蔚〔註85〕	建州建安（今福建建安）	《陸書》，卷一○，〈江文蔚傳〉，頁5545。
孫晟（忌）	密州高密（今山東高密）	《陸書》，卷一一，〈孫忌傳〉，頁5553。
韓熙載	濰州北海（今山東濰坊）	《陸書》，卷一二,〈韓熙載傳〉，頁5558。
張　易	魏州元城（今河北大名）	《陸書》，卷一三，〈張易傳〉，頁5568。
潘處常〔註86〕	幽州（今河北北京）	《陸書》，卷一三，〈潘佑傳〉，頁5568。
魏　岑	鄆州須城（今山東東平）	《陸書》，卷一五，〈魏岑傳〉，頁5586。
史虛白	山東（今山東）	《馬書》，卷一四,〈史虛白傳〉，頁5334。
陳陶〔註87〕	劍浦（今福建南平）	《馬書》，卷一五,〈陳陶傳〉，頁5361。
鄭元素	京兆華原（今陝西耀縣）	《馬書》，卷一五,〈鄭元素傳〉，頁5363。
許　規	高陽（今河北高陽）	《馬書》，卷一八,〈許規傳〉，頁5378。

〔註83〕《陸書》，卷一○，〈江文蔚傳〉，頁5545。
〔註84〕《陸書》，卷九，〈陳覺傳〉，頁5536。
〔註85〕江文蔚雖爲南方人，於後唐明宗時中舉，因坐秦王李重榮，而南奔。
〔註86〕潘佑之父。
〔註87〕雖爲南方人，但少年遊學長安，至昇元中方南奔。

（五）發展文教

徐知誥輔吳時即不斷發展文教，出鎮金陵時，除興建禮賢院以招募士人外，也大量收集圖書，《金華子雜編》載：

> 天祐間，江表多故，泊及寧帖，人尚苟安。稽古之談，幾乎絕侶，橫經之席，蔑爾無聞。及高皇初收金陵，首興遺教，懸金為購墳典，職吏而寫史籍。聞有藏書者，雖寒賤必優辭以假之，或有贄獻者，雖淺近豐厚以答之，時有以學王右軍書一軸來獻，因償十餘萬，繪帛副焉。由是六經臻備，諸吏條集，古書名畫，輻湊緯帷，俊傑通儒，不遠千里而家至戶到。〔註88〕

獻書者除了給予豐厚的報酬外，也會視情況授予官職，如魯崇範：

> 九經子史，廣貯一室，皆手自校定。會烈祖初建學校，典籍殘闕，下詔旁求郡縣，吉州刺史賈皓就取崇範本進之，以私縮償其直。崇範笑曰：「墳典，天下公器，世亂藏於家，世治藏於國，其實一也。吾非書肆，何酬價為？」皓赴闕，與崇範俱至金陵，表薦之，授太子洗馬。〔註89〕

魯崇範即因此而被授予太子洗馬。在努力的收集圖書之下，光是禮賢院中所收藏的圖書，已「聚圖書萬卷」之多。〔註90〕除了在禮賢院藏書萬卷之外，尚有其自身私人藏書之所，如：

> 澄心堂，南唐烈祖節度金陵之燕居，……。趙翰彥若家有《澄心堂書目》，才二千餘卷，……。〔註91〕

另有建業文房：

> 建業文房，南唐烈祖節度金陵之別室也，趙元考家有《建業文房書目》，才千餘卷，有金陵圖書院印焉。〔註92〕

在出鎮金陵時，所收集的圖書就共有一萬三千卷以上，也由此可看出其對於文教的發展實不餘遺力的推廣，也促使吳國的文教發展遠勝於其它各國。

〔註88〕劉崇遠，《金華子雜編》（收錄於《叢書集成初編》，北京：中華書局，1985，新1版，第2840本。），卷上，頁1。

〔註89〕《十國春秋》，卷二九，〈魯崇範傳〉，頁3789。

〔註90〕《陸書》，卷九，〈陳覺傳〉，頁5536。

〔註91〕陳師道，《後山談叢》（收錄於《宋元筆記小說大觀》，上海：上海古籍，2001年12月，初版，第二冊），卷二，〈澄心堂〉，頁1589～1590。

〔註92〕《後山談叢》，卷三，〈建業文房〉，頁158。

（六）拉攏舊將

　　徐知誥輔吳雖久，但卻仍得不到楊吳舊將的支持，此點與徐溫相同，這些楊吳舊將們在徐溫當政時的勢力就很大，即使經過徐溫及徐知誥兩人數十年的當政下，仍無法根除他們的勢力，這些楊吳舊將可知的共有十三人：

　　　　如朱瑾、李德誠、劉延壽、劉信、張崇、柴再用、周本、劉金、張
　　　　宣、崔太初、劉威、韋建、王綰等，皆握強兵，分守方面，……。
　　　　〔註93〕

此十三人至徐知誥獨掌吳政時，僅剩九人。朱瑾、劉延壽已死，柴再用與徐溫關係較好，徐溫平定李遇之亂時，即以柴再用為帥，當時徐知誥為副，知誥應在此時便與柴再用建立關係，後與徐知詢爭奪武昌節度使時，即派柴再用繼任武昌節度使，可見相當信任柴再用，不然武昌位於長江上游，廣陵在下游，若武昌為徐知詢所奪，即可派兵順江而下，廣陵則難以防守，現今徐知誥將此地交予柴再用，便可知柴再用應早已倒向徐知誥。剩下的八人，自輔政之初即積極拉攏：

　　　　高位重爵，推與宿舊，故得上下順從，人無異志。〔註94〕

又不敢得罪：

　　　　烈祖輔吳，四方多壘，雖一騎一卒，必加姑息。〔註95〕

之後發生王綰之子王傳拯叛逃一事：

　　　　（吳太和二年，後唐明宗長興元年，930）秋八月己亥，海州都指揮
　　　　使王傳拯叛降唐，團練使陳宣死之。先是傳拯有威名，得士心，會
　　　　宣罷歸，徐知誥許以傳拯代之；既而復遣宣還海州，徵傳拯還江都。
　　　　傳拯怒，以為宣實毀之，遂帥麾下入辭，因斬宣，焚掠城郭，帥其
　　　　眾五千出奔。知誥曰：「是吾過也。」免其妻子。……。傳拯季父興
　　　　為光州刺史，傳拯遣間使至興所，興執之以聞，因乞罷歸；知誥以
　　　　興為控鶴都虞候。時政在徐氏，典兵宿衛者尤難其人，知誥以興重
　　　　厚慎密，故用之。〔註96〕

若藉此事問罪王綰，如此王綰小則解職，更有可能遭受族誅，可是為拉攏王

〔註93〕《南唐近事》，卷一，頁5047。
〔註94〕《釣磯立談》，頁5005。
〔註95〕《南唐近事》，卷二，頁5059。
〔註96〕《十國春秋》，卷三，〈睿帝本紀〉，頁3502。

縉，非但不問罪，更將典兵宿衛之職交由王縉弟之王輿。這一切都是爲拉攏楊吳舊將們，若是問罪王縉，雖於法有據，也可剷除一部份楊吳舊將們的勢力，不過若如此作法，有可能引起楊吳舊將們的不滿。因此便藉此事，施恩王縉，以拉攏楊吳舊將們。

　　所做的努力雖多，效果卻極爲有限，楊吳舊將們仍不支持篡吳，以周本而言，其「實素無推翊之誠」，〔註97〕甚至於徐知誥令人要求周本率眾勸進時，周本也說：

> 我受先王大恩，自徐溫父子用事，恨不能救楊氏之危，又使我爲此，可乎！〔註98〕

也有勸人周本：

> 或謂：「公春秋高，宜少儲積，爲子孫計。」本曰：「吾繫芒屬事武皇帝，位至將相，何人所遺乎？」……。〔註99〕

之後周本受其子壓力，因而隨眾去勸進，事後周本也因「不能存吳，愧恨而卒」，〔註100〕對楊吳舊將而言，他們一生追隨楊行密，與楊行密有同生共死之情，因此不管如何拉攏他們，楊吳舊將們終究與其無太大的情誼，這也決定了他們對知誥的態度，徐知誥也知這些人對他的態度，因此也不要求太多，只要他們不反對自己，也會對這些人採取寬容的態度，以使兩方相安無事。

（七）廣造異象

　　徐知誥於篡吳之際，爲符合上應天命之情況，便假造許多的異象，先有夢境：

> 知誥在相府，嘗一日不悦。其夫人問之。知誥乃告曰：「夜夢不吉，以是爲憂耳。」夫人曰：「夢無吉凶，在人議之耳。有善議者，請召之，庶解憂慮。」知誥因出廳事，俄見周宗於庭下，乃謂曰：「我昨夢過順天門，俄而仆地，非凶邪」宗亟拜，賀曰：「此明公宜令人策立也。」知誥大悦，及宗入內室，與夫人同席而飲。〔註101〕

此應爲徐知誥與周宗所同謀，藉由周宗之口，讓外人知曉其心意，也使旁人

〔註97〕《玉壺清話》，卷九，〈李先主傳〉，頁89。
〔註98〕《資治通鑑》，卷二八〇，後晉高祖天福元年條，頁9166。
〔註99〕《十國春秋》，卷七，〈周本傳〉，頁3541。
〔註100〕《資治通鑑》，卷二八一，後晉高祖天福三年條，頁9185。
〔註101〕《五國故事》，卷上，頁3183。

曉得徐知誥之策立，是符合天意的。除此以外，尚有諸多讖語出現，如以下：

> 東海鯉魚飛上天。〔註102〕

> 盟津鯉魚肉爲角，濠梁鯉魚金刻鱗，盟津鯉魚死欲盡，濠梁鯉魚始驚人。〔註103〕

> 江北楊花作雪飛，江南李樹玉團枝，李花結子可憐在，不似楊花無了期。〔註104〕

按《釣磯立談》所載，當時這些讖語有數十篇之多。史書載這些讖語出現甚早，甚至於楊行密時已出現，甚至《江表志》更言，先有讖語，「由是懷逼主禪位之心矣」，〔註105〕此實爲本末倒置之語，徐知誥本來即有篡吳之志，何曾會因受讖語影響，方才心懷篡吳之志？這些讖語在史書所載形成甚早，此應不可能，諸多讖語所指皆爲徐知誥，因此這些讖語應爲其命人假造，再散佈於民間，假託這些讖語早先以形成，符合其順天應人的形象。在種種的異象及讖語的塑造下，使民間對其篡吳之舉，視爲一種必然之事。

在做了這些努力後，才走向篡吳的道路，整個篡吳建唐的過程中，徐知誥所要做的，是讓人覺得整個篡吳建唐的過程，是一種水到渠成，絲毫沒有篡奪之感，因此方才花費了許多功夫，在安撫國內的各種勢力，這一切也就是爲了在篡吳之時，展現出一種平和式的政權轉移，其努力也終究沒有白費，因此在篡吳之際，並未引起任何動亂，政權的轉移也在平和順利的狀況下完成了，因此當時史書記載：

> 是以吳社遷換，而國中夷然無易姓之戚，蓋盛德之所移故也。〔註106〕

這也正是徐知誥在篡吳建唐所做的許多努力，所換來的結果。

第四節　吳讓皇及徐溫諸子

李昪〔註107〕篡吳後，吳讓皇及楊氏一族仍居於廣陵，對於如何處置吳讓皇及楊氏一族，勢必成爲一大問題。篡吳的過程中，所表現出的是一種天命

〔註102〕《玉壺清話》，卷九，〈李先主傳〉，頁87。
〔註103〕《釣磯立談》，卷上5004～5005。
〔註104〕《釣磯立談》，卷上5006。
〔註105〕《江表志》，卷上，5079。
〔註106〕《釣磯立談》，卷上5006。
〔註107〕自此以下皆稱李昪。

所歸的感覺，吳讓皇也一昧的表現出其僅有求仙之想，而不留戀人世，「讓皇常服羽衣，習辟穀術」，〔註108〕吳讓皇雖曾問吳祚之終：

> 帝曰：「吳祚其終乎？」左右曰：「此天意，非人事也。」〔註109〕

其又何嘗不知吳祚已終呢？吳讓皇實也有感於自身之命運，也知篡吳之勢已成：

> 吳主忽謂左右曰：「孤克已，雖動爲下所奉，然爲徐氏制馭，名存實喪。今欲求爲一田舍翁，將安所歸乎。」遂泣下數行。〔註110〕

因此在篡吳的過程中，吳讓皇也積極配合，絲毫不敢抵抗，這使李昪更難以處置吳讓皇及楊氏一族，但若仍讓他們居於廣陵，難保有心人士不會以此興風作浪。宋齊丘也了解李昪所想，便想藉此機會，重新獲得信任：

> 齊丘久之計無所出，乃更上書，請遷讓皇他郡，以絕人望。〔註111〕

此一請求提出後，吳讓皇爲保住自身性命，也不使李昪有所懷疑，便提出遷居他郡的請求，「吳讓皇固辭舊宮，屢請徙居」，〔註112〕楊吳舊將們也爲不使李昪懷疑其仍眷戀舊主，便紛紛上書提出遷讓皇於他郡請求：

> 信州李德誠、盧州周本，皆楊氏舊老，上言：「吳王已遜位，宜依晉、魏故事，降封王公，出居別邸。」〔註113〕

李昪便在所有人的強烈請求，將吳讓皇遷出廣陵，置於潤州丹陽宮：

> 五月，戊午，唐主改潤州牙城爲丹陽宮，以李建勳爲迎奉讓皇使。……
> 壬戌，唐主以左宣威副統軍王輿爲鎮海留後，客省使公孫圭爲監軍使，親吏馬思讓爲丹陽宮使，徙讓皇居丹陽宮。〔註114〕

以此機會把吳讓皇遷至潤州丹陽宮，將楊氏一族遷至泰州，〔註115〕並派軍來「保衛」他們，從此吳讓皇及楊氏一族，便軟禁於潤州及泰州。

　　吳讓皇在遷居潤州丹陽宮時，感慨自身不幸，作詩一首：〔註116〕

〔註108〕《資治通鑑》，卷二八一，後晉高祖天福三年條，頁9182。
〔註109〕《十國春秋》，卷三，〈睿帝本紀〉，頁3508。
〔註110〕《江南野史》，卷四，〈宋齊丘〉，頁5182。
〔註111〕《馬書》，卷二〇，〈宋齊丘傳〉，頁5389。
〔註112〕《資治通鑑》，卷二八一，後晉高祖天福三年條，頁9186。
〔註113〕《江南別錄》，頁5135。
〔註114〕《資治通鑑》，卷二八一，後晉高祖天福三年條，頁9186。
〔註115〕《江南別錄》，頁5135。
〔註116〕關於吳讓皇所作之詩，見於《五國故事》、《江南餘載》及《江表志》，所載之詩雖有些許差異，但內容大致相同。而馬令《南唐書》則載此詩作於李後主

江南江北舊家鄉，三十年來夢一場。吳苑宮闈今冷落，廣陵台榭巳荒涼。雲籠遠岫愁千片，雨打歸舟淚萬行。兄弟四人三百口，不堪回首細商量。〔註117〕

吳讓皇爲了延續楊氏的香火，也只能處處順從，但仍恐爲李昇所滅，便遣其子楊璉請求，勿絕楊氏：

讓皇以世子璉囑於主曰：「吾無一事，但爲選師儒之有年德者，教育吾兒，令知人倫孝讓，他日不絕祀享，俾吾先血食泉下，吾志足矣。」主爲選中書舍人徐善兼右庶子以教焉。〔註118〕

雖答應吳讓皇的要求，卻並未放鬆對他們的監視，據《江南餘載》載：

讓皇在泰州數年，每有嗣息及五歲，必有中使至，賜品官章服，然即日告卒。〔註119〕

《江南餘載》雖有此記載，但吳讓皇遷至潤州不過半年即卒，根本未曾至泰州，此記載應是指於隔年被遷至泰州永寧宮的讓皇一族及楊氏一族的遭遇，從這些記載來看，李昇對他們是極盡的防範。吳讓皇卒後，極致哀榮，更廢朝二十七日以示哀悼，〔註120〕李昇親往致哀：

讓皇殂，帝率百官素服哀臨，命有司供具如吳舊禮。謚曰睿。〔註121〕

吳讓皇之死雖極致哀榮，但按《五國故事》所載，吳讓皇之死爲李昇派人所殺：

及將遇弒，方誦佛書於樓上，使者前趨，溥以香爐擲之，俄而見害。

〔註122〕

此一記載僅見於《五國故事》、《唐餘紀傳》等書，而《唐餘紀傳》所記則與《五國故事》相同，《薛史》則載吳讓皇爲幽死，其它史書對所吳讓皇死因，則未有太多記載，因此吳讓皇死因更不易探究。吳讓皇之子楊璉，據傳也爲李昇所害：

入宋時，但據《九國志》、《十國春秋》等書所載，吳讓皇其兄弟共爲四人，又按《宋史》所載，李後主入宋時其兄弟則爲六人，故實不符合「兄弟四人三百口」一詞，故此詩應屬吳讓皇所作。

〔註117〕《江表志》，卷上，頁5081。
〔註118〕《玉壺清話》，卷九，〈李先主傳〉，頁89。
〔註119〕《江南餘載》，卷下，頁5115。
〔註120〕《資治通鑑》，卷二八一，後晉高祖天福三年條，頁9195。
〔註121〕《馬書》，卷一，〈先主書〉，頁5260。
〔註122〕《五國故事》，卷上，頁3182。

> 昪元四年，璉謁平陵還，至竹篠口，維舟大醉，一夕暴薨。或曰左
> 右承唐主指，實置之死。追封弘農王，諡曰靖。〔註123〕

會傳聞吳讓皇父子爲李昪所害，是其來有自的，光看對待楊氏一族的嚴苛手法，實令人不得不懷疑，吳讓皇父子之死與李昪有關。

　　楊氏一族的悲慘命運，並未隨著吳讓皇父子之死而結束，相反的仍一直延續下去。吳讓皇死後，楊氏族人被集中於泰州永寧宮，此後只要是楊氏族人，有任官於外者，一旦罷官也必須遷至永寧宮，「康化節度使兼中書令楊珙稱疾，罷歸永寧宮」，〔註124〕對永寧宮的防衛也絲毫不敢放鬆，防衛極爲嚴密，《歐史》載：

> 嚴兵守之，絕不通人。久而男女自爲匹偶，吳人多哀憐之。〔註125〕

李昪去世前謂李璟，妥善安置楊氏一族：

> 邦君皆楊氏所有，天地事物之變，偶移在我，然順逆之勢不常。吾
> 所憫孤兒婺女，僑寄殊鄉，令往泰州津斂楊族，安於京口，調贍撫
> 育，無令失所，男女婚嫁，悉資官給。〔註126〕

李昪之意要李璟將楊氏一族遷至廣陵，以方便管理，更要李璟將所有與楊氏相關之人，全遷往廣陵，其意雖表面是爲保護楊氏一族，但事實上卻是要李璟更加嚴格管理楊氏一族。南唐保大十四年（後周世宗顯德三年，956），周世宗南征：

> 下詔撫安楊氏子孫，而李景聞之，遣人盡殺其族……，楊氏遂絕。
> 〔註127〕

周世宗下達此詔時，南唐已臣服，周世宗應本無太多用意，或僅聽聞楊氏在南唐所遭遇的困境，有意憐憫。周世宗的詔令，卻會使李璟感到，周世宗是否會利用楊氏子孫，來挑戰其在南唐的統治權，也因此造成楊氏一族爲李璟所殺，自此楊氏一族遂絕。

　　徐溫所生諸子，於史有載共有六人，而入南唐之世的僅剩徐知證與徐知諤兩人。徐知證爲徐溫第五子，初封江王，後改封魏王。此外，比較特殊的記載是有關於徐知證的，《馬書·義養傳》中載：「徐氏諸子，知證最爲年長」，

〔註123〕《十國春秋》，卷四，〈睿帝子太子璉傳〉，頁3516。
〔註124〕《資治通鑑》，卷二八二，後晉高祖天福四年條，頁9202。
〔註125〕《歐史》，卷六一，〈吳世家〉，頁759。
〔註126〕《玉壺清話》，卷一〇，〈江南遺事〉，頁100。
〔註127〕《歐史》，卷六一，〈吳世家〉，頁759。

〔註128〕此一記載又著實令人難以理解？若徐知證真爲長子，又何以在《馬書》中，亦稱徐知證爲第五子，《陸書》也載其爲第五子，亦未有「知證最爲年長」一文的出現。徐知證卒年《馬書》載爲四十三歲，《陸書》則載四十二歲，兩書所記相差不大，應僅爲年歲計算上的不同。又徐知證卒於李璟之世，時爲南唐保大五年（後漢高祖天福十二年，947）三月，〔註129〕徐知誥卒年57歲，徐知證卒年方才43歲，若徐知證爲最年長，則徐知證卒年應大於57歲才對，最少也應62歲才對，但卻非如此？哪應如何解釋「徐氏諸子，知證最爲年長」一文，此應爲在徐知誥建南唐後，徐溫諸子僅存徐知證、徐知諤兩人，又以徐知證最爲年長，故《馬書》方有此文的記載，而《馬書》在記載上，先稱徐知證爲徐溫第五子，在徐知誥建南唐後，方才出現「徐氏諸子，知證最爲年長」一文。徐知證也是徐溫六子中，唯一存活至李璟之世，史雖未載死因，但應非遭逢橫禍而亡，故其應爲善終。

徐知諤爲徐溫六子，先封饒王，後改爲梁王。其雖自吳開始即任節鎭，但喜愛「博采奇物、寶貨，充牣其家」，〔註130〕曾花五十萬錢，購得一鳳頭，〔註131〕由此可知其花費之多。就因花費甚多，行爲多有不法，但卻也因其行爲多有不法，方減少李昇對其的懷疑：

> 吳潤州團練使徐知諤，狎昵小人，游燕廢務，作列肆於牙城西，躬自貿易，徐知誥聞之怒，召知諤，左右詰責；知諤懼。或謂知誥曰：「忠武王最愛知諤，而以後事傳於公。往年知詢失守，論議至今未息。借使知諤治有能名，訓兵養民，於公何利？」知誥感悟，待之加厚。〔註132〕

徐知諤行爲雖多有不法，但是否以此來作爲保衛自身的一個方式，這就不得而知。不過，徐知諤在面臨四位兄長，相繼死亡後，雖未有明證指向李昇，但卻皆死於壯年，此情況下對徐知諤而言，則有可能會產生一種警戒心態，或許即用此不法行爲來作爲保身之策。徐知諤之卒，也頗有異事：

> 嘗遊秣山，除地爲廣場，編虎皮爲大幄，率寮屬會于下，號曰虎帳。

〔註128〕《馬書》，卷八，〈徐知證傳〉，頁5321。
〔註129〕《馬書》，卷二，〈嗣主書〉，頁5274。
〔註130〕《馬書》，卷八，〈徐知諤傳〉，頁5322。
〔註131〕《馬書》，卷八，〈徐知諤傳〉，頁5322。
〔註132〕《資治通鑑》，卷二七九，後唐潞王清泰二年條，頁9132～9133。

忽遇暴風，飄虎帳，碎如飛蝶。知諤驚遽棄歸，數日病卒。〔註133〕

徐知諤之卒與其兄徐知誨相同，事頗異之，但這更加使人對徐知諤的死因產生懷疑，何以徐溫子六人中，即有兩人死因頗異，這是否象徵其死因有諸多的疑點，徐知諤絕非是自然死亡，雖未能證明與李昇有關，但其應難脫干係。

〔註133〕《馬書》，卷八，〈徐知諤傳〉，頁 5322。

第五章　李昇的內部統治及黨派

第一節　李昇的統治政策

　　李昇生於唐末，對於李唐失國有較多的體驗，故在國家內部的治理上，多有鑑於李唐之失，在得國同時即採取：

> 不受尊號，又不以外戚輔政，宦者不得預事，皆他國所不及也。

　　　　　〔註1〕

等諸項政策。

（一）宦者不得預事

　　此項政策也是最重要的一項，李唐自安史亂後，宦官權力即不斷的擴大，甚至到達弒害天子、廢立天子之地步，宦官權力之大也爲歷朝所不及。李唐亡後，後唐又假借李唐之名而起，後唐建立後，莊宗完全沒有吸收到李唐滅亡的教訓，而對宦官有所戒懼，仍不斷的重用宦官：

> 時在上左右者已五百人，至是殆及千人，皆給贍優厚，委之事任，
> 以爲腹心。內諸司使，自天祐以來以士人代之，至是復用宦者，浸
> 干政事。〔註2〕

後唐莊宗寵信宦者，以致國事混亂，莊宗也遭受禍亂橫死。南唐建立後，遠的有李唐之亡，近的有後唐莊宗橫死，均可做爲殷鑑，因此南唐建立的同時，隨即下令「宦者不得預事」，李昇的此一命令，徹底得到執行，其後

〔註1〕　《資治通鑑》，卷二八二，後晉高祖天福二年條，頁9198。
〔註2〕　《資治通鑑》，卷二七三，後唐莊宗同光二年條，頁8912。

的君主李璟、李煜兩人，也未有令宦者預事之舉，故終南唐之世，宦官未
於南唐形成禍患。李昪除下令「宦者不得預事」外，事實上對宦官的監視
也極為嚴格，一旦派遣宦官出外辦事，也隨即派人監視其行為，是否有威
福地方之舉：

> 唐主使宦者祭廬山，還。勞之曰：「卿此行甚精潔。」宦者曰：「臣
> 自奉詔，蔬食至今。」唐主曰：「卿某處市魚為羹，某日市肉為蔽，
> 何為蔬食？」宦者慚服。〔註3〕

李昪對宦官除以法令控制外，更加以嚴格的監視，使宦官無法為禍。

（二）不以外戚輔政

李昪自小孤苦，因得徐溫收養，方得以成就功業，也因此並無母舅等外
戚問題，皇后宋氏也出身孤苦，因此宋氏在外戚問題上也並不嚴重，也未曾
見其將外戚的勢力引入南唐朝廷之中，宋氏有一姪名為宋諤，更因為外戚的
身份，以致其官職不顯：

> 按宋諤者，后之姪也，後為參軍，以國戚故，官不甚大云。〔註4〕

也知李昪抑止外戚干政之事，未有提昇外戚官職之事。李昪去世後，宋氏仍
謹守其分際：

> 及晏駕，中書侍郎孫晟懼魏岑、馮延巳、〔註5〕延魯以東宮舊僚用
> 事，欲稱遺詔奉后臨朝聽政，后不許，曰：「此武后故事，吾豈為之！」
> 元宗即位，尊為皇太后。每元宗來朝，惟勞其良苦而已，無一言及
> 于治理，曰：「婦人預外事，非國之福也。」〔註6〕

一旦臨朝聽政，則外戚必有漸入朝中的可能，但宋氏隨即拒絕孫晟的要求。
李璟即位後，更絕口不提國事，這更樹立了後宮的典範，也防止了外戚壯大
的可能性。最得李昪恩寵的种氏，史載其為「江西良家女。」〔註7〕故其出身
應較宋氏好，也應有較完整的家族，种氏在得寵時，李昪對其寵信尤勝於宋
氏：

〔註3〕《資治通鑑》，卷二八二，後晉高祖天福五年條，頁9216。

〔註4〕《十國春秋》，卷一八，〈元恭皇后宋氏傳〉，頁3670。

〔註5〕 其在各書所載姓名不同，《資治通鑑》謂延巳，《釣磯立談》、《南唐近事》、《江
南餘載》、《江南別錄》、《馬書》、《陸書》、《十國春秋》則謂延巳，大部份史
書皆謂延巳，本文亦稱延巳。

〔註6〕《十國春秋》，卷一八，〈元恭皇后宋氏傳〉，頁3670。

〔註7〕《馬書》，卷六，〈种氏傳〉，頁5300。

既承恩寵，服御輒亞於后，而諸宮罕得進御。及生江王景逷，僭侈
尤甚。〔註8〕

但即使如此，也未見有种氏家人或族人入朝為官的記載，這可能與李昪不喜
外戚有關，但种氏卻曾介入繼位之爭：

一日，先主幸元子齊王宮，遇其親理樂器，先主大怒切責。數日，
種氏乘間言景逷才過齊王，先主作色曰：「子之過，父戒之，常理也。
國家大計，女子何預！」遂叱內臣捽庭下，去簪珥，幽於別宮。數
月，命削髮為尼。〔註9〕

种氏也因此事失寵。但种氏失寵，並不僅因介入繼位之爭，真正的問題在於
李昪已看到种氏可能在於其死後，將會介入國家大政，李昪一直以前朝之失
做為借鏡，种氏的行為將有如武后再現，种氏的家族又較完整，如若李昪死
後，不管景逷是否得以繼位，依种氏的氣勢，恐宋氏也難以壓制，李璟文弱，
恐又不能制止，如此种氏將有可能引外戚進入朝中，這也是李昪最不願見到
之事。為此當下決斷，命种氏為尼，使种氏沒有介入國家大政的機會。也正
是對外戚干政的禁止，隨後繼位的君主，也皆遵循著禁止外戚干政的政策，
使南唐的外戚並未能發展出太大的勢力。

（三）不妄虛名

此一表現在於上尊號一事，南唐建國後，群臣屢請李昪上尊號：

齊王璟等，三上尊號曰：「應乾紹聖文武孝明皇帝」，……。〔註10〕

但李昪認為：

帝曰：「朕以眇躬，託于民上，夙夜祇畏，常恐弗類。矧迺徽號，用
揚虛美，是重弗類。」固不許。因此廢徽號之禮。〔註11〕

其個性極為務實，對於此無意義之行為根本毫無興趣，就加以拒絕，又為防
後世子孫喜愛虛名，便廢除徽號之禮。

對於祥瑞其也並不喜愛：

州郡言符瑞者十數，帝曰：「三譴告在天，聰明自民，魯以麟削，
莽以符亡。常謹天戒，猶懼或失之，符瑞何為哉！」皆抑而勿揚。

〔註 8〕《馬書》，卷六，〈种氏傳〉，頁 5300。
〔註 9〕《馬書》，卷六，〈种氏傳〉，頁 5300。
〔註 10〕《陸書》，卷一，〈烈祖本紀〉，頁 5467。
〔註 11〕《馬書》，卷一，〈先主書〉，頁 5261。

〔註12〕

此二事顯見不好虛名、務實的個性。舉凡對國對民有益者，李昇都會去做，但對這種於國於民皆無利益可言，僅徒增虛名之事，皆不願從事，並加以禁止。雖對於祥瑞並不喜愛，但卻非常重視祥瑞的功用，因此在篡吳時就捏造了許多祥瑞、異象，所以其僅再意功用，在需要就使用，不需要時就加以禁止。而且篡吳時利用種種異象來獲得合法性，也了解若相同情況被野心家利用，則會對國家產生危機，所以在建國後，就不喜愛祥瑞、異象等。

除此以外，李昇在南唐昇元六年（後晉高祖天福七年，942）十月所頒布的詔書，更說明李昇對內統治的基本政策，詔曰：

> 前朝失御，強梗崛起，大者帝，小者王，不以兵戈，利勢弗成，不以殺戮，威武弗行，民受其弊蓋有年也。或有意於息民者，尚以武人用事，不能宣流德化。其宿學巨儒，察民之故者，順巖之下，往往有之。彼無路光亨，而進以附值爲嫌，退以清寧爲樂，則上下之情將何以通，簡易之政將何所議乎？昔漢世祖，數年之間，被堅執銳，提戈斬戡，一日晏然。而兵革之事，雖父子之親，不以二言及之，則兵爲民患，其來尚矣。今唐作中興，與漢頗同，而眇眇之身，坐制元元之上，思所以舉而錯之者，煢煢在疚，囿有所發。三事大夫，可不務乎？自今宜舉用儒者，以補不逮。〔註13〕

觀察李昇所頒布的詔書中，其重點有二：一爲壓抑藩鎮，一爲重用文人。這二項政策的施行，表現出南唐欲走向一個文治的國家，如此方可保證國家長治久安的局面。

（四）壓抑藩鎮

藩鎮的勢力自安史亂後即不斷的發展，整個五代儼然是唐末藩鎮割據的延續，五代政局的變換，正是由於藩鎮割據勢力壯大的表現，當時局勢正如安重榮所言：「天子寧有種邪？兵強馬壯者爲之爾！」〔註14〕李昇起於亂世之中，對藩鎮的不法有極爲深刻的體驗。爲使國家長治久安，就必須先限制藩鎮勢力的發展，並將藩鎮納入國家的統治之下，爲此李昇採取了兩個措施來削弱藩鎮。

〔註12〕《馬書》，卷一，〈先主書〉，頁5262。
〔註13〕《馬書》，卷一，〈先主書〉，頁5264。
〔註14〕《歐史》，卷五一，〈安重榮傳〉，頁583。

首先不得兼領它鎮，南唐藩鎮，除特殊情況，如發生戰爭，或宗室出鎮而兼領別州以外，皆以一州爲限。〔註15〕據《馬書・建國譜》所載，南唐所轄州數最大時共三十五，三十五州各別設立州鎮，末見有一鎮下轄一州以上者，此項政策的設立自李昇時即如此，至李璟仍延續，曾有劉崇俊求兼領壽州之事：

> 會壽州姚景死，崇俊重賂權要，求兼領壽州。元宗佯不認其意，
> 乃移鎮壽州，而使楚州刺史劉彥貞馳入濠州代之，崇俊自悼失計。
>
> 〔註16〕

劉崇俊本世典濠州，卻因此事而失去根據地濠州，劉崇俊也因此悶悶不樂而早卒。

其二調動藩鎮，使其不得久任，南唐藩鎮調動極爲頻繁，限制節度使在鎮時間。據任爽研究：

> 南唐藩鎮任職時間，一般不超過四年，以二、三年最爲普遍。〔註17〕

又據日本學者清木場東的統計：

> 盧州保信軍、虔州百勝軍、池州康化軍、潤州鎮海軍、江州奉化軍、
> 宣州寧國軍、洪州鎮南軍、壽州清淮軍、撫州昭武軍、鄂州武清軍、
> 濠州定遠軍等十一個重要節鎮的節度使在烈祖及元宗時期共移易
> 五十八次。除四次具體時間無考外，其餘五十四例中，節度使在鎮
> 時間可確定、或大體可確定爲四年以下者有三十九例。占總數百分
> 之七十二點二；其餘四年以上者十五例，佔百分之二十七點八。在
> 鎮四年以上者，一般説來，情況都比較特殊。如潤州李弘冀、撫州
> 李景達，皆係南唐宗室；其餘壽州劉彥貞、盧州王崇文、周鄴，鄂
> 州王輿、劉仁贍，皆係楊氏舊臣及其後代，是李昇加意安撫的對象。
>
> 〔註18〕

〔註15〕 《南唐史》，頁47。

〔註16〕 《馬書》，卷一一，〈劉崇俊傳〉，頁5339。

〔註17〕 《南唐史》，頁48。

〔註18〕 清木場東，〈吳・南唐の地方行政變遷と特徵〉，《東洋學報》，1975年3月，
56卷2號，頁46～47。

表六：李昇、李璟時期重鎮任官表〔註19〕

一、壽州（清淮軍）

人　名	赴　鎮　年　月	在鎮時間	出　　　處	備　　　註
高審思	？	？	《馬書》，卷一，〈先主書〉，頁5263。	昇元六年四月，卒於任內。
姚　景	昇元六年（後晉天福五年，940）四月	二年三個月	《馬書》，卷一，〈先主書〉，頁5263。	保大二年七月，卒於任內。
劉崇俊	保大二年（後晉開運元年，944）七月	一年十一個月	《馬書》，卷二，〈嗣主書〉，頁5269。	保大四年六月，卒於任內。
劉彥貞	保大四年（後晉開運三年，946）六月	八年十個月	《馬書》，卷二，〈嗣主書〉，頁5271。	調爲神武統軍、侍衛軍都都指揮使。
劉仁瞻	保大十三年（後周顯德二年，955）四月	一年十一個月	《馬書》，卷三，〈嗣主書〉，頁5279。	保大十五年（後周顯德四年，957）三月，後周陷壽州，仁瞻病卒。

二、廬州（保信軍）

人　名	赴　鎮　年　月	在鎮月數	出　　　處	備　　　註
周　本	？	？	《馬書》，卷一，〈先主書〉，頁5259。	昇元元年（後晉天福二年，937）十二月，卒於任內，接任者不知，直至昇元二年四月，方載以李章接任。
李　章	昇元二年（後晉天福三年，938）四月	二年四個月	《馬書》，卷一，〈先主書〉，頁5260。	昇元四年八月，卒於任內。
馬仁裕	昇元四年（後晉天福五年，940）八月	一年七個月	《馬書》，卷一，〈先主書〉，頁5262。	昇元六年三月，卒於任內。
周　鄴	昇元六年（後晉天福七年，942）三月	七年二個月	《馬書》，卷一，〈先主書〉，頁5263。	保大六年四月，卒於任內。
孫漢威	約保大六年（後漢乾祐元年，948）四月	約一年三個月	《馬書》，卷四，〈嗣主書〉，頁5284。	《南唐書》並未載有孫漢威赴鎮一事，但在保大十六年（後周顯德五年，958）五月條有記載「前廬州孫漢威爲奉化軍節度使」。
王崇文	保大七年（後漢乾祐二年，949）八月	約八年七個月	《馬書》，卷二，〈嗣主書〉，頁5275。	不知何時離鎮，廬州於（後周）顯德五年三月割予後周。

〔註19〕 本表以〈吳・南唐の地方行政變遷と特徵〉一文附表及朱玉龍《五代十國方鎮年表》及相關史書修訂而成，原表只記至保大年間，現增至李璟時期結束爲主。

三、濠州（定遠軍）

人　名	赴鎮年月	在鎮月數	出　處	備　註
劉崇俊	？	？	《馬書》，卷二，〈嗣主書〉，頁5269。	三代皆世襲濠州。
劉彥貞	保大二年（後晉開運元年，944）七月	二　年	《馬書》，卷二，〈嗣主書〉，頁5269。	調任壽州。
郭全義	保大四年（後晉開運三年，946）六月	？	《馬書》，卷二，〈嗣主書〉，頁5271。	不知何時離鎮時。
何敬洙	？	？	《馬書》，卷三，〈嗣主書〉，頁5278。	不知何時赴鎮時。僅知保大十一年（後周廣順三年，953）離鎮。
郭廷謂	？	？	《資治通鑑》，卷二九三，後周世宗顯德四年條，頁9573。	《資治通鑑》載，顯德四年（保大十五年，957）十一月丙申夜，濠州團練使郭廷謂上表後周世宗。保大十五年為後周攻陷。

四、潤州（鎮海軍）

人　名	赴鎮年月	在鎮月數	出　處	備　註
王　興	昇元二年（後晉天福三年，938）四月	一年四個月	《馬書》，卷一，〈先主書〉，頁5260。	張宣卒，調任鄂州。
馬仁裕	昇元三年（後晉天福四年，939）八月	一　年	《馬書》，卷一，〈先主書〉，頁5262。	李章卒，調任廬州。
盧文進	昇元四年（後晉天福五年，940）八月	三年四個月	《馬書》，卷一，〈先主書〉，頁5262。	
宋齊丘	保大元年（後晉天福八年，943）十二月	○	《馬書》，卷二，〈嗣主書〉，頁5269。	未赴任即上表請求歸隱。
張居詠	保大二年（後晉開運元年，944）一月	二　年	《馬書》，卷二，〈嗣主書〉，頁5269。	
徐　連	保大四年（後晉開運三年，946）一月	？	《馬書》，卷二，〈嗣主書〉，頁5271。	不知何時離鎮時。
李金全	？	？	《馬書》，卷三，〈嗣主書〉，頁5274。	不知何時赴鎮時。保大六年（後漢乾祐元年，948）秋條載「以潤州李金全為西面行營招撫使」。
李弘冀	保大八年（後漢乾祐三年，950）二月	六　年	《馬書》，卷三，〈嗣主書〉，頁5275。	
林仁肇	後周顯德五年（958）二月	四　年	《馬書》，卷三，〈嗣主書〉，頁5275。	（宋）乾德三年（965）調任神武統軍。

五、洪州（鎮南軍）

人　名	赴　鎮　年　月	在鎮月數	出　　處	備　　註
李德誠	？	？	《馬書》，卷一，〈先主書〉，頁5262。	昪元四年六月，卒於任內。
徐玠	昪元四年（後晉天福五年，940）六月	二年一個月	《馬書》，卷一，〈先主書〉，頁5262。	調任爲司徒、侍中。
宋齊丘	昪元六年（後晉天福七年，942）七月	八個月	《馬書》，卷一，〈先主書〉，頁5264。	保大元年（後晉天福八年，943）調任左丞相。繼任者不知。
周　宗	保大二年（後晉開運元年，944）一月	三年七個月	《馬書》，卷二，〈嗣主書〉，頁5269。	調任宣州。
宋齊丘	保大五年（後漢天福十二年，947）八月	四年三個月	《馬書》，卷三，〈嗣主書〉，頁5274。	調任太傅。
馬希萼	保大九年（後周廣順元年，951）十一月	一年一個月	《馬書》，卷三，〈嗣主書〉，頁5276。	保大十年（後周廣順二年，952）十二月入朝，李璟留之。〔註20〕
宋齊丘	保大十一年（後周廣順三年，953）五月	二年六個月	《馬書》，卷三，〈嗣主書〉，頁5278。	保大十三年（後周顯德二年，955）十一月，李璟召宋齊丘赴金陵。〔註21〕繼任者不知。
李景遷	（後周）顯德五年（958）十二月	一個月		爲李弘冀所毒殺。繼任者不知。
何敬洙	（後周）顯德六年（959）十一月	一年五個月	《資治通鑑》，卷二九四，後周世宗顯德六年條，頁9606。	（宋）建隆元年（960）三月，調任江州。

六、江州（奉化軍）

人　名	赴　鎮　年　月	在鎮月數	出　　處	備　　註
徐知證	？	？	《馬書》，卷一，〈先主書〉，頁5262。	昪元四年六月，調任宣州。
周　宗	昪元四年（後晉天福五年，940）四月〔註22〕	二年十一個月	《馬書》，卷一，〈先主書〉，頁5262。	保大元年（後晉天福八年，943）三月調任右丞相，繼任者不知。
杜昌業	？	？	《資治通鑑》，卷二八五，後晉齊王開運三年條，頁9314。	不知何時赴鎮，保大四年十一月抵金陵，調任吏部尚書。

〔註20〕《資治通鑑》，卷二九一，後周太祖廣順二年條，頁9308。
〔註21〕《資治通鑑》，卷二九三，後周世宗顯德二年條，頁9533。
〔註22〕應爲四月任命周宗，而徐知證至六月方抵宣州。

賈　崇	保大四年（後晉開運三年，946）四月	二年十個月	《馬書》，卷二，〈嗣主書〉，頁5271。	調任神武統軍、侍衛都指揮使。
嚴　續	保大七年（後漢乾祐二年，949）二月	六　年	《馬書》，卷三，〈嗣主書〉，頁5275。	調任門下侍郎。
皇甫暉	保大十三年（後周顯德二年，955）二月	一年〔註23〕	《馬書》，卷三，〈嗣主書〉，頁5279。	《南唐書》並未載其何其赴任，但十一月已從江州帥師援劉彥貞，所以接任時間應在二月。保大十四年二月，於滁州被俘。
柴克宏	保大十四年（後周顯德三年，956）三月	○	《資治通鑑》，卷二九三，後周世宗顯德三年條，頁9551。	未至鎮而卒，繼任者不知。
孫漢威	（後周）顯德五年（958）五月	二年十個月	《馬書》，卷四，〈嗣主書〉，頁5284。	
何敬洙	（宋）建隆二年（961）三月	一年四個月	《馬書》，卷四，〈嗣主書〉，頁5286。	（宋）建隆三年（962）七月調任左武衛上將軍。

七、鄂州（武昌軍）

人　名	赴鎮年月	在鎮月數	出　　處	備　　註
張　宣	？	？	《馬書》，卷一，〈先主書〉，頁5262。	昇元三年八月，卒於任內。
王　興	昇元三年（後晉天福四年，939）八月	四年十一個月	《馬書》，卷一，〈先主書〉，頁5262。	保大二年七月，卒於任內。
韋　建	保大二年（後晉開運元年，944）七月	一年三個月	《馬書》，卷二，〈嗣主書〉，頁5269。	
劉仁贍	保大三年（後晉開運二年，945）十月	七年九個月	《馬書》，卷二，〈嗣主書〉，頁5271。	調任神武統軍、侍衛都指揮使
何敬洙	保大十一年（後周廣順三年，953）七月	五年八個月	《馬書》，卷三，〈嗣主書〉，頁5278。	（後周）顯德六年（959）十一月，調任洪州。〔註24〕
王崇文	（後周）顯德六年（959）十一月	一年十個月	《馬書》，卷五，〈後主書〉，頁5289。	（宋）建隆二年（961）八月，卒於任內。

〔註23〕清木氏此記爲九月，但《資治通鑑》記柴克宏於顯德三年（保大十四年，956）三月方任奉化節度使，而兩部《南唐書》則皆未載皇甫暉何時卸任，因此依《資治通鑑》記載加以放改正。

〔註24〕《資治通鑑》，卷二九四，後周世宗顯德六年條，頁9606。

八、撫州（昭武軍）

人　名	赴鎮年月	在鎮月數	出　處	備　註
李建勳	保大元年（後晉天福八年，943）四月	二年四個月	《馬書》，卷二，〈嗣主書〉，頁 5268。	前任不知何人。
查文徽	保大三年（後晉開運二年，945）八月	二年五個月	《馬書》，卷二，〈嗣主書〉，頁 5270。	
馮延巳	保大六年（後漢乾祐元年，948）一月	四年二個月	《馬書》，卷三，〈嗣主書〉，頁 5274。	調任左僕射。
刁彥能	保大十年（後周廣順二年，952）三月	七年九個月	《馬書》，卷三，〈嗣主書〉，頁 5277。	
李景達	後周顯德五年（958）十二月	？	《馬書》，卷四，〈嗣主書〉，頁 5274。	後事未載。

九、池州（康化軍）

人　名	赴鎮年月	在鎮月數	出　處	備　註
楊璉	昇元二年（後晉天福三年，938）十二月	二個月	《馬書》，卷一，〈先主書〉，頁 5260。	昇元三年二月，卒於任內。
王彥儔	昇元三年（後晉天福四年，939）二月	六年六個月	《馬書》卷一，〈先主書〉，頁 5261。	
王繼勳	保大三年（後晉開運二年，945）八月	四個月	《馬書》，卷二，〈嗣主書〉，頁 5271。	
嚴續	保大四年（後晉開運三年，946）正月	？	《資治通鑑》，卷二八五，後晉齊王開運三年條，頁 9302。	不知何時離鎮。後事未載。

十、宣州（寧國軍）

人　名	赴鎮年月	在鎮月數	出　處	備　註
徐玠	？	？	《馬書》，卷一，〈先主書〉，頁 5262。	《十國春秋》有載徐玠昇元初年赴鎮，[註25]但未有明確時間。離鎮時間爲昇元四年六月。
徐知證	昇元四年（後晉天福五年，940）六月	六年九個月	《馬書》，卷一，〈先主書〉，頁 5262。	保大五年三月，卒於任內。繼任人不知。
周　宗	保大五年（後漢天福十二年，947）八月	二年六個月	《馬書》，卷三，〈嗣主書〉，頁 5274。	調任東都留守。

〔註25〕《十國春秋》，卷二一，〈徐玠傳〉，頁 3706。

| 李弘冀 | 保大八年（後漢乾祐三年，950）二月 | 七　年 | 《馬書》，卷三，〈嗣主書〉，頁5275。 | （後周）顯德五年（958）三月，〔註26〕立為太子。〔註27〕繼任者不知。 |
| 朱　業 | （宋）建隆三年（962） | ？ | 《馬書》，卷五，〈後主書〉，頁5289。 | 月份不知，但七月即被調至江州。〔註28〕 |

十一、虔州（百勝軍）

人　名	赴鎮年月	在鎮月數	出　處	備　註
李　章	？	？	《馬書》，卷一，〈先主書〉，頁5260。	（吳）睿帝時出鎮。〔註29〕離鎮時間為昇元二年四月。
王　安	昇元二年（後晉天福三年，938）四月	二年十一個月	《馬書》，卷一，〈先主書〉，頁5260。	昇元五年一月，卒於任內。
賈　浩	昇元五年（後晉天福六年，941）一月	二年十一個月	《馬書》，卷一，〈先主書〉，頁5263。	貶為監門衛將軍。
李　翺	保大元年（後晉天福八年，943）十月	？	《馬書》，卷二，〈嗣主書〉，頁5268。	不知何時離鎮。
王崇文	？	？	《資治通鑑》，卷二八五，後晉齊王開運二年條，頁9302。	不知何時赴鎮，《資治通鑑》僅載其改鎮建州。
李景逷	後周顯德五年（958）十二月	？	《馬書》，卷四，〈嗣主書〉，頁5285。	不知何時離鎮。後事未載。

　　查驗以上附表，確實如清木氏所言，大抵南唐重要地方節度使任官時間皆不長，雖有如劉彥貞一〇六個月、王崇文一〇三個月及劉仁贍的九十三個月，這是屬於特例，也都集中於保大初年，由於保大初年開始，南唐向外征討，相繼滅閩、滅楚，對北方也改採攻勢，主動出擊，因此才會產生這些特例。〔註30〕從表中也可發現有不少節度使是卒於任內，不過也多出現於昇元時期，至保大節度使卒於任內的現象就少有發生。從中又可知的是，南唐建國初期，擔任重要節鎮的多為武人，至保大時漸以文人充任，但與中原王朝

〔註26〕李弘冀立為太子一事，馬令記為十一月，《資治通鑑》、陸游則皆記於三月，故記三月。
〔註27〕《資治通鑑》，卷二九四，後周世宗顯德五年條，頁9580。
〔註28〕《馬書》，卷五，〈後主書〉，頁5290。
〔註29〕《十國春秋》，卷一〇，〈李章傳〉，頁3571。
〔註30〕〈吳・南唐の地方行政變遷と特徵〉，頁47。

相近鄰節鎮如：壽州、廬州、濠州、江州等，仍多以武人或宗室任節鎮，不過從中也可看出，南唐對藩鎮的控制力是極強的，是可任意調動節度使，而沒有任何官員敢反抗的。

再以劉崇俊求兼領壽州之事來看，劉崇俊入壽州時，李璟隨即派遣劉彥貞入濠州代替劉崇俊，劉崇俊家族鎮濠州已有三代，在濠州實力不可不謂穩固，但卻在劉彥貞入代時，劉崇俊卻連一點反抗的機會都沒有，就可知南唐對對藩鎮的控制力是如何的了。此種對藩鎮的控制力事實上也是源自於徐溫，自徐溫開始即不允許任何藩鎮敢與其對抗，若有對抗者必遭誅滅，因此藩鎮自徐溫時即不敢與吳國中央對抗。李昪當政初期，雖對一兵一卒諸多姑息，但自完全掌控吳政後，即全面的約束軍隊，使軍隊不敢侵擾人民，李昪也完全掌控軍隊。在徐溫及李昪兩代三十年的努力下，藩鎮完全不敢與中央對抗，也使南唐對藩鎮有更強的控制力。

（五）重用文人

自擔任昇州刺史以來，即大量招募文人充實其幕府，隨著權力不斷的擴大，所招募的文人就更增多。南唐建立後，為使國家長治久安，勢必要壓制武人的力量，開始大量的起用文人，並提昇文人的地位，以達到以文制武的地步，除宰臣們多以文官充任外，甚至於每當有對外征伐時，也皆派遣文人作監軍使，監軍使的權力極大，監軍使更可領軍進行征伐，如馮延魯曾任建州監軍使，率汀、建、撫、信州兵及戍卒至福州攻打李弘義，[註31] 監軍使除領軍作戰外，主要的任務仍是監軍，監軍使的權力大於統軍的主帥，後周世宗南征：

> （李璟）命諸道兵馬元帥齊王景達將兵拒周，以陳覺為監軍使，前武安節度使邊鎬為應援都軍使。中書舍人韓熙載上書曰：「信莫信於親王，重莫重於元帥，安用監軍使為！」唐主不從。[註32]

陳覺雖為監軍使，但其權力卻遠大於諸道兵馬元帥齊王李景達，李景達雖名為元帥，但事實上毫無統兵的權力，真正掌握軍權的是監軍使陳覺，「軍政皆出於陳覺，（景達）署紙尾而已」，[註33] 南唐因鑑於唐末藩鎮之亂，因此提倡文人政治，對於武人則是諸多防範，自李昪開始即採取重用文人的政策，其後李璟等皆延續之，卻也由於以文人干武事，致使對外征討，多因此失敗，

〔註31〕《資治通鑑》，卷二八五，後晉齊王開運三年條，頁 9308。
〔註32〕《資治通鑑》，卷二九三，後周世宗顯德三年條，頁 9551。
〔註33〕《馬書》，卷七，〈李景達傳〉，頁 5311。

此情況在李昪時並不明顯，當時少有對外征討之事，但至李璟時則因向外發生征閩、征楚之役，弊病至此不斷湧現，以征閩之役觀之，雖設主帥，但軍隊實統於監軍使等文人之手，主帥毫無用兵之權：

> 時王崇文雖爲元帥，而陳覺、馮延魯、魏岑爭用事，……。〔註34〕

王崇文掌軍近三十年，知兵程度應遠勝陳覺等人，但「陳覺輩專恣」，〔註35〕致使王崇文難以掌軍，方使南唐大敗於福州城外，李璟也知曉此非武人之過，而不問武人之罪：

> 及師潰，元宗歸罪於陳覺、馮延魯，而崇文及諸將皆弗問。〔註36〕

福州大敗正是以文人干軍之弊。周世宗南征，此一弊病仍無法改正，方使南唐有江北十四州之喪。

李昪的壓抑武人、重用文人的政策，南唐建國即開始實行：

> 於是稍用儒臣，漸去苛察，又將修復故事，爲後代法，未果行，而帝疾作。〔註37〕

之後雖因李昪病篤，使此項政策並未能完善的施行，但李璟仍持續執行此一政策，雖弊病不斷湧現，使南唐對外征戰接連失利，但除此弊病外，此一政策是成功的。南唐亡國後，宋太祖曾問李煜如何管理武將：

> （宋）太祖平江南，後主（李煜）入朝，上曰：「卿任故國，以何術理金穀？」後主曰：「州郡置官，通掌郡事，武臣不親錢穀文案。」〔註38〕

南唐對武將除不給予統兵之權外，也不使武將掌握錢穀等，這也說明南唐對武人非常防範，使其喪失坐大及作亂的機會。故終南唐之世，南唐從未有武人爲禍之情況，唐末五代藩鎮跋扈的情形也大致得到了改善。

（六）整頓吏治

李昪對吏治極爲重視，對於貪墨的官員，皆會給予嚴厲的懲處，以泰州刺史褚仁規其即因任官貪墨而遭處死，褚仁規任官時民怨頗多，因此有人寫詩至金陵控述褚仁規的行爲：

〔註34〕《資治通鑑》，卷二八五，後晉齊王開運三年條，頁9314。

〔註35〕《馬書》，卷一一，〈王崇文傳〉，頁5339。

〔註36〕《馬書》，卷一一，〈王崇文傳〉，頁5339。

〔註37〕《馬書》，卷一，〈先主書〉，頁5264。

〔註38〕曾慥，《類說》（福州：福建人民出版社，1996年1月，初版），卷一九，引見聞錄，〈武臣不主錢穀〉，頁597。

僞唐贓臣褚仁規，竊祿泰州刺史，惡政不可縷舉。有智民請吻儒爲
二詩，皆隱語，凡寫數千幅詣金陵粘貼，事乃上聞，詩曰：「多求囊
白昧蒼蒼，兼取人間第一黃。」云云。白銀隱金銀字。〔註39〕

褚仁規任泰州刺史之不法行爲，「掊克無度，率入私門，驅掠婦女，刑法橫濫。」
〔註40〕就因其的種種的不法行爲，又「無君臣之分」，〔註41〕便遭賜死。褚仁
規之死，雖言貪墨或無君臣之分，但究其原因，可能在於殺雞警猴，褚仁規
可能與朝中各派無太大關係，犯事也就無人幫其說話，因此就成了懲治的榜
樣。不過，官吏遭賜死的情況，在南唐並不多見。

除以上各項政策外，尚有一些重要的措施：

（七）修訂《昇元格》

南唐昇元三年（後晉高祖天福四年，939）七月，開始進行修訂，「命有司
作《昇元格》，與吳令並行。」〔註42〕此次的修訂，至昇元六年（後晉天福七年，
942）九月方才完成，「頒《昇元刪定條》」，〔註43〕《昇元格》的訂立，總共花
了三年多的時間方才完成，但由於《昇元格》現已散佚，故已無法探知《昇元
格》的全貌，唯有從其他史書中，方可窺知其一、二。《十國春秋》載：

先主自爲吳相，興利除害，變更舊法甚多，及即位，命法官及尚書
刪定爲《昇元條》三十卷，至是行之。〔註44〕

按《十國春秋》所載，則《昇元格》應爲三十卷，但條數不知，不過《昇元
格》的內容，可能是承襲《唐格》而來，再按當時社會景況，再加以刪改而
成。

南唐因處爲五代亂世，故《昇元格》在訂定上，似乎較爲嚴格，如《昇
元格》對偷盜就有嚴格的規定，「盜物直三緡者，處極法。」〔註45〕《南唐近
事》也有載相關事例：

盧陵村落間有豪民，暑雨初霽，曝衣篋於庭中，失新潔衾服不少許

〔註39〕陶穀，《清異錄》（收錄於《宋元筆記小說大觀》第一冊，上海：上海古籍出
版社，2001年12月，初版），卷上，〈人間第一黃〉，頁16。
〔註40〕《玉壺清話》，卷九，〈李先主傳〉，頁92。
〔註41〕《玉壺清話》，卷九，〈李先主傳〉，頁92。
〔註42〕《陸書》，卷一，〈烈祖本紀〉，頁5468。
〔註43〕《陸書》，卷一，〈烈祖本紀〉，頁5470。
〔註44〕《十國春秋》，卷一五，〈烈祖本紀〉，頁3617。
〔註45〕《南唐近事》，卷二，頁5054。

計其資直不下數十千。所居僻遠，人罕經行，唯一貧人鄰垣而已，
周訪蹤狀，必爲鄰人盜之，乃訴於邑。邑白郡，郡命吏按驗，歸罪
於貧人，詐服爲盜。詰其臟，即言散鬻於市，蓋不勝捶掠也。赴法
之日，冤聲動人。長吏察其詞色，似非盜者，未即刑戮，遂具案聞
於朝廷，烈祖命員外郎蕭儼覆之。儼持法明辨，甚有理聲，受命之
日，乃絕葷茹，齋戒理棹，冥禱神祇，晝夜兼行，佇雪冤枉。至郡
之日，索案詳約始末，迄無他狀。儼是夕復焚香於庭，稽首冥禱，
願降儆戒，將行大辟。翊日天氣融和，忽有雷雨自西北起，至失物
之家，震死一牛。盡剖其腹，腹中得所失衣物，乃是爲牛所噉，猶
未消潰。遂赦貧民，而儼驟獲大用。〔註46〕

依《南唐近事》所載，可知南唐對法令的執行，確實是非常嚴格及認眞的。

也由於《昇元格》的內容極爲嚴苛，因此爲免有誤，對於死刑犯，又採
三覆五奏的方式：

時天下罹亂，刑獄無典，因是凡決死刑，方用三覆五奏之法，民始
知有邦憲，物情歸之。〔註47〕

南唐對死刑犯採取三覆五奏的方式，除因《昇元格》較爲嚴格外，也是爲了
將刑法的掌握權由地方回歸中央。自唐末亂世以來，地方官即不尊重中央所
訂法令，常依己意來決定人犯的處置，此情況在南唐建立後仍是如此：

張宣字致用，……。累遷諸軍都虞候，徙爲左街使，皆以嚴酷爲理。
及鎮鄂州，實地室以鞠罪人，罪無間小大，入之則無全活。未幾境
內大治，道不拾遺。會雪中炭肆有司者，錄問之，言市炭一秤，而
輕不及數。宣使秤之，信然，乃斬賣炭者，梟首懸炭于市。自是賣
炭者率以十五斤爲秤，無敢輕重。〔註48〕

張宣鎮鄂州，雖使境內大治、道不拾遺，但其卻完全忽視法律的存在，只知
一昧的使用殘殺的方式來治理人民。一般而言，文武官員皆在李昪的控制下，
但卻仍有此種忽視法律的官員，更何況其它地方，而李昪也在聽聞後，也大
爲感嘆：

主聞之，歎曰：「小人衡斛爲欺，古今皆然，宣置刑太過。盡奪官，

〔註46〕《南唐近事》，卷二，頁5054～5055。
〔註47〕《玉壺清話》，卷九，〈李先主傳〉，頁90。
〔註48〕《南唐書》，卷一八，〈張宣傳〉，頁5379。

以團副置于蘄春，遣潤州節度使王興代之。」〔註49〕

也藉三覆五奏的施行，將地方官的生殺大權收歸中央，如此方可使民眾了解，除地方官員外，尚有國家的存在，也使官員了解中央政府方是權力的中心及來源。三覆五奏方法的施行，雖是針對律法而言，但對李昇而言，一方面可削弱地方官員的力量，另一方面卻也是有利於中央集權的施行。雖說如此，但對民眾仍是利大於弊的，一般民眾也可藉此擺脫地方官員的迫害，也不再任地方官員予取予求。

（八）民兵的建立

南唐民兵的建立，早在李昇廣陵輔政時期即已開始：

> 吳禁民私畜兵器，盜賊益繁。御史臺主簿京兆盧樞上言：「今四方分爭，宜教民戰。且善人畏法禁而姦民弄干戈，是欲偃武而反招盜也。宜團結民兵，使之習戰，自衛鄉里。」從之。〔註50〕

民兵的建立主要是為了防備地方的治安，以使盜匪無法擾民。南唐建國後，民兵的建立更加以擴大化，也不僅限於防衛地方治安，相反的也視為國家戰力之一：

> 昇元初，均量民田，以定科賦，自二絹以上，出一卒，號義師；中有別籍分居，又出一卒，號新擬生軍。民有新置物產者，亦出一卒，號新擬軍。又於客戶內有三丁者，抽一卒，謂之圍軍，後改為拔山軍，使物力戶為帥以統之。保大中，許郡縣村杜競渡。每歲端午，官給綵段，俾兩兩較其遲速，勝者加以銀碗，謂之打標，舟子皆籍其名，至是盡蒐為卒，謂之凌波軍。又率民間備奴贅婿，謂之義勇軍。又募豪民能自備縕帛兵器，招集無賴亡命，謂之自在軍。又括百姓，自老弱外，能被堅執銳者，謂之排門軍。并屯田、白甲之類，凡一十三等，皆使扞敵守把。〔註51〕

從李昇時期開始即設立民兵，並將民兵視為國家正規武力之一，此點也應是擴大中央直屬的武力，雖自徐溫、李昇兩人三十年的執政以來，大致將各地節鎮的力量壓制，各地節鎮也少有敢不聽中央號令者，但問題在於不少節鎮仍保有力量，中央仍難以介入，此情形即使在南唐建立後仍是如此，因此擴

〔註49〕《玉壺清話》，卷九，〈李先主傳〉，頁90。
〔註50〕《資治通鑑》，卷二七一，後梁均王貞明六年條，頁8853。
〔註51〕《馬書》，卷五，〈後主書〉，頁5294～5295。

大中央直屬的武力，形成一股威嚇的力量，可使他們不敢輕舉妄動。對中央而言，這些民兵的武器、糧食皆自備，根本不需耗費中央的錢糧，因此民兵的建立，對南唐中央而言，實是益處多矣。之後，南唐由於面對後周的壓力，便在此基礎上，開始更進一步的擴大民兵組織，致使後主時期的民兵組織發展至鼎盛。

（九）優恤官員

又為使官員無後顧之憂，南唐提出一連串的優恤之法，使各級官員可用心於國事，而免憂於身後之事：

> 文武官沒者，子孫隨收敘，不限資蔭；孤露者，營其婚葬；幼未堪任及無嗣者，出內帑以賑之，死王事者，下至卒伍，皆給二年之庫。
>
> 士之貴賤長幼，卒無身後之患。〔註52〕

南唐的優恤之法，非常的優厚，也因有如此優厚的優恤之法，使官員可全心全意於國事，如此一來對於政府體制運作更可完善。

（十）遵循法規

李昪甚為尊重法規，認為犯法者應以法令處理，不應採取其它手段加以處置：

> 或獻毒酒方於唐主，唐主曰：「犯吾法者自有常刑，安用此為！」〔註53〕

此一表現，正顯現出一位統治者所應有的態度，若統治者不願尊循法規，卻採取其它手段來處置人犯，如此一來，將有何人會遵循律法，律法將無法產生作用，一旦律法無法產生作用，如此國家將走向危險境地。李昪深知遵循律法的重要性，堅決認為凡事應以律法為準則，而不應採取其它非遵循律法的行為。

第二節 李昪的民生政策

李昪在建國後，並不以割據江淮為滿，而是有意進軍中原，爭霸天下，但這一切的目標都必須要有一個穩固的後方，才有機會成功。而江淮地區經歷六朝的開發後，已使江淮地區有較大的發展。一直以來認為，唐末時江淮

〔註52〕《玉壺清話》，卷九，〈李先主傳〉，頁94。
〔註53〕《資治通鑑》，卷二八一，後晉高祖天福三年條，頁9187。

地區是唐中央賦稅的主要來源，因此大致認爲江淮地區的經濟發展就遠勝於北方，就如同鄭學檬所言：

> 財賦倚重地區的轉移與經濟重心的轉移雖有聯繫，但二者不能等量齊觀，唐朝財賦倚重地區的南移，固然與江南經濟的發展有關，但更主要的是，北方賦稅多被藩鎮截留。江南提供的賦稅超過北方，並不意味著江南的剩餘產品就一定多於北方，更何況唐朝對江南財賦的仰賴程度往往被誇大，導致對江南經濟發展水準估計偏高，這是需要認眞加以糾正的。〔註54〕

由知可知，雖然唐末時江淮地區已有開發，但仍有其局限性，並不完全如一般所認知的。

且江淮地區在唐末時也歷經大亂，先有黃巢、王仙芝之亂爆發於江淮之間，後又有秦宗權、孫儒爲禍，其二人對江淮地區的爲害，更是遠勝於黃巢、王仙芝，以秦宗權爲禍程度：

> 北至衛、滑，西及關輔，東盡青、齊，南出江、淮，州鎮存者僅保一城，極目千里，無復煙火。〔註55〕

孫儒爲禍程度更不亞於秦宗權：

> 於是悉焚揚州廬舍，盡驅丁壯及婦女渡江，殺老弱以充食。〔註56〕

楊行密等人，又爲割據江淮而相互爭霸，以廣陵一地來看：

> 楊行密圍廣陵且半年，秦彥、畢師鐸大小數十戰，多不利；城中無食，米斗直錢五十緡，草根木實皆盡，以堇泥爲餅食之，餓死者太半。宣軍掠人詣肆賣之，驅縛屠割如羊豕，訖無一聲，積骸流血，滿於坊市。〔註57〕

直至城下時：

> 城中遺民纔數百家，飢羸非復人狀，行密輦西寨米以賑之。行密自稱淮南留後。〔註58〕

光是廣陵就如此，更何況是江淮其它地方。楊行密在獨霸江淮後，便採取了

〔註54〕鄭學檬，《中國古代經濟重心南移和唐宋江南經濟研究》（長沙：岳麓書社，2003年10月，再版），頁14。

〔註55〕《資治通鑑》，卷二五六，唐僖宗中和四年條，頁8318。

〔註56〕《資治通鑑》，卷二五八，唐昭宗大順二年條，頁8416。

〔註57〕《資治通鑑》，卷二五七，唐僖宗光啓三年條，頁8363。

〔註58〕《資治通鑑》，卷二五七，唐僖宗光啓三年條，頁8363。

一連串的措施，以使江淮地區的經濟再度恢復。因此在李昪之前，便有楊行密、徐溫等人的努力，也使江淮再度有了生機。李昪建立南唐後，與四鄰皆無太大戰事產生，採取與民休息的政策，當時的經濟發展大致以農業爲主，而農業所需要的即是人口，因此在經濟政策的制訂上，也多與人口有關。

（一）管制奴婢

唐末至五代時期，天下大亂，人民因此流離失所，人民又爲生存，常淪爲奴婢。但若有過多人口爲奴，將會對國家經濟造成阻礙，因此自廣陵輔政開始即注意此一問題，「自烈祖相吳，禁壓良爲賤，令買奴婢者通官作券」，〔註59〕此措施雖未能禁止奴婢的買賣，但也將逼人爲奴一事，列爲非法，買賣奴婢的行爲必須經由政府的認可，這皆是爲加強對人口的管控，如此一來買賣奴婢都在政府的管控，可防止逼人爲奴之事發生，又可掌握奴婢的數目使其不易擴大，如此方有利於國家經濟發展。爲減少奴婢的數目，「出府金以贖民子」，〔註60〕這一切都是爲減少私人掌控奴婢的數目，因爲除經濟問題外，奴婢也可作爲私人的武裝，因此減少奴婢，事實上也有利於國家的長治久安。

此一政策，事實上受到許多大臣的反對，當李昪去世時，馬上就有大臣想推翻此一政策：

> 馮延巳及弟禮部員外郎延魯，俱在元帥府，草遺詔聽民賣男女；意欲自買姬妾，蕭儼駁曰：「此必延巳等所爲，非大行之命也。昔延魯爲東都判官，已有此請；先帝訪臣，臣對曰：『陛下昔爲吳相，民有鬻男女者，爲出府金，贖而歸之，故遠近歸心。今即位而反之，使貧人之子爲富人廝役，可乎？』先帝以爲然，將治延魯罪。臣以爲延魯愚，無足責。先帝斜封延魯章，抹三筆，持入宮。請求諸宮中，必尚在。」齊王命取先時留中章奏千餘道，皆斜封一抹，果得延魯疏。然以遺詔已行，竟不之改。〔註61〕

控制奴婢數目政策，阻礙了許多大臣的利益，雖載馮延魯、馮延巳是爲「自買姬妾」，而希望開放此政策，使奴婢可自由買賣，不用再受政府的控制，若僅爲「自買姬妾」就敢違造遺命，著實令人難以置信，一旦被發現其罪絕對

〔註59〕《資治通鑑》，卷二八三，後晉齊王天福八年條，頁9246。
〔註60〕《馬書》，卷二二，〈蕭儼傳〉，頁5399。
〔註61〕《資治通鑑》，卷二八三，後晉齊王天福八年條，頁9246。

不輕，甚至性命難保，但馮氏兄弟卻仍敢一試，事後被發現兩人也未見有任何懲處，就更擺明此事絕不簡單。

《馬書》載此事為：「議者以遺詔已出，不可改，遂行。」〔註62〕所謂議者，應就是背後支持馮氏兄弟之人，但議者為何人？應就是土著人士，馮氏兄弟所代表的即是他們，土著人士希望開放此政策，應早有行動，但可能為李昇所阻擋。為何他們希望開放奴婢買賣？大抵應是他們皆享有許多田園，此政策的開放，可使他們獲得更多的勞動力，且一旦國家無法掌控奴婢數目，將可能有更多的人成為奴婢，他們也就可隱藏更多的人口成為私戶，如此一來對南唐的經濟發展將有重大的損害。另外，買賣奴婢可能也牽涉到了龐大的利益，因而使馮氏兄弟甘冒風險，做此一搏。雖然買賣奴婢一事受到蕭儼強烈的反對，但最後仍以遺詔已頒布，無法更改唯有實行。李璟在此事上，也未能多作表示，這也因剛即位，勢力尚且不穩，唯有默認此事。但這並不代表李璟對人民淪為奴婢皆不聞不問：

> 建州之役，諸將無復紀律，建勳請官出金帛，贖俘掠還其家，見聽。
>
> 〔註63〕

李璟仍了解，人民淪為奴婢對國家有何重大意義，但問題在於李璟實過於懦弱，一昧的只想穩定朝堂的各方勢力，不敢恢復管制奴婢買賣的政策，所以管制政策也未再次實行。

（二）招撫流亡

李昇有意爭霸中原，因此必須增強實力，人口的多寡，就成為了實力是否增強的主因。江淮地區自六朝以來即不斷的開發，稍可與北方相比，而南唐據有三十州之地，除江淮地區外，尚有廣大未開發之地，要開發這些地方，就必須仰賴人口的增加。自唐末以來北方戰亂頻仍，人口便不斷的湧向南方，南唐建國前，正為石敬瑭建立後晉，後晉建立後不久又發生范延光、楊光遠等人的叛亂，因此石敬瑭並未給北方帶來安定，相反的北方又陷入混亂。相對北方的混亂，安定的南方，便成為北方流民的最佳選擇，這些北方流民的湧入，對勞動力不足的南方，更是一大利多，雖說如此，但若未能處理好流民的問題，則會對當地治安產生影響，更有甚者將演變成民亂，若其中又夾

〔註62〕《馬書》，卷二二，〈蕭儼傳〉，頁5400。
〔註63〕《十國春秋》，卷二一，〈李建勳傳〉，頁3705。

雜一、二位野心家，將有可能使王潮之事再度重現。〔註64〕

李昇了解，流民問題處理的妥善與否，將是國力是否上昇的重要關鍵，因此在昇元三年（後晉高祖天福四年，939）正月，下詔招撫流亡事宜，其詔曰：

> 比者干戈相接，人無定主。地易而弗藝，桑隕而弗蠶，衣食日耗，
> 朕甚憫之。其嚮風面內者，有司計口給食。願耕植者，授之土田，
> 仍復三歲租役。於嘻，仁不異遠，化無泄邇，其務宣流，以稱朕意。

〔註65〕

此詔書對處理流民方式有二，首先是針對所有流民的處理方式，即「計口給食」，只要有流民至南唐，先給與流民食糧，這樣可使流民不因飢餓而產生變亂，但更深一層來說，可使所有流民知道，只要一入南唐至少可獲得溫飽，如此可鼓勵更多的流民湧向南唐，從而促使南唐人口增加，因此每當有禍事，流民便湧入南唐，「吳越水，民就食境內，遣使振恤安集之」；〔註66〕其次是若流民中有願意從事農耕者，即「授之土田」，並免除三年租役，以鼓勵流民的生產意願，而流民之中，本就多為農民，而他們所以到南唐就是為獲得穩定的生活，現今南唐願提供土地，又免除三年租役，這對流民們就具有極大的吸引力，如此流民怎會不願意。

南唐的流民政策，對流民來說，既可獲得溫飽、又可獲得土地，如此對流民們就具有非常大的吸引力，且南唐境內已數十年沒發生大動亂，如此對因戰亂而逃亡的流民更是吸引，在政策及環境的配合下，也必然會吸引更多的流民湧入，一旦流民進入，就可增加南唐的勞動力，如此國家稅收便可增加，從而促使國力提昇。

（三）與民休息

李昇雖有意爭霸中原，但絕對不肯輕啓戰端，這是因其了解，得國不久，內部尚未穩定，若冒然出兵也僅是喪師而已，且中原的改朝換代也已結束，所以不是出兵的時機，對李昇而言，如何穩定內部方才是第一要務，而為穩定內部，便採行與民休息的政策，此一政策可分為對內及對外兩項。

以對內而言，即不大興土木，從事與人民生活無關的建設，建立南唐後，

〔註64〕王潮即為閩國王審知的兄長，其以流民出身，因流竄至福建，方據有福建全境，為後來閩國的建立打下基礎。

〔註65〕《馬書》，卷一，〈先主書〉，頁 5261。

〔註66〕《陸書》，卷一，〈烈祖本紀〉，頁 5470。

並未因稱帝而生活奢華，相反的更是力行儉約：

> 自吳建國，有江淮之地，比他國最爲富饒，山澤之利，歲入不貲。
> 烈祖勵以節儉，一金不妄用，其積如山。〔註67〕

李昇的力行儉約，是全方面的，在住宅上：

> 知誥自以取國艱難，乃志勤儉。金陵雖升都邑，但以舊衙署爲之，
> 唯加鵲尾欄檻而已。〔註68〕

在生活上，也力行儉約：

> 常躡蒲履，用鐵盆盎。暑月寢殿施青葛帷，左右官婢裁數人，服飾
> 樸陋。〔註69〕

《清異錄》亦載：

> 江南烈祖素儉，寢殿燭不用脂蠟，灌以烏臼子油，但呼烏舅。案上
> 捧燭鐵人高尺五，云是楊氏時馬廄中物。一日黃昏，急須燭，喚小
> 黃曰：「撥過我金奴來！」左右竊相謂曰：「烏舅、金奴正好作對。」
> 〔註70〕

對其子李璟的教育，也爲使李璟了解凡事應以國事爲先：

> 太子嘗欲一杉木作版障，有司以聞，烈祖書奏後曰：「杉木不乏，但
> 欲作戰艦，以竹代之可也。」〔註71〕

也由於力行儉約，因此即使在得國稱帝的同時，的生活並未有太大的改變，相反的仍是一如往常的儉約：

> 其餘女伎、音樂、園苑、器玩之屬，一無增加，故宋齊丘爲其挽辭
> 曰：「宮砌無新樹，宮衣無組繡，宮樂盡塵埃。」皆其實也。〔註72〕

也正是李昇的如此態度，即使得國稱帝也並未大建宮城，以追求帝皇的享受，也使人民並未因此受到太多的困擾。

以對外而言，李昇知曉其目標在中原，而不肯隨意對四鄰動兵。除此外，也由於其自小長於動亂之中，更了解動亂對一般人民所帶來的痛苦，建國後臣下一直要求出兵中原：

〔註67〕《陸書》，卷一五，〈劉承勳傳〉，頁5583。
〔註68〕《五國故事》，卷上，頁3183。
〔註69〕《南唐書》，卷一，〈烈祖本紀〉，頁5470。
〔註70〕《清異錄》，卷下，〈烏舅金奴〉，頁98。
〔註71〕《南唐書》，卷一五，〈劉承勳傳〉，頁5583。
〔註72〕《五國故事》，卷上，頁3183。

自黃巢犯長安以來，天下血戰數十年，然後諸國各有分土，兵革稍息。及唐主即位，江、淮比年豐稔，兵食有餘，群臣爭言：「陛下中興，今北方多難，宜出兵恢復舊疆。」唐主曰：「吾少長軍旅，見兵之為民害深矣，不忍復言。使彼民安，則吾民亦安矣，又何求焉！」

漢主遣使如唐，謀共取楚，分其地；唐主不許。〔註73〕

雖有意出兵中原，但李昇了解後晉內部雖有叛亂產生，石敬瑭大抵已可控制，且石敬瑭對契丹又極其恭敬，因此後晉內外情勢實已穩固不易撼動，若冒然出兵恐難以取勝，因此便拒絕臣下的要求，但南唐眾臣仍不死心，便再求攻伐南方諸國：

江淮之地，頻年豐稔，兵食既足，士樂為用。天意人心，未厭唐德。

宜廣土宇，攻自潭越始。〔註74〕

但仍被拒絕。其所等待的是中原有變，因此根本不想將力量耗費於南方諸國，所以在中原有變以前，所採取的將是與民休息的政策，其曾言：

百姓皆父母所生，安用爭城廣地，使之肝腦異處，膏塗草野。〔註75〕

在與民休息的政策下，促使南唐與南方諸國的關係較為改善，也塑造南唐國內安定的環境，故陸游亦言：

帝生長兵間，知民厭亂，在位七年，兵不妄動，境內賴以休息。〔註76〕

也在與民休息的政策下，人民因此得以避免兵亂，國力也因而得以提昇。

（四）統一稅賦

五代時正值兵荒馬亂，致於各地稅額並無統一標準，造成各地政府不斷的剝削人民，使人民生活困苦不堪難以維生，以致於人民丟棄土地成為流民。重訂稅賦也成為李昇得國後，必須重視的問題。事實上，早在廣陵輔政之時，就已針對賦稅問題提出多項措施，先是免除吳天祐十三年（後梁末帝貞明二年，916）以前之欠稅，對吳天祐十四年（後梁末帝貞明三年，917）的欠稅也先停徵，又採宋齊丘之建議，免除丁口錢，所有稅賦皆可用絹帛等折納。但這些作法終究只是為收買人心的作法，根本無法形成制度，因此得國後，就必須重訂稅額使其形成制度，也可避免苛捐雜稅的形成。南唐建立初期，

〔註73〕《資治通鑑》，卷二八二，後晉高祖天福六年條，頁9221。
〔註74〕《馬書》，卷一，〈先主書〉，頁5264。
〔註75〕《釣磯立談》，頁5007。
〔註76〕《陸書》，卷一，〈烈祖本紀〉，頁5470。

由於急需錢財，在稅額較高：

> 金陵建國之初，軍儲未實，關市之利，苛悉農桑商賈。時亢旱日久，
> 上曰：「近京皆報雨足，獨京城不雨，何也？」申漸高對曰：「雨懼
> 抽稅，不敢入城。」上即下詔停額外稅，俄雨沾足。〔註77〕

此事記載雖頗有虛幻，但從此記載中，也可知建國初期稅額仍高，也存在各項的苛捐雜稅，造成人民生活困苦，因此申漸高藉旱而諫此事，李昪也從善如流的停止額外稅。

南唐稅額的制訂，大抵爲李昪時所訂立的，但到底爲何時所訂立的，則因說法不一，實難以判定，首先爲昪元初年，《江南野史》載：

> 自登位之後，遣官大定檢校民田，高下肥磽，皆獲允當，人絕怨咨，
> 輸賦不稽，然而仁孝之誠，頗動天地。〔註78〕

《馬書》則載：「昪元初，括定正賦」，〔註79〕同書又載：「昪元初，均量民田，以定科賦」。〔註80〕其次爲昪元中，《馬書》〈汪台符傳〉載：

> 昪元中，限民田物畜高下爲三等，科其均輸，以爲定制，⋯⋯。〔註81〕

最後爲昪元五年十一月，《資治通鑑》載：

> 分遣使者按行民田，以肥瘠定其稅，民間稱其平允。自是江、淮調
> 兵興役及他賦斂，皆以稅錢爲率，至今用之。〔註82〕

綜觀以上三種說法，制訂稅額應在昪元初，即李昪建國之初，只不過當時是開始進行調查民田的工作，藉以重訂稅額。到了昪元中，方才完成調查民田的工作，才正式訂立稅額。李昪享國七年，一般而言昪元中，應即昪元四、五兩年，《資治通鑑》所載的，昪元五年十一月之時，也正爲釐訂稅額公布的時間。以上三種說法都沒錯，只是時間先後順序的不同而已。

但以上三種說法，並沒有將稅額的多少加以記載，唯有在《春明退朝錄》有載：

> 又曰江南有國時，每十畝蠲一畝半，以充瘠薄。〔註83〕

〔註77〕鄭文寶，《集外逸文》（附於南唐近事），頁5068。
〔註78〕《江南野史》，卷一，〈先主〉，頁5156。
〔註79〕《南唐書》，卷四，〈嗣主書〉，頁5285。
〔註80〕《南唐書》，卷五，〈後主書〉，頁5294。
〔註81〕《南唐書》，卷一四，〈汪台符傳〉，頁5354。
〔註82〕《資治通鑑》，卷二八二，後晉高祖天福六年條，頁9230。
〔註83〕宋敏求，《春明退朝錄》（收錄於《宋元筆記小說大觀》第一冊，上海：上海古籍出版社，2001年12月，初版），卷下，頁985。

所以南唐在稅額的計算上，又依肥瘠而稅額有所不同，瘠薄之田者每十畝只以八畝半來計稅。但南唐每畝的稅額因未有記載，因此並不清楚，但可知的是稅額應該不高，因各種史書皆並未有南唐人民苦於稅額過高的記載，反而多是「民間稱其平允」或「皆獲允當，人絕怨咨」之語，此正是表示南唐稅額不高的明證。

（五）鼓勵農業

農業收入為歷代的主要收入之一，農業發展的順利與否，將嚴重的影響到國家稅收，歷代莫不重視農業發展。南唐得國仍以農業為主要收入，李昪也非常重視農業的發展，除在之前授予流民土地外，於南唐昇元三年（後晉高祖天福四年，939）四月，祀南郊的同時，也頒佈勸農詔書：

> 辛己，有事于南郊，以高祖神堯皇帝配，用上辛也。大赦，百官進位，將士勞賜有差。民三年藝桑及三千本者，賜帛五十疋，每丁墾田及八十畝者，賜錢二萬，皆五年勿收租稅。〔註84〕

李昪籍由此詔書的頒佈，來讓民眾了解，努力愈多所得到的收穫也多，但國家並不會因此增加民眾的賦稅，反而會減免民眾的賦稅，更會獲得政府的賞賜。李昪希望藉以此種方式，來提高民眾的生產意願，不過從頒佈的勸農詔書中可看出，整個南唐仍是處於人少田多的情況，較有開發的除江淮及江南外，江西地區開發的情況相形下就較為落後，雖之前已有發布流民相關政策來吸引流民，但即使大量流民的湧入南唐，卻仍無法改變人少田多的情況，李昪也唯有鼓勵人民增加拓荒的規模，並進一步的減免新開墾田地的賦稅，並由政府給予物資上的鼓勵，以作為勸農的措施。

此外，也准許農民以米換鹽：

> 昇元初，括定民賦，每正苗一斛，別輸三斗於官廩，授鹽二斤，謂之鹽米。〔註85〕

一直以來鹽皆由政府所管制，鹽價甚高，但鹽又是生活必需品，常有人因此挺而走險，造成治安的一大問題，唐末黃巢之亂即與私鹽有關。南唐開放農民以米換鹽，即每生產一斛米，便可用三斗米換二斤鹽，如此一來既可防止私鹽販產生，維持治安，又可促使農民增加生產，此一政策對南唐而言，實

〔註84〕李昪，〈勸農詔〉（周紹良主編，《全唐文新編》第2冊，長春：吉林文史出版社，2000年12日初版），卷一二八，頁1431。
〔註85〕《馬書》，卷四，〈嗣主書〉，頁5285。

是一舉二得。更有圩田的設置，范仲淹曰：

> 如五代羣雄爭霸之時，本國歲飢則乞糴於隣國，故各興農利自至豐
> 足。江南應有圩田，每一圩方數十里如大城，中有河渠，外有門閘。
> 旱則開匣，引江水之利，澇則閉閘，拒江水之害，旱澇不及，爲農
> 美利。〔註86〕

由此來看圩田是可以保障農業生產的，不會因天災而造成農人的欠收，對農
業的發展實是一大助益。

除頒布勸農相關措施外，也爲維持農民可順利生產，不受其它事務干擾，
更「詔罷營造力役，毋妨農時」，〔註87〕又爲使農民可集中精力，全面投入農
業相關生產，先是「放諸州所獻珍禽奇獸於鐘山」，〔註88〕又下令「罷宣州歲
貢木瓜雜果」，〔註89〕並禁止倉吏獻羨餘：

> 倉吏歲終獻羨餘萬餘石，唐主曰：「出納有數，苟非掊民刻軍，安得
> 羨餘邪！」〔註90〕

這些措施，都是爲了減少農民生產時，受到干擾所施行的，而上述這些對農
民而言，都會造成極大的困擾，官吏們也常會藉此名義，藉機來向一般民眾
勒索財物，農民也必須配合官吏們的要求，但如此一來農民生產必會受到干
擾，因此李昪下令，禁止這些妨害農民生產的事務，以使農民可集中精力於
生產上。

除使農民可集中精力生產外，當有災禍發生時，也會針對情況加以救災，
南唐昇元五年（後晉高祖天福六年，941）八月，黃州大旱，李昪「遣使賑貸
黃州旱傷户口」，〔註91〕南唐昇元六年（後晉高祖天福七年，942）六月，南
唐蝗災，大蝗自淮北蔽空而至，「辛未，命州縣捕蝗，瘞之。」〔註92〕

也因李昪在每當災禍發生時，馬上命人妥善處理，故其當政時，雖有災
禍發生，但未能造成太大的災禍，也使南唐未有流民亂事的產生。

〔註86〕范仲淹，《范文正公政府奏議》（收錄於《叢書集成續編》第56冊，台北：新
　　　　文豐出版公司，民國80年7月，台一版），卷上，頁653上。
〔註87〕《陸書》，卷一，〈烈祖本紀〉，頁5468。
〔註88〕《陸書》，卷一，〈烈祖本紀〉，頁5468。
〔註89〕《陸書》，卷一，〈烈祖本紀〉，頁5468。
〔註90〕《資治通鑑》，卷二八二，後晉高祖天福五年條，頁9216。
〔註91〕《十國春秋》，卷一五，〈烈祖本紀〉，頁3615。
〔註92〕《十國春秋》，卷一五，〈烈祖本紀〉，頁3616。

（六）修堤、疏濬

水利的開發與農業的發展，有極為密切的關係，李昪在鼓勵農民增加開墾的同時，也必須有相關的水利措施加以配合，因此從南唐昇元元年（後晉高祖天福二年，937）開始，就不斷的展開一連串的水利建設，先是在丹陽縣練湖「南唐呂延貞奏請，作斗門以通灌溉」，〔註93〕本呂延貞奏請作練湖斗門，因工程浩大而引起南唐朝內的反對之聲，「初謗議震動，謂臣弗良圖」，〔註94〕但在李昪的支持下，方得以重修練湖，練湖重修後，確實給當地帶來了極大的好處，「物得其利，民除其災」，〔註95〕又於宣州，修築大農陂，「南唐築大農陂，置在堰，開荒數百畝」，〔註96〕除此以外，又為解決金陵水患，聽從刁彥能建議修建堤防：

> 金陵數大水，秦淮溢，東關尤被害，彥能請築堤為斗門疏導之，水
> 患稍息。〔註97〕

一連串的築堤、建斗門、大農陂等，對於南唐的農業發展及水患的治理，都帶來極大的益處，除將本來氾濫之處加以修復外，也使這些地方成為灌溉農田的水利措施，更加開發了無數的良田。李昪之後的統治者，對於江南各項水利措仍是極為重視，《江南通志》談到江南地區水利發展之時，方稱「南唐修築不廢」，〔註98〕這更說明南唐歷任統治者對水利的重視。

（七）友好四鄰、通商往來

商業發展最重視商品的流通性，但在五代兵荒馬亂的時期，各地道路難通，且各地守令又常扮演著強盜的角色，致使商業難以發展。江淮更是自楊行密崛起後，即因向外擴張，多與四鄰交惡，楊行密治下的商品亦多運至中原銷售，但因楊行密與朱溫有隙，致使中原商路無法通行：

〔註93〕 胡為何，《民國丹陽縣志補遺》（《中國方志叢書》第135冊，台北：成文出版社，民國63年6月，台一版，），卷二，〈水利〉，頁1。

〔註94〕 呂延貞，〈復練塘奏狀〉，（周紹良主編，《全唐文新編》第16冊，長春：吉林文史出版社，2000年12日初版），卷八七一，頁10974。

〔註95〕 呂延貞，〈練湖碑銘〉，（周紹良主編，《全唐文新編》第16冊，長春：吉林文史出版社，2000年12月，初版），卷八七一，頁10974。

〔註96〕 沈葆楨修，《光緒重修安徽通志》（收錄於《續修四庫全書》第651冊，上海，上海古籍出版社，1997年，初版），卷六八，頁639上右。

〔註97〕 《陸書》，卷六，〈刁彥能傳〉，頁5513。

〔註98〕 尹繼善，《江南通志》（收錄於《四庫全書》第508冊，台北：商務，民國72年，初版），卷六二，頁752上右。

朱全忠遣使至泗州，陵慢刺史張諫，諫舉州降楊行密。行密遣押牙
唐令回持茶萬餘斤如汴宋貿易，全忠執令回，盡取其茶。揚、汴始
有隙。〔註99〕

至徐溫當政時，與鄰國的吳越，也是不相往來，「仍戒境上無得通吳越使者及
商旅。」〔註100〕在吳國時期，由於與中原及四鄰各國關係的緊張，致使商業
難以發展。南唐建立後，開始採取保境安民的策略，不再向外擴張，與四鄰
的關係也較不像楊行密與徐溫時緊張，因此整個商業的活動，較吳國時期更
爲發展，與中原王朝的商路，也更爲順暢，石敬瑭就曾下令：

淮南、西川兩處邊界，自今後不得阻礙商旅。〔註101〕

除中原商路暢通外，也與四鄰各國有商路的暢通，如徐知諤就曾向蜀人購得
珍貨：

知諤博采奇物、寶貨，充牣其家。有蜀客持鳳頭至，自言得於南蠻
賈者，知諤以錢五十萬易之。其頭正類雄鵝，廣可五寸，冠上正平，
可以爲枕，朱冠、鉗毛、金隊、星眼，飛禽之枯首也。來自萬里，
而毛羽不脫，文彩如生。人咸異之。〔註102〕

從中大致可見南唐建立後，整個商業情勢確實已漸有改善，如此也促使了南
唐商業的發展。

第三節　李昪的文教政策

五代時期，北方陷入兵荒馬亂之際，南方則相對安定許多，但觀察南方諸
國，較安定者，也僅南唐、吳越兩國，其它各國莫不是創國者亡沒後，即陷入
繼位紛爭之中。而南唐、吳越兩國，又以南唐爲大，國勢最盛，故馬令方言：

五代之亂也，禮樂崩壞，文獻俱亡，而儒衣書服，盛於南唐。豈斯
文之未喪，而天將有所寓歟？不然，則聖王之大典，掃地盡矣。故
曰，江左三十年間，文物有元和之風，豈虛言乎？〔註103〕

〔註99〕《資治通鑑》，卷二五九，唐昭宗乾寧元年條，頁8458。

〔註100〕《資治通鑑》，卷二七四，後唐莊宗同光三年條，頁8954。

〔註101〕王欽若，《冊府元龜》（台北：台灣中華書局，民國70年8月，台三版），卷
九四，〈帝王·赦宥〉，頁1123上右

〔註102〕《馬書》，卷八，〈徐知諤傳〉，頁5322。

〔註103〕《馬書》，卷一三，〈儒者傳上〉，頁5347。

馬令所言絕非虛言，李昪自廣陵輔政以來，即不斷吸納中原士人，並給予職位及優厚的待遇，中原士人也皆以投奔南唐爲第一選擇，也使南唐儒風因此而大盛：

> 當是時天下瓜裂，中國衣冠多依齊臺，以故江南稱爲文物最盛處，……。〔註104〕

在北方兵荒馬亂之際，相形之下環境較爲安定的南唐，文化氣氛卻反而不斷的提昇。在此文化氣氛高漲之際，李昪也制定了相關的政策，來使整個南唐的文化氣氛可以不斷的上昇，且李昪本即希望建立以文人爲主的政府，故文教政策的制定，更從而達成建立文治政府的目標。

（一）設立學校

設立學校在於爲國家培養更多人才，也可藉由教育的方式來教化人民，使人民對國家增加的認同感。李昪在吳國掌政時期，並未曾有設立或議立學校之舉，這是由於當時李昪急於鞏固自身的權威，實無時間進行人才培育之事，所需要的是能立即使用的人才，因此大力吸納江淮士人及北方士人加入執政團隊。南唐建立後，勢必要有一套培育人才的方式，便於南唐昇元二年（後晉高祖天福三年，938）十月，設立太學：〔註105〕

> 南唐跨有江淮，鳩集典墳，特置學官，濱秦淮，開國子監，……。
> 〔註106〕

設立太學以作爲人才培育之所，唐末牛李黨爭之事不遠，設立太學便是爲將人才培育掌握於手中，如此便可減少朋黨的形成，對於國家政事的推行，也就可減少因朋黨形成的阻力。

在太學設立後，又於南唐昇元四年（後晉高祖天福五年，940）十二月，建國學於廬山：

> 是時建學館於白鹿洞，置田供給諸生，以李善道爲洞主，掌其教，號曰「廬山國學」。〔註107〕

太學、廬山國學在當時有許多人入此就讀，「其徒各不下數百」，〔註108〕除太

〔註104〕《釣磯立談》，頁5016。
〔註105〕《陸書》，卷一，〈烈祖本紀〉，頁5466。
〔註106〕《馬書》，卷二三，〈朱弼傳〉，頁5406。
〔註107〕《十國春秋》，卷一五，〈烈祖本紀〉，頁3615。
〔註108〕《馬書》，卷二三，〈朱弼傳〉，頁5406。

學、廬山國學這些由中央政府主持的學校外，南唐興辦教育的熱誠也極高，「所統州縣，往往有學」，〔註109〕南唐在各地州縣，皆設有學校以供當地人就讀，如此對南唐內部的文教事業就會有很大的提昇，從中央至地方都有學校，對於人才的培育就會更形完善。

（二）人才選拔

人才選拔對國家是非常重要的，選拔人才的正確與否，將會決定國勢的盛衰。李昇吳國輔政之時，對人才選拔上並未有一套制度，大致上是來者不拒，這除了因欠缺人才外，也是爲了獲得禮賢下士之名，方有此態度。但隨著所吸納的人才不斷增加後，對於人才的吸納，則勢必要有一套規範，李昇便將人才的選擇交由張延翰主持：

> 時貢院未備，士有獻書可采者，隨即考試，公平詳審，士論美之。

> 兼知選事，吏不容姦，畏之如神明。進擢孤寒，不附貴勢。〔註110〕

張延翰在人才的選拔上，非常公正，所選拔的人才也頗得人，此種選拔人才的方式，也僅能用於一時，而無法形成制度，若一旦主持者存有私心，這樣將喪失選拔人才的意義。

隨著南唐的建立，人才的選拔就勢必要有一套完善的制度，唐代的科舉制度，就正可成爲南唐選拔人才的制度。一般對南唐科舉始於何時則有頗多爭議，一般認爲始於李璟保大十年（後周廣順二年，952）之時：

> 二月，……。以翰林學士江文蔚知禮部貢舉，放進士王克貞等三人及第，旋復停貢舉。〔註111〕

保大十年曾施行科舉，並錄取三人，但此次科舉放榜，南唐科舉又隨即停止。爲何此次行貢舉後，隨即停止，此與江文蔚的態度有極大的關係：

> 南唐建國以來，憲度草創，三臺事遇合，即隨才進用，不復設禮部貢舉，至是始命文蔚以翰林學士知舉，略用唐故事，放進士盧陵王克貞等三人及第。元宗問文蔚：「卿知舉取士，孰與北朝？」文蔚曰：「北朝公薦、私謁相半，臣一以至公取才。」元宗嘉歎。中書舍人張緯，後唐應順中及第，大銜其言，執政又皆不由科第進，相與排

〔註109〕《馬書》，卷二三，〈朱弼傳〉，頁5406。
〔註110〕《馬書》，卷一〇，〈張延翰傳〉，頁5332。
〔註111〕《陸書》，卷二，〈元宗本紀〉，頁5477。

沮，貢舉遂復罷矣。〔註112〕

江文蔚在主持貢舉時採取大公無私的態度，專心的為國家取材，因此拒絕其他官員的請託、關說，但卻也因江文蔚大公無私的態度，也致使其在朝堂上備受排擠及攻擊，因此也於保大十年去世，南唐科舉也因此停辦一年。

但是否南唐科舉真始於保大十年？這應是有誤的，南唐科舉應始於昇元年間，史籍上有不少人即是於昇元年間中舉的，如陳起「昇元中，以進士起家，為黃梅令」，〔註113〕李徵古「昇元末，第進士」，〔註114〕汪煥「開國時，第進士」，〔註115〕由以上事例觀之，可得知南唐科舉始於昇元年間，此應無誤的，然而昇元年間科舉，又與一般科舉有不同之處：

> 昇元中，議者以文人浮薄，多用經義、法律取士，（徐）鍇恥之，杜門不求仕進。〔註116〕

即昇元年間所舉行的科舉，是以法律及經義來取士，沒有進士科的設立。但汪煥又曾於開國時中進士，所以法律及經義來取士的規定應只施行一陣子，而汪煥中進士應於昇元元年，但按〈徐鍇傳〉所載，昇元中以法律及經義來取士，因此昇元中所指何時？一般昇元中，應指昇元三、四、五此三年，陳起也於昇元中進士及第，陳起中舉時應不早於昇元四年，而不晚於昇元五年。南唐進士科的設置，應於昇元元年即有設立，但由於「議者以文人浮薄」，進士科可能就於昇元二年停辦，改以法律及經義取士，因此才有昇元中徐鍇恥之不求仕進之事。之後，又於昇元四年或昇元五年時，再次舉辦進士科，故南唐進士科曾停止二至三年的時間。南唐科舉始於昇元元年，且於昇元年間應是年年皆有舉行，而未曾有所間斷。

（三）發揚儒風

南唐的儒風極盛，故史載：

> 南唐累世好儒，而儒者之盛，見於載籍，燦然可觀。如韓熙載之不羈，江文蔚之高才，徐鍇之典贍，高越之華藻，潘佑之清逸，皆能擅價於一時。而徐鉉、湯悅、張洎之徒，又足以爭名於天下。其餘

〔註112〕《陸書》，卷一〇，〈江文蔚傳〉，頁5547。
〔註113〕《陸書》，卷一四，〈陳起傳〉，頁5577。
〔註114〕《馬書》，卷二一，〈李徵古傳〉，頁5393。
〔註115〕《十國春秋》，卷二五，〈汪煥傳〉，頁3572。
〔註116〕《陸書》，卷五，〈徐鍇傳〉，頁5500～5501。

落落，不可勝數。〔註117〕

南唐的儒風之盛，也有賴於李昇的大力推展，其在受徐溫教養之時，八歲即可作詩，任昇州刺史時，「初以文藝自好，招徠儒俊」，〔註118〕除自身頗好文藝外，對諸子的教育更是如此，如李璟「風度高秀，幼工屬文」，〔註119〕李景遷「幼警悟，讀書一覽輒不忘」，〔註120〕李景遂「制行雅循，有君子之風」，〔註121〕李景邊「專以六經名教為事」，〔註122〕李昇對其子的教育，也多施以儒教，故如此南唐從上至下，莫不深染儒風。之後的李璟、李煜，也皆好儒風，因此方有「南唐累世好儒」之語。南唐的儒風鼎盛，對南唐的政局也發揮了穩定的效用：

> 方是時，廢君如吳越，弒主如南漢，叛親如閩、楚，亂臣賊子，無
> 國無之。唯南唐兄弟輯睦，君臣奠位，監於他國，最為無事，此亦
> 好儒之效也。〔註123〕

也正是如此，方使南唐未有因繼位而產生的戰亂，故終南唐之世，政局較諸國而言則相對的穩定。

第四節　南唐的黨派

南唐的黨爭在李璟時期最為嚴重，黨爭雖在李璟時期最為嚴重，但南唐的黨爭卻是起源於李昇時期，不過在李昇時期，南唐黨爭雖有，但大體上並不嚴重，這主要是因為李昇可以將各派系的力量加以制衡，故李昇時期的南唐，黨爭僅限於私底下的較勁，使黨爭尚不至於浮現於檯面上，也因此朝廷上雖已有黨派形成，但卻尚能在李昇的管控中，也使黨爭仍可獲得控制。可是反觀李璟，其即位後卻不能有效的控制黨爭，致使黨爭越演越烈，一發不可收捨，以致南唐也因此而中衰。

黨爭之所以擴大，事實上也與李璟自己本身有很大的關係。史言李璟的

〔註117〕《馬書》，卷一三，〈儒者傳上〉，頁5347。

〔註118〕《釣磯立談》，頁5003。

〔註119〕《陸書》，卷二，〈元宗本紀〉，頁5542。

〔註120〕《馬書》，卷七，〈李景遷傳〉，頁5309。

〔註121〕《馬書》，卷七，〈李景遂傳〉，頁5310。

〔註122〕《馬書》，卷七，〈李景邊傳〉，頁5312。

〔註123〕《馬書》，卷二三，〈朱弼傳〉，頁5406。

外貌極為俊秀，〔註124〕又自小聰穎，〔註125〕雖有俊秀的外貌及聰穎的智慧，但在個性上，卻有著極大的缺陷，即太過文弱，〔註126〕因此造成南唐政治上的空前危機：

> 唐主性和柔，好文章，而喜人佞己，由是諂諛之臣多進用，政事日亂。〔註127〕

李璟的缺點，其父李昪全然清楚，本來依照其個性，若作為守成之主或許並不會有太大的問題。但南唐建立後，雖有一統天下之志，但終因時機未到，終其一生未能達成此一目標，李昪也知曉一統天下之機，恐未能見到，但南唐對外是危機四伏，對內又有黨派別立，若以李璟繼位的話，恐將難以面對如此險竣的內外情勢，為此其生前一直無法確立繼承人，很大的原因即是對李璟的不放心。李璟繼位後，也正如李昪生前所擔心的，李璟實無力管理國政，對內是黨爭激烈，對外則是接連失利，又有江北十四州之失，以致國勢日衰。

南唐黨派形成於李昪之時，大抵可分為四派：

（一）楊吳舊將

此派即為與楊行密共打天下之人，徐溫奪權後，也最忌諱此派人士。此派代表人物為李德誠：

> 楊氏將帥，德誠最無大功，特以姻婭顯達，而名位壽考，諸將莫及。
> 〔註128〕

李德誠確實有其獨到之處，經歷多次變動，地位卻依舊是不動如山。其「事吳最久」，〔註129〕但卻毫無忠吳之心，徐溫當政，為拉攏楊吳舊將等，將其女嫁予其子李建勳，李昪欲篡吳之際，又先「率諸將勸進」，〔註130〕最終幫助李昪完成篡吳建唐之舉。也由於李德誠對於南唐的建立有功，李昪因此對其極為優遇：

> 烈祖以德誠前代功臣，父子皆參佐命，優禮之，聞其來覲，遣內夫

〔註124〕《釣磯立談》，頁5013。
〔註125〕《馬書》，卷二，〈嗣主書〉，頁5266。
〔註126〕《江南野史》，卷二，〈嗣主〉，頁5168。
〔註127〕《資治通鑑》，卷二九二，後周世宗顯德二年條，頁9531。
〔註128〕《馬書》，卷九，〈李德誠傳〉，頁5325。
〔註129〕《陸書》，卷九，〈李德誠傳〉，頁5538。
〔註130〕《馬書》，卷九，〈李德誠傳〉，頁5324。

> 人迎於道。百寮候於門，朝堂設幄爲具。每有大議，遣執政就第諮
> 問。〔註131〕

雖對李德誠非常優厚，但這僅是爲了拉攏楊吳舊將，其它如周本等，李昪對
待他們也是極爲優待，不過他們至南唐建立時大都已年老，能涉入南唐的政
治也較有限。

表七：李昪時期的楊吳舊將表

名　字	生　卒　年	出　　處
李德誠	唐咸通四年（863）～南唐昇元四年（940）	《陸書》，卷九，〈李德誠傳〉，頁5539。
柴再用	生年不詳～天祚元年（935）	《十國春秋》，卷六，〈柴再用傳〉，頁3529。
周　本	唐咸通三年（862）～南唐昇元二年（938）	《陸書》，卷六，〈周本傳〉，頁5506。
王　安	唐咸通九年（868）～南唐昇元五年（941）	《馬書》，卷九，〈王安傳〉，頁5326。
王　興	唐咸通十二年（871）～保大二年（944）	《馬書》，卷九，〈王興傳〉，頁5325。
蔣延徽	生卒年不詳	《十國春秋》，卷九，〈蔣延徽傳〉，頁3556。
張　宣	生年不詳，卒於昇元中。	《十國春秋》，卷九，〈張宣傳〉，頁3557。
崔太初	生卒年不詳	《十國春秋》，卷九，〈崔太初傳〉，頁3557。
韋　建	生年不詳，卒於保大末年。	《馬書》，卷九，〈韋建傳〉，頁5326。

（二）徐溫舊人

此派人士，即是徐溫當政後所任用之人士。代表人物爲徐玠，徐玠本爲
小校，因貪瀆而被李昪所罷，自此兩人結下仇怨，徐玠便開始無所不用其極
的攻擊李昪：

> 玠初爲小校，以幹敏稱，及治郡，貪猥不治。烈祖輔政，罷之，而
> 義祖悅其善事人，引以爲副使，遂見親狎。所挾宿怨，且希義祖意，

〔註131〕《馬書》，卷九，〈李德誠傳〉，頁5325。

　　　　每與嚴可求言烈祖疎財結士，不宜久執國權，請以嫡子知詢代之。

〔註 132〕

徐溫死後，徐玠見徐知詢絕非李昇的對手，隨即暗中投靠李昇，並將徐知詢的動靜，告與李昇知曉，「烈祖亦遂愛之，盡忘前事」，〔註 133〕李昇雖盡忘前事，但對徐玠而言，李昇若有一日仍記起前事，則恐難逃一死，徐玠因此串聯楊吳舊將來共同對付李昇：

　　　　司馬徐玠素不悅於主，欲蒙受禪，陰諷太尉、中書令西平周本及趙

　　　　王李德誠輩，倚以德爵勳舊之重，欲使推戴於蒙，蓋玠之謀。〔註 134〕

徐玠妻為楊行密之女，〔註 135〕如此身份更使徐玠得以與串聯楊吳舊將，並取得楊吳舊將們的信任，徐玠此次與楊吳舊將共同對付李昇雖未成功，但已使李昇感受到壓力。兩派的合作，成為不可忽視兩派的力量，徐玠也得以進入統治集團的核心之中：

　　　　烈祖出鎮金陵，仍以玠為行軍司馬，與周宗、李建勳、孫晟首贊禪

　　　　代，遂拜右丞相，出鎮宣州。〔註 136〕

但隨著南唐建立，勢力穩固後，徐溫舊人便不再為其所需要的，徐玠雖仍居高位，但卻是僅有虛名，不再具有實權：

　　　　罷鎮，復相位，拜司徒，兼侍中。特以舊人，崇其虛名，實不與政。

〔註 137〕

徐溫舊人也與楊吳舊將相同，在南唐建立後，勢力便不斷的消散，已至完全瓦解。

　　徐溫舊人也與楊吳舊將等兩派人士，在李昇掌控政權之初，其勢力確實令人難以忽視，此兩派人士的支持與否，也將影響政權的穩定與否，因此為拉攏此兩派人士，可謂費盡苦心。但隨著政權日益鞏固，對此勢力龐大的兩派人士，就必須削弱他們的勢力，使其無法再威脅李昇及其繼任者，故此兩派人士，在南唐建立後，便不斷的被削弱勢力，直至無法在南唐政局中產生影響力為止。

〔註 132〕《陸書》，卷七，〈徐玠傳〉，頁 5515。

〔註 133〕《陸書》，卷七，〈徐玠傳〉，頁 5515。

〔註 134〕《玉壺清話》，卷九，〈李先主傳〉，頁 88。

〔註 135〕《馬書》，卷一〇，〈徐玠傳〉，頁 5332～5333。

〔註 136〕《馬書》，卷一〇，〈徐玠傳〉，頁 5332。

〔註 137〕《馬書》，卷一〇，〈徐玠傳〉，頁 5333。

表八：李昪時期的徐溫舊人表

名　字	生　卒　年	出　　處
徐　玠	唐咸通九年（868）～保大元年（943）	《馬書》，卷一○，〈徐玠傳〉，頁 5332。
嚴可求	生年不詳～太和二年（930）	《十國春秋》，卷一○，〈嚴可求傳〉，頁 3557。
駱知祥	生卒年不詳	《十國春秋》，卷一○，〈駱知祥傳〉，頁 3557。
鍾泰章	生卒年不詳	《十國春秋》，卷一○，〈鍾泰章傳〉，頁 3557。

（三）宋　黨

宋齊丘對李昪來說是不可或缺的，李昪之所以可在吳國奮起，宋齊丘實功不可沒：

> 烈祖輔政，勵精爲理，修舉禮法，以遏強眾，親附卿士，寬徭薄賦，
> 人用安輯，齊丘頗有力焉。〔註138〕

李昪掌權後，便賜予高官厚爵，雖然曾反對李昪篡位，但宋齊丘背後所代表的應爲土著士人，使李昪無法忽視其影響力，加以朝廷中必須有各派系存在，不能專用任何一派，所以宋齊丘雖曾反對篡位，但在平衡各派系及拉攏土著士人的考量下，得以再進入權力中心，掌政後開始不斷安插其黨羽至朝中：

> 居數年，復自陳，以輔相之重，不可不與政。烈祖許其人中書視事。
> 又以兩省事多委給事、舍人，而中外繁劇之務皆在尚書省，乃求知
> 尚書省事，亦許之。於是悉取朝廷附己者，分掌六司，下及胥吏，
> 皆用所親吏視事。〔註139〕

宋齊丘就是如此，慢慢的將其一黨建立，一般而言宋黨有以下人士：

> 或曰，宋齊丘、陳覺、李徵古、馮延巳、延魯、魏岑、查文徽爲一
> 黨，……。〔註140〕

宋黨大抵是以土著士人爲主，其中除魏岑爲江北人士外，其餘大抵爲土著士人。

〔註138〕《馬書》，卷二○，〈宋齊丘傳〉，頁 5388。
〔註139〕《馬書》，卷二○，〈宋齊丘傳〉，頁 5389。
〔註140〕《馬書》，卷二○，〈黨與傳〉，頁 5387。

一直以來，世人多謂宋齊丘一黨爲小人之黨，甚至有「五鬼」之稱：

> 馮延巳……。復與其弟延魯交結魏岑、陳覺、查文徽，侵損時政，時人謂之「五鬼」。〔註141〕

但是否如此？筆者則以爲不然，首先以馮延巳而言，其「有辭學，多伎藝」，〔註142〕又「以文雅稱」，〔註143〕馮延巳學識也極爲淵博，史溫曰：

> 叟聞長老說馮延巳之爲人，亦有可喜處，其學問淵博文章穎發，辨說縱橫，如傾懸河，暴而聽之，不覺膝席之屢前，使人忘寢與食。〔註144〕

蕭儼與馮延巳不和，但當蕭儼有難，馮延巳卻未落井下石，更加以援救：

> 初，蕭儼深惡延巳，常廷斥之。及儼爲大理卿，斷獄失入，舉朝皆欲誅儼，獨延巳力爭，以爲赦前失入，罪不當死，儼終獲免。〔註145〕

其弟馮延魯，也頗敢與任事，曾因李重進之反，入見宋太祖：

> 宋興，揚州刺史李重進叛，伏誅，元宗遣延魯朝于行在。太祖將乘兵鋒南渡，旌旗戈甲皆列江津，屬色詰延魯曰：「爾國何爲敢通吾叛臣？」延魯色不變，徐曰：「陛下徒知其通謀，未知其事之詳也。重進之使館于臣家，國主令臣語之曰：『大丈夫失意而反，世亦有之，但時不可耳。方宋受禪之初，人心未定，上黨作亂，大兵北征，君不以此時反。今內外無事，乃欲以數千烏合之眾，抗天下精兵，吾寧能相助乎？』」太祖初意延魯必恐懼失次，及聞其言，乃大喜，因復問曰：「諸將力請渡江，卿以爲何如？」延魯曰：「重進自謂雄傑，無與敵者，神武一臨，敗不旋踵，況小國其能抗天威乎？然亦有可慮者。本國侍衛數萬，皆先主親兵，誓同死生，固無降理，大國亦捐數萬人乃可。況大江天塹，風濤無常，若攻城未下，饟道不繼，事亦可虞。」太祖因大笑曰：「朕本與卿戲耳，豈聽卿游說哉！」會捕重進叛卒，日戮數十人，延魯因奏事，言曰：「叛者獨一重進乎，亦眾人乎？謂眾人，則陛下應天順人，烏有此理，獨一重進，則脅

〔註141〕《馬書》，卷二一，〈馮延巳傳〉，頁5393。
〔註142〕《馬書》，卷二一，〈馮延巳傳〉，頁5392。
〔註143〕《陸書》，卷一一，〈馮延巳傳〉，頁5549。
〔註144〕《釣磯立談》，頁5013。
〔註145〕《馬書》，卷二一，〈馮延巳傳〉，頁5395。

從者何罪？」太祖感悟，後獲者皆貸不誅。厚賜遣延魯歸，南渡之
師，由是亦輟。〔註146〕

馮延魯雖有征閩之失，但在面見宋太祖之時，卻敢勇於對抗宋太祖，言辭
上不卑不亢，充分表現出使臣之風，而又當宋太祖意欲南渡伐唐，馮延魯
表現也毫不驚慌，先禮而後兵，讓宋太祖了解，南唐雖弱，但並不可輕侮，
隨時都有反戈一擊的能力，如此使宋太祖知難而退，打消南渡之意，馮延
魯也從中保全了南唐，更維持了南唐的體面，使宋太祖不敢輕侮南唐。另
又如陳覺，雖有「在外姦佞奇酷」之名，〔註147〕但李昪又曾令其輔佐李景
遷，雖此舉是爲分化宋黨，但相反的也正是信任陳覺的能力，才敢將李景
遷託付給陳覺命其輔佐。尚有李徵古，後周世宗南征，南唐接連兵敗，李
璟只會不斷哭泣而無法可想，李徵古上諫李璟：

> 淮甸兵起，劉彥貞敗死，人心惱懼。元宗歎曰：「家國一至於此！」
> 因泣下。徵古曰：「陛下當以兵力拒敵，泣有何益。盃酒過量耶？乳
> 保不至耶？」元宗變色，左右皆戰慄，徵古亦自若。〔註148〕

所以馮延已等人，雖有「五鬼」之稱，但從種種事例觀之，則其五人並非只
是諂諛之小人，相反的卻是各有其能，各有所長。由此來看，則可知宋黨並
非皆爲小人，其中許多人，也是頗具能力，應非如世人所謂的僅是小人之黨。

但爲何宋黨會被認爲是小人之黨，這可能與傳統的君子不黨的觀念有
關，相較與孫黨鬆散，宋黨的團結性是明顯可見的，因此被視作朋黨，既然
君子不黨，宋黨即爲小人之黨。此外，他們排斥不同聲音，史言宋齊丘爲人：
「唯欲人之順己，其一言不同者，必被排擯。」〔註149〕宋黨是標準的黨同伐
異的團體，只要與他們政見不同，必不能相容，也使得南唐黨爭越演越烈。
更主要的是宋黨所主導的對外政策，又遭逢一連串的失敗，國力大加損耗，
也使南唐的國勢如江河日落一般，未能再度復起，更是導致亡國的最主要的
原因，宋黨的這些作爲，在史家看來都是罪大惡極的，也因此馬令認爲宋黨
是小人之黨。

〔註146〕《陸書》，卷一一，〈馮延魯傳〉，頁5552。
〔註147〕《馬書》，卷二一，〈陳覺傳〉，頁5392。
〔註148〕《馬書》，卷二一，〈李徵古傳〉，頁5393。
〔註149〕《馬書》，卷二〇，〈宋齊丘傳〉，頁5390。

表九：宋黨人士表

名　字	出　　　身	出　　　處
宋齊丘	吉州盧陵（今江西吉水）	《陸書》，卷四，〈宋齊丘傳〉，頁5494。
陳　覺	揚州海陵（今江蘇泰州）	《陸書》，卷九，〈陳覺傳〉，頁5537。
李徵古	袁州宜春（今江西宜春）	《陸書》，卷九，〈李徵古傳〉，頁5537。
馮延巳	揚州廣陵（今江蘇揚州）	《陸書》，卷一一，〈馮延巳傳〉，頁5549。
馮延魯	揚州廣陵（今江蘇揚州）	《陸書》，卷一一，〈馮延巳傳〉，頁5551。
魏　岑	鄆州須城（今山東東平）	《陸書》，卷一五，〈魏岑傳〉，頁5586。
查文徽	歙州休寧（今安徽歙縣）	《陸書》，卷五，〈查文徽傳〉，頁5502。

（四）孫　黨

有中原士人，也有南方人，其黨人如下：

> 南唐之士，亦各有黨，……，孫晟、常夢錫、蕭儼、韓熙載、江文
> 蔚、鍾謨、李德明為一黨，……。〔註150〕

馬令稱此黨為君子之黨，因此馬令並不將此黨人士列入〈黨與傳〉之中，而是各別立傳。另也有學者，如：任爽、杜文玉，皆稱此黨為「孫黨」，首領則為孫晟。不管是叫君子之黨或孫黨也有，名稱都並不重要，最主要的問題在於他們是否有聚集為黨？筆者以為，答案為否，此派士人並未曾有意識的聚集為黨，但為何他們會被認為也是一黨，這主要是由於他們常與宋黨對抗，便在無意識的情況下聚集在一起，後人便以為他們結為一黨，事實上此派人士從未有黨。

孫黨與宋黨的對抗，基本上是較趨於劣勢的，李璟即位後，並未獲得重要職位，相反的是宋黨的勢力越來越大，甚至控制了南唐朝廷。為何會如此，可能在於他們曾在李昪去世時，要求由皇后宋氏臨朝聽政：

> 及殂（李昪），中書侍郎孫忌懼魏岑、馮延巳、延魯以東宮舊僚用事，
> 欲稱遺詔奉后臨朝聽政，后不許，……。〔註151〕

可能就因此事，招致李璟對他們的不滿，事後李璟也曾向反對此事的李貽業說：「疾風知勁草，於卿見之」，〔註152〕就可見李璟對此事的態度，所以即位後未給予他們太多的權力。之後，孫黨的處境日益艱難，常常僅能對宋黨的

〔註150〕《馬書》，卷二〇，〈黨與傳〉，頁5387。
〔註151〕《陸書》，卷一六，〈元恭皇后宋氏傳〉，頁5587。
〔註152〕《陸書》，卷一五，〈李貽業傳〉，頁5579。

政策提出攻擊，彈劾宋黨人士，但卻仍是毫無效果可言，根本無法改變任何政策的施行，或動搖宋齊丘一黨的統治地位。後周世宗南征，對此派士人影響也甚爲巨大，孫晟出使後周，爲後周世宗所殺：

> 初，晟之奉使也，……，（後周世宗）待之甚厚。每朝會入閣，使班東省官後，召見必飮以醇酒。已而周兵數敗，盡失所得諸州，世宗憂之，召晟問江南事，晟不對。世宗怒，亟召侍衛軍虞候韓通收晟下獄，及其從者二百餘人，皆殺之。晟臨刑，世宗猶遣近臣問之。晟終不對，神色怡然，正其衣冠，南望而拜曰：「臣以死報國。」乃就刑。〔註153〕

李德明又因割地與後周一事，爲宋黨所攻擊，後爲李璟所殺：

> 德明等歸，盛稱世宗英武，元宗惡之。宋齊丘、陳覺等皆以割地無益，德明賣國以圖利。元宗大怒，命斬德明于市，而益兵以拒周。〔註154〕

鍾謨也因此事而被貶，後又爲李璟所賜死，〔註155〕常夢錫更於割地後不久，也因病去世，〔註156〕自此孫黨的勢力也開始轉弱，並未因宋黨的沒落而坐大。

表十：孫黨人士表

名 字	出 身	出 處
孫晟（忌）	密州高密（今山東高密）	《陸書》，卷一一，〈孫忌傳〉，頁5553。
常夢錫	扶風（今陝西扶風）或京兆萬年（今陝西西安）	《陸書》，卷七，〈常夢錫傳〉，頁5519。
蕭儼	吉州盧陵（今江西吉水）	《陸書》，卷一五，〈蕭儼傳〉，頁5582。
韓熙載	濰州北海（今山東濰坊）	《陸書》，卷一二，〈韓熙載傳〉，頁5558。
江文蔚〔註157〕	建州建安（今福建建安）	《陸書》，卷一〇，〈江文蔚傳〉，頁5545。
鍾謨	會稽（今浙江紹興）	《陸書》，卷七，〈鍾謨傳〉，頁5516。
李德明	失其家世	《陸書》，卷七，〈李德明傳〉，頁5516。

〔註153〕《馬書》，卷一六，〈孫晟傳〉，頁5368。
〔註154〕《馬書》，卷一九，〈李德明傳〉，頁5383。
〔註155〕《馬書》，卷一九，〈鍾謨傳〉，頁5385。
〔註156〕《馬書》，卷一〇，〈常夢錫傳〉，頁5330。
〔註157〕江文蔚雖爲南方人，於後唐明宗時中舉，因坐秦王李重榮，而南奔。

　　南唐黨派中以宋黨及孫黨最爲重要，但學者對宋、孫兩黨的組成則又有看法，任爽認爲宋、孫兩黨所表的是土著勢力與僑寓人士；〔註158〕杜文玉則認爲宋、孫兩黨不以地寓劃分，宋黨份子只要能聽從宋齊丘，便可進入宋黨，〔註159〕孫黨並非是一個緊密的政治團體。〔註160〕筆者的看法則是宋、孫兩黨的組成，首先是以地域來作區分，其次是能否認同對方的政治主張，因此二黨皆有其它區域的士人，但最主要仍以各自所生長的區域爲主。

　　宋、孫兩黨在史書的記載中，共十四人，兩黨各列七人（參見表九及表十），任爽另又列出兩黨其他人物，宋黨：游簡言及王建封等人；孫黨：周宗、徐玠、李德誠、嚴續、徐鉉及徐鍇等人。〔註161〕但若按史書來看應非是如此，首先以游簡言來看，史書載其「貞介獨立，不爲阿附」，〔註162〕由此來看應非宋黨份子，較屬於中立人士。再看王建封，雖曾與宋黨人士共同攻打福州，如此也不能將其歸入宋黨，且王建封之死又與宋、孫兩黨有關：

　　會戶部員外郎范沖敏疾魏岑、鍾謨、李德明用事，恍建封上書歷詆岑等，請更用正人。元宗遂發怒，……，流池州，未至，殺之。沖敏棄市。〔註163〕

所以王建封與宋黨的關係應不深，甚至是否有往來都是令人值得懷疑的，因此王建封應非宋黨；再看孫黨的其他人士，徐玠、李德誠應與孫黨不大有關係，筆者並不認爲此二人爲孫黨，徐玠、李德誠早在吳國時期都已身居高位，實看不出與孫黨有何關係，不能因爲他們與宋齊丘不睦就言其孫黨。還有嚴續，李璟就曾言：

　　吾觀大臣中，唯嚴續能中立。雖然，無與援者，卿（常夢錫）可助之。〔註164〕

由此來看嚴續應是中立於兩黨之外的人士是無庸置疑的。其他的人如周宗、徐鉉及徐鍇等，若說他們爲孫黨則較有可能。

　　宋黨與孫黨兩派，爲南唐朝廷最主要的兩大派系，其鬥爭早於李昇時期

〔註158〕《南唐史》，頁156。
〔註159〕杜文玉，《南唐史略》（西安：陝西人民教育出版社，2001年3月，初版），頁137。
〔註160〕《南唐史略》，頁136。
〔註161〕《南唐史》，頁160。
〔註162〕《馬書》，卷一〇，〈游簡言傳〉，頁5331。
〔註163〕《陸書》，卷八，〈王建封傳〉，頁5526。
〔註164〕《馬書》，卷一〇，〈嚴續傳〉，頁5330。

即有，在李昇欲受禪之際，便可明顯看出：

> 一旦，知誥臨鏡鑷白髭，歎曰：「國家安而吾老矣，奈何？」周宗知
> 其意，請如江都，微以傳禪諷吳主，且告齊丘。齊丘以宗先己，心
> 疾之，遣使馳詣金陵，手書切諫，以爲天時人事未可；知誥愕然。
> 後數日，齊丘至，請斬宗以謝吳主，乃黜宗爲池州副使。久之，節
> 度副使李建勳、行軍司馬徐玠等屢陳知誥功業，宜早從民望，召宗
> 復爲都押牙。知誥由是疏齊丘。〔註165〕

當時宋齊丘以推舉之功不在己，反對李昇受禪，此時三派已然聯合來共抗宋
黨，致使宋齊丘因而失勢。宋齊丘雖失勢，但南唐政權的主幹終究爲土著士
人，因此宋齊丘仍可復起，反觀其它兩派楊吳舊將及徐溫舊人，卻反而相繼
退出南唐的政治舞台。最後在南唐朝廷中，僅餘宋黨和孫黨兩派。

　　此兩派人士之爭，絕非是意氣之爭，也不僅是單純的南北文化或地域之
爭，而是對南唐國策之爭。以宋黨而言，他們認爲並先南後北，因當時南唐
國力雄霸於南方諸國，但若與北方的中原王朝相比卻又略顯不知，故宋黨認
爲應先統一南方諸國後，再一舉向北，如此大事方有可成之機。孫黨則並不
贊同宋黨先南後北想法，孫黨的想法，是認爲應全力北向，如若北方平定，
則又何懼南方不平，故他們在李昇即位之初，即提出北伐中原的要求，但李
昇認爲時機未到加以拒絕。雖如此，孫黨人士的想法終究與李昇較爲接近，
共同目標都爲北伐中原一統天下。

　　李昇去世後，李璟即位，宋黨主導了南唐的政局，改變了李昇所制定的
國策，先後發動了伐閩、伐楚兩次戰役，此兩次戰役也正展現出南唐國力的
雄厚，也確實先後滅閩、滅楚，但可惜的是宋黨所用非人，致使國力並未因
此而有所提昇，反而造成國力大損。但宋黨並未因此而失勢，即使孫黨對他
們相繼的彈劾，仍然掌控著南唐的政局，直至淮南戰役後，宋黨多因此而相
繼失勢，被殺或被貶。但南唐終究立足於江南，若脫離土著士人的支持是無
維持的，且中原士人終究爲少數，故孫黨也並未因宋黨的垮台而得勢，相反
的也遭受淮南戰役的波及，也相繼失勢，此後南唐就未有明顯的黨派出現。

〔註165〕《資治通鑑》，卷二七九，後唐潞王清泰元年條，頁9104。

第六章 李昪的對外關係

第一節 李昪的外交策略

　　李昪外交策略，一般認為其採取的是保境安民的策略，在《釣磯立談》中，就記載了有關李昪君臣對南唐局勢的看法，及應如何發展的一番對話：

　　唐作中興，大臣議廣土宇，往往皆以爲當自潭（楚）、（吳）越始。
　　烈祖不以爲是，……。馮延己越次而對曰：「河山居中，以制四極，
　　誠如聖旨。……。今王潮餘孽，負固閩徼，并蛙跳梁，人不堪命。
　　錢塘君臣，屛鷟不能自立，而又刮地重斂，下戶弊蹭。荊楚之君，
　　國小而夸。以法論之，皆將肇亂。故其壤接地連，風馬相及，臣愚
　　以爲興王之功，當先事於三國。」上曰：「……。閩土險瘠，若連之
　　以兵，必半歲乃能下，恐所得不能當所失也。況其俗怙強喜亂，既
　　平之後，彌煩經防。唯諸馬在湖湘閒，恣爲不法，兵若南指，易如
　　拾芥。孟子謂齊人取燕，恐動四鄰之兵。徒得尺寸地，而享天下之
　　惡名，我不願也。……。是我之存三國，迺外以爲蔽障者也。……。
　　有如天啓其意，而中原忽有變故，朕將投袂而起，爲天下倡。倘得
　　逐北平潛竊，寧又舊都，然後拱揖以招諸國，意雖折簡可致也，亦
　　何以兵爲哉。」於是孫忌及宋齊邱同辭以對曰：「聖志遠大，誠非愚
　　臣等所及也。」〔註1〕

從文中可看到的是宋齊丘等江淮人士的看法，是先平定南方諸國，以振國威。

<hr>

〔註 1〕 《釣磯立談》，頁 5010～5011。

但李昇了解若一旦出兵南方諸國的話，將引起天下震動，反而對自身不利。

在當時整個南方，可分爲兩大聯盟，一爲南唐、南漢聯盟；另一爲楚、吳越、閩聯盟。楚、吳越、閩聯盟，又聯合中原王朝來牽制南唐，南唐也爲反制此一聯盟，便與南漢聯盟，因南漢與楚有領土糾紛，且南漢又位於楚、閩之後背，剛好可形成夾擊之勢。此外又爲牽制中原王朝，南唐又積極拉攏蜀國及荊南，以從側面對牽制中原王朝，當時天下大勢呈現爲兩大集團，即中原、吳越、楚、閩聯盟，對抗南唐、南漢、蜀國聯盟，荊南則視利益遊走於兩大聯盟之間，端視何者對其有利。當時整個天下的局勢已呈現緊繃的狀態，兩大聯盟呈相互相包圍、互相牽制的局面，即中原聯盟包圍南唐，南唐聯盟則又於中原聯盟外以南漢牽制吳越、楚、閩等國，以蜀國來牽制中原王朝。南唐建國時，天下局勢大致抵定，且中原王朝亂事已平，後晉已取代後唐，若冒然出兵吳越、楚、閩等鄰國，將勢必引起天下震動。中原王朝也必會全力反擊，如此一來將得不償失。

南唐建立後，國勢凌駕於南方諸國，若出兵南方諸國，或許可一一平之，但也正如李昇所言：「徒得尺寸地，而享天下之惡名」，南唐聯盟的建立是依存在彼此的厲害關係上，一旦南唐削平諸國，將對聯盟內的國家也是一大刺激，日後李璟滅馬楚，隨即因五管之地與南漢發生衝突，這就是明顯的例證。李昇也深知此點，故並不將目標放於南方諸國，而是將目標放於中原，但這並非是表示李昇將不顧一切傾全力北伐，李昇了解中原王朝的國力遠在南唐之上，若冒然出兵必徒增喪師，爲此李昇便訂下出兵中原的先決條件，即「中原忽有變故」，一旦有此條件，李昇「將投袂而起，爲天下倡」。

在這場會議中，李昇向南唐眾臣說明了整個外交上的策略，之所以會對眾臣作出外交策略上的說明，起因在於南唐內部，對南唐外交策略上看法的不同，宋黨認爲先南而後北，孫黨人士則認爲先北而後南。宋黨要求平定南方，拓展疆土；孫黨則要求全力北上，復興李唐。兩派都曾提出各自的要求，孫黨曾要求：「陛下中興，今北方多難，宜出兵恢復舊疆」，〔註2〕宋黨亦要求：「宜廣土宇，攻自潭越始」，〔註3〕但皆被李昇所拒，其說道：

> 百姓皆父母所生，安用爭城廣地，使之肝腦異處，膏塗草野。〔註4〕

〔註2〕《資治通鑑》，卷二八二，後晉高祖天福六年條，頁9221。
〔註3〕《馬書》，卷一，〈先主書〉，頁5264。
〔註4〕《釣磯立談》，頁5007。

雖如此說，但可見的是南唐內部的兩派大臣們，並未因此而停止出兵的要求，迫使李昪最後唯有集合南北兩派的大臣，召開御前會議，親自向兩派大臣說明其外交策略，並將對外國策統一基調。這次御前會議結束後，大致已平息兩派大臣的爭論，即便有不同的意見，也僅放於心中，而不再提出異議，自此兩派大臣少有因此而有所爭論。

一般認為李昪採取的是保境安民的策略，或者說「終其一生，僅僅將自己定位為一個偏霸小國之君」，〔註5〕但是否眞如此呢？筆者不以為然，先就《釣磯立談》所記載的御前會議來看，就明確的提到其對外策略，先充實國力後，待北方有變時，再以全國之力北上，一舉收復中原，統一天下，完成復興李唐的大業。由此觀之，李昪決非僅將自己定位為一個偏霸小國之君。相反的，是一位有心爭霸中原的君主，最終的目的，為一統天下，只不過李昪個性僅愼，單從為篡奪楊吳所花費的準備來看，就更可看出其個性，因此絕不願在無十成把握下冒然出兵北上。李昪深刻了解，南唐的國力實遠不如中原王朝，若長久陷入與中原王朝的爭霸之中，將對南唐是一大傷害，唯有等待機會，等到時機一到，全力北上。但終李昪之世，仍未等到此一時機，故臨終之時，便向李璟交待說：

德昌宮儲戎器金帛七百萬，汝守成業，宜善交鄰國，以保社稷。〔註6〕

又說：

他日北方當有事，勿忘吾言。〔註7〕

觀察李昪臨終時向李璟所交待之言，就正符合在御前會議所言，即厚植國力、善交鄰國、以待時機、全力北上。所以由種種跡象來着，李昪絕不曾將自己定位為偏霸小國之君，其目光皆向中原望去，從未有片刻離開，只不過時不我予，致使未有北進中原，一統天下的機會。

李昪所採取的保境安民策略，便是以此作為前提，也是為北進中原所做的基礎，因此保境安民的內容，一是為厚植國力，二是善交鄰國，不與鄰國有戰事產生，故當鄰國有亂事發生，如閩國內戰及吳越大火，皆不願涉入，相反的還會給予幫助，反觀若事涉中原的話，則會積極介入，因此所採取的

〔註5〕 鄒勁風，《南唐國史》（南京：南京大學出版社，2003年3月，初版二刷），頁75。

〔註6〕 《陸南唐書》，卷一，〈烈祖本紀〉，頁5470。

〔註7〕 《釣磯立談》，頁5012。

保境安民策略，僅是爲其北進中原所做的基礎，並不表示眞的是保境安民，不會對外發動戰事。其心甚大，有一混天下之志，所施行的任何策略，都是爲此志所做的基礎。雖曾言：

> 吾少長軍旅，見兵之爲民害深矣，不忍復言。使彼民安，則吾民亦安矣，又何求焉！〔註8〕

但這也僅限於北方無事之時，相信若一旦北方有事，必定會傾全國之力，放手一搏，以達其一統天下，恢復大唐盛世之心。但終生未逢此一機會，只能交予後代子孫，代其執行。可惜李璟逢此一機會時，卻因用兵閩、楚以致國力耗損：

> 其後閩土判渙，竟成遷延之兵，湖湘既定而復變，地不加闢，財乏而不振。會耶律南入，中國大亂，邊地連表請歸命，而南唐君臣束手無能延納者。韓熙載上疏，請乘釁北略。而兵力頓匱，望洋不可爲計，刮瘍裏創，曾未得稍完。……。元宗始自歎恨，厭厭以至於棄代。〔註9〕

李璟擅改其父所訂立之國策，用兵閩、楚，以致時機來臨，卻已無力北上，徒然喪失此一機會，以致南唐終爲中原所滅。

　　李昇的對外策略，事實上並非一開始即採行保境安民的策略，綜觀其一生所採行的對外策略，可以分爲兩個時期，即獨掌吳政前與獨掌吳政後此兩個時期。對外策略在此兩個時期，是有非常明顯的不同的，《釣磯立談》雖曾載：

> 烈祖每言：「百姓皆父母所生，安用爭城廣地，使之肝腦異處，膏塗草野。」是以執吳朝之政，僅將一紀，才一拒越師，所謂不得已而用之。〔註10〕

但若依實際情況來看，《釣磯立談》所言是有誤的，李昇在執掌吳政時並非全然不出兵鄰國的，相反的若遇時機，反而是極欲出兵的，因此若一昧的以爲，對外策略一直是保境安民，則是有所錯誤的，保境安民的策略，僅是獨掌吳政後方開始施行的。

　　在獨掌吳政前的對外策略，基本上是較具有侵略性，這主要是因爲當時的地位並不穩固，極需藉由戰功的累積，來提昇自己在吳國的地位，因此若

〔註8〕《資治通鑑》，卷二八二，後晉高祖天福六年條，頁9221。
〔註9〕《釣磯立談》，頁5012。
〔註10〕《釣磯立談》，頁5007。

遇到機會，便會展現出出兵的意願，如吳武義元年（後梁末帝貞明五年，919）：

> 秋，七月，吳越王鏐遣錢傳瓘將兵三萬攻吳常州，徐溫帥諸將拒
> 之。……，時久旱草枯，吳人乘風縱火，吳越兵亂，遂大敗，……。
> 知誥請帥步卒二千，易吳越旗幟鎧仗，躡敗卒而東，襲取蘇州。……。
> 溫歎曰：「天下離亂久矣，民困已甚，錢公亦未易可輕；若連兵不解，
> 方爲諸君之憂。今戰勝以懼之，戢兵以懷之，使兩地之民各安其業，
> 君臣高枕，豈不樂哉！多殺何爲！」遂引還。〔註11〕

這場戰事中，吳越已敗，但李昪卻不願停戰，反而是積極的請戰，當時若不
是徐溫不願將戰事擴大，其早已率軍襲取蘇州，所以由此來看，他絕非是一
位和平主義者，相反的還是一位積極力求表現的將領。會有此一表現，最主
要是因雖已至廣陵輔政，但地位卻仍不穩固，嚴可求等人，仍一直勸諫徐溫，
改換親子徐知詢以代替，任廣陵輔政之位，也因此李昪就極欲藉此機會力求
表現，以累積自身戰功，來加強徐溫心中的重量，也提昇自己在吳國的地位，
不過此一計劃，卻因徐溫不願擴大戰事，而未能成功。

除此以外，李昪仍曾主動出兵攻打它國，吳乾貞二年（後唐明宗天成三
年，928）四月，派兵攻打楚國，《資治通鑑》載：

> 吳右雄武軍使苗璘、靜江統軍王彥章將水軍萬人攻楚岳州，……，
> 吳軍大敗，虜璘及彥章以歸。〔註12〕

本想攻打楚國岳州，卻未料到反而爲楚國所擊敗，甚至連苗璘、王彥章兩人
都爲楚國所俘虜，爲避免戰事擴大，唯有遣使向楚求和：

> 吳遣使求和於楚，請苗璘、王彥章；楚王殷歸之，使許德勳餞之。
>
> 〔註13〕

派兵攻打楚國時，正是李昪與徐知詢爭奪吳國大權進入白熱化之時，但爲何
選擇此一時機攻楚國，這應是欲藉由此一機會展現自身的威勢，兩人爭權時，
李昪已輔政日久，也正如王令謀所言：

> 公（李昪）輔政日久，挾天子以令境內，誰敢不從！知詢年少，恩
> 信未洽於人，無能爲也。〔註14〕

〔註11〕 《資治通鑑》，卷二七○，後梁均王貞明五年條，頁8846～8847。
〔註12〕 《資治通鑑》，卷二七六，後唐明宗天成三年條，頁9016。
〔註13〕 《資治通鑑》，卷二七六，後唐明宗天成三年條，頁9019。
〔註14〕 《資治通鑑》，卷二七六，後唐明宗天成四年條，頁9034。

因此李昇會選擇此時派兵攻打楚國，正是爲了向鄰近各國表示，誰才是吳國的眞正主人，另一方面也是告訴鄰近各國，即使吳國陷入內鬥，仍有餘力出兵它國，藉以警告鄰近各國千萬勿輕舉妄動。所以此次的出兵行動，主要目標是要昭告吳國內外，吳國主導權是掌於其手，在此次出兵之後，吳國內外無人敢趁此機會輕舉妄動，吳國國內各派，也隨即倒向李昇，順利取得了吳國大權。

由上述事例可看出，在獨掌吳國大權以前，對外策略並非是保境安民，相反的會利用機會侵攻它國，以鞏固自身的地位，並藉機向吳國內外展現其實力。因此，在獨掌吳國大權以前，李昇的對外策略，是採取侵攻它國的方式，來保障其自身地位。不過，等到獨掌吳國大權以後，對外策略隨即全面變更，而改採保境安民的策略，這主要也是因爲，吳國之內已無人可威脅其地位，再也不需要藉由侵攻它國的方式，來保障或增強其自身地位，相反的，第一目標就變成必須以穩定國內爲優先，對於任何對外用兵之事都必須加以考量，因此當蔣延徽攻建州，其馬上要求蔣延徽退兵：

> 蔣延徽攻建州垂克，徐知誥以延徽吳太祖之壻，與臨川王〔楊〕濛素善，恐其克建州奉濛以圖興復，遣使召之。延徽亦聞閩兵及吳越兵將至，引兵歸；閩人追擊，敗之，士卒死亡甚眾，歸罪於都虞候張重進，斬之。知誥貶延徽爲右威衛將軍，遣使求好于閩。〔註15〕

所以，對已獨掌吳國大權的李昇而言，開疆拓土並非是必要的，眞正需要的反而是小心其它挑戰力量的興起，即使在蔣延徽已快攻下建州，仍下令退兵，爲的就是如此考量。又爲篡奪吳國，更必須使吳國保持一個安定的環境，即使士卒被閩人殺傷甚眾，卻仍「遣使求好于閩」，即著眼於此。因此李昇對外策略，是以獨掌吳國大權來做分界。未獨掌前，對外策略是以侵攻它國來鞏固自身地位；獨掌後，則以保境安民，來做爲對外策略。

第二節　李昇與中原政權的關係

江淮地區自楊行密開始，即不斷與中原有戰事產生，雖然早期楊行密與朱溫兩人爲對抗孫儒而有短暫的同盟，但自孫儒被擊滅後，兩方的關係卻越來越緊張了。唐昭宗乾寧四年（897）楊行密與朱溫兩人爆發戰事，雙方大戰

〔註15〕《資治通鑑》，卷二七八，後唐明宗天成二年條，頁9101。

於清口，梁軍大敗，「還者不滿千人」，〔註16〕此後朱溫爲對抗李克用，再也無力南下，楊行密割據江淮之勢已成。唐昭宗天復元年（901）楊行密受封吳王，兩方關係更形惡劣。

徐溫執政後，此種狀況並未改變，隨著梁、唐夾河大戰，淮南爲牽制後梁，也與後唐聯盟，以對抗後梁。楊吳順義三年（後唐同光元年，923）後唐莊宗率軍直趨汴京，後梁亡。後唐建立後，兩方關係陷入緊張：

> 帝遣使以滅梁告吳、蜀，二國皆懼。徐溫尤嚴可求曰：「公前沮吾計，今將奈何？」可求笑曰：「聞唐主始得中原，志氣驕滿，御下無法，不出數年，將有內變，吾卑辭厚禮保境安民以待之耳。」唐使稱詔，吳人不受：帝易其書，用敵國之禮，曰：「大唐皇帝致書于吳國王」，吳人復書稱「大吳國主上大唐皇帝」，辭禮如牋表。〔註17〕

徐溫感受到了後唐沈重的壓力，但爲了維持吳國的獨立，接受嚴可求的建議，以「吾卑辭厚禮保境安民以待之耳」，才使兩方關係得以繼續維持。後唐莊宗也確有一統天下之志：

> 時季興入朝，上待之甚厚，從容問曰：「朕欲用兵於吳、蜀，二國何先？」季興以蜀道險難取，乃對曰：「吳地薄民貧，克之無益，不如先伐蜀。蜀土富饒，又主荒民怨，伐之必克。克蜀之後，順流而下，取吳如反掌耳。」上曰：「善！」〔註18〕

前蜀也因此爲後唐所亡，此情況對徐溫，必是心驚膽怕。所幸後唐莊宗因內亂而亡，對於徐溫來說，心情必是大爲放鬆。吳乾貞元年（後唐明宗天成二年，927）十一月，吳王稱帝，後唐與吳國的關係自此斷絕。

李昇執政後，也並未與後唐建立關係，雖吸納後唐投奔官員，但兩方並未因此而產生紛爭，此時北方已陷入紛亂的局面，其爲篡奪吳國而積極準備，無力出兵北方。前面已提到李昇的外交策略，是爭霸中原、結好四鄰，當此時北方有事，卻由於爲篡奪吳國，不能出兵，李昇曾言：

> 然嘗觀劉德輿乘累捷之威，羣胡斂袵之際，不得據有中原，乃留弱子，而狼狽東歸，朕甚陋之。〔註19〕

〔註16〕　《資治通鑑》，卷二六一，唐昭宗乾寧四年條，頁8510。
〔註17〕　《資治通鑑》，卷二七二，後唐莊宗同光元年條，頁8903。
〔註18〕　《資治通鑑》，卷二七二，後唐莊宗同光元年條，頁8907。
〔註19〕　《釣磯立談》，頁5010。

李昇也有感於劉裕北伐的失敗，即因未建國而北伐，北伐後又爲預防南方有變，而又倉促南下，以至大業未竟，故在李昇的預想中，是先建立南唐後，再等待時機來出兵北方。但南唐建立的時間，又約略與後晉相同，後晉立國約早南唐一年，因此等建立南唐後，北方亂局也大致爲後晉所收拾，局面也已穩定，所等待的時機也已溜過。

李昇復姓改國號後，自稱李唐正統，因此要如何與後晉建立關係也是一大難題，自後晉建立之初，便有不少將領投奔李昇，先是吳天祚二年（後晉高祖天福元年，936）十二月，盧文進曾與契丹有隙，因而投奔南唐：

> 及高祖即位，與契丹敦好，文進以嘗背契丹，居不自安。天福元年十二月，乃殺行軍司馬馮知兆、節度副使杜重貴等，率其部將渡淮奔於金陵，……。〔註20〕

李昇爲迎接盧文進的投奔，遣軍迎接：

> 吳遣將祖全恩以兵二千陣于安州近境，俟文進出，殿之而至，拜天雄統軍、宣潤節度使。〔註21〕

南唐昇元四年（後晉高祖天福五年，940），又有後晉安州節度使李金全降南唐之事，此事卻演變成南唐與後晉的一次軍事衝突：

> 天福五年夏，高祖命馬全節爲安州節度使，以代（李）金全。（孫）漢筠自以昔嘗拒命，復聞（貫）仁紹二子將訴置毒之事，居不自安，乃紿謂金全曰：「邸吏劉珂使健步倍道兼行，密傳其意，云受代之後，朝廷將以仁紹之事詰公之罪。」金全大駭，命從事張緯函表送款於淮夷。〔註22〕

李昇接受李金全投降後，隨即以鄂州屯營使李承裕、段處恭將兵三千逆之，以杜光鄴爲監軍，在臨行前其曾交待，不准率軍入城：

> 初，盧文進奔吳也。唐主命祖全恩將兵逆之，戒無入安州城，陳于城外，俟文進出，殿之以歸，無得剽掠。〔註23〕

但李承裕等未聽敕令，而大掠城中：

> 承裕等至之夕，金全率數百人來奔，而承裕違命，輒大掠城中，得

〔註20〕《薛史》，卷九七，〈盧文進傳〉，頁1296。
〔註21〕《陸書》，卷九，〈盧文進傳〉，頁5536。
〔註22〕《薛史》，卷九七，〈李金全傳〉，頁1298。
〔註23〕《資治通鑑》，卷二八二，後晉高祖天福五年條，頁9215。

金帛不可計數，乃還。〔註24〕

李承裕也因此爲晉兵所追擊，段處恭戰死、李承裕爲馬全節所斬，南唐戰死四千人，李昪也因此「惋恨累日，自戒敕之不熟也」，〔註25〕此次南唐出兵，僅餘杜光鄴等五百零七人被送於大梁，〔註26〕石敬瑭便將杜光鄴等五百零七人送還南唐，杜光鄴等人歸來後，李昪隨即又將他們送回後晉，並寫了一封信給石敬瑭，信中寫道：

> 邊將貪功，乘便據壘。翊機宜之孰在，顧茫昧以難中。否藏皆凶，乃大《易》之明義；進取不正，亦聖人之厚顏。適屬暑再稍頻，江波甚漲，指揮未到，事實已違。今者猥沐眷慈，曲形宸旨，歸其俘虜，示以英仁。其如軍法朝章，彼此不可。揚名建德，曲直相懸，雖認好生，匪敢聞命。杜光鄴等五百七人已令卻過淮北。〔註27〕

石敬瑭接到來信後，也隨即回了一封信，表達了對此事件的和解之意，並再次送杜光鄴等五百零七人回南唐，石敬瑭在信中寫道：

> 昨者災生安陸，釁皆漢陽。當三伏之炎蒸，動兩朝之師旅。豈其邊帥，不稟上謀，洎復城池，備之本末。尋已捨諸俘執，還彼鄉閭。不帷念效命之人，兼亦敦善鄰之道。今承來旨，將正朝章，希循宥罪走文，用廣崇仁之美。其杜光鄴等在令歸復。〔註28〕

但杜光鄴等人在渡江前，李昪已先派兵至江上阻擋，不願讓杜光鄴等人回國，在回不了國的情況下，唯有再回到汴京，石敬瑭見此情境，便「悉授唐諸將官，以其士卒爲顯義都，命舊將劉康領之」，〔註29〕此事便大抵了結。

　　由兩方的書信往來觀之，大抵可看出兩方都無意將此一衝突擴大，相反的更在書信中，充滿著和解的意思，完全將此一事件的責任，定調爲「邊將貪功」，全然不提李金全南降之事，最後兩方在此情況下，將此事件加以平息。兩方雖無意將衝突擴大，但並不代表兩國毫無敵意，石敬瑭也深知，南唐是一大敵手，但後晉內部長久以來，一直陷入不團結的狀態，各節度使對中央

〔註24〕《陸書》，卷一○，〈李金全傳〉，頁5542。

〔註25〕《資治通鑑》，卷二八二，後晉高祖天福五年條，頁9215。

〔註26〕《資治通鑑》，卷二八二，後晉高祖天福五年條，頁9215。

〔註27〕陸心源，《唐文拾遺》（台北：文海出版社，民國51年11月，初版），卷一一，〈南唐先主李昪上高祖書〉，頁214上左。

〔註28〕董誥等編，《欽定全唐文》（台南：經緯書局，民國56年6月，初版），卷一一七，〈晉高祖答淮南鎮書〉，頁1946上。

〔註29〕《資治通鑑》，卷二八二，後晉高祖天福五年條，頁9215。

－145－

並不信服，有機會皆欲取而代之，如安重榮言：「天子寧有種邪？兵強馬壯者為之爾。」〔註 30〕且南唐為南方大國，一旦用兵必會陷入長年戰事之下，恐安重榮此類人等，也必會藉機反叛中央，故石敬瑭深知，此時並非用兵時機，若冒然出兵，恐會給予他人可趁之機，在此情況下石敬瑭當然不願衝突擴大。

對李昇而言也是如此，雖有意北伐中原，但前提為「北方有事」，雖後晉叛亂不斷，不過後晉中央仍有餘力控制地方，故此時並不符合「北方有事」的前提，因此減少衝突的發生，對李昇而言才是最重要，兩方也在各自的考量下，不願將衝突擴大，此一事件就在兩方的避免下，完全平息。此一事件平息後，南唐與後晉的關係也並未因此建立，相反的一直維持在不戰不和的狀況下，直至李昇去世。

此外，為何在此次事件中，李昇堅拒讓杜光鄴等五百零七人回南唐？司馬光評論此事：

> 違命者將也，士卒從將之令者也，又何罪乎！受而戮其將以謝敵，
>
> 弔士卒而撫之，斯可矣，何必棄民以資敵國乎！〔註31〕

雖如司馬光所言，但李昇已將此一事件定調為「邊將貪功」，若使杜光鄴等人回國的話，就等於將此一事件的責任推上身，最終將使天下人明白，理屈在南唐。況且，此一事件的發生重點在於「將不聽令」，也因此李昇「自戒敕之不熟也」，而不聽令的李承裕又已被斬首，故全部的責任，都必由存活的杜光鄴等人來負責，故李昇堅拒讓杜光鄴等人回南唐，若讓杜光鄴等人回南唐後再加以處置，則又顯得李昇不仁，但若不加以處置，則日後如何使他人聽令，為此便決定不願讓杜光鄴等人回南唐，更陳兵於江上，來表現其決心。

表十一：李昇時期與中原王朝往來之大事年表

時　　間	南　　唐	中　　原	出　　處
吳乾貞元年（後唐明宗天成二年，927），五月		朱守殷反，後唐明宗率軍伐之，守殷盡殺其族，後自殺。判官孫晟奔吳，徐知誥客之。	《資治通鑑》，卷二七六，〈後唐紀五〉，頁 9009。
吳乾貞二年（後唐明宗天成三年，928），二月	吳使者至後唐，安重誨以為楊溥敢與朝廷抗禮，自是遂與吳絕。		《資治通鑑》，卷二七六，〈後唐紀五〉，頁 9013。

〔註30〕《歐史》，卷五一，〈安重榮傳〉，頁 583。
〔註31〕《資治通鑑》，卷二八二，後晉高祖天福五年條，頁 9215。

吳太和初年（後唐明宗長興初年，930～931）		長興初，（李）從儼入朝，〔註32〕以（常）夢錫從。及鎮汴，為左右所譖，遂來奔。	《陸書》，卷七，〈常夢錫傳〉，頁5518。
吳太和五年（後唐明宗長興四年，933）十一月		江文蔚奔吳，徐知誥厚禮之。	《資治通鑑》，卷二七八，〈後唐紀七〉，頁9094。
吳天祚二年（後晉高祖天福元年，936）十二月		盧文進殺行軍司馬馮知兆、節度副使杜重貴等人，率其部將南奔於金陵。李昪待之尤重。	《薛史》，卷九七，〈盧文進傳〉，頁1296。
南唐昇元四年（後晉高祖天福五年，936）五月		李金全奉表請降於（南）唐。李昪遣李承裕、段處恭將兵三千逆之。	《資治通鑑》，卷二八二，〈後晉紀三〉，頁9213。
南唐昇元四年（後晉高祖天福五年，936）六月	癸卯，（南）唐李承裕等至安州。是夕，李金全妓妾資財皆為承裕所奪，承裕入據安州。		《資治通鑑》，卷二八二，〈後晉紀三〉，頁9214。
		甲辰，馬全節率軍大破（李）承裕。承裕掠安州南走。丙午，安審暉追敗唐兵段處恭戰死。丁未，審暉又敗虜承裕及其眾。（南）唐將張建崇據雲夢橋拒戰，審暉乃還。馬全節斬承裕及其眾千五百人于城下，送監軍杜光業等五百七人于大梁。	《資治通鑑》，卷二八二，〈後晉紀三〉，頁9214～9415。
	杜光業等至（南）唐，李昪以其違命而敗，不受，復送於淮北。帝復遣之歸，李昪遣戰艦拒之，乃還。帝以其士卒為顯義都，劉康領之。		《資治通鑑》，卷二八二，〈後晉紀三〉，頁9215。

第三節　李昪與週邊諸國的關係

　　江淮地區自吳國時期開始，與南方諸國陷入緊張的關係，吳國自楊行密時即不斷的攻略南方諸國，至徐溫時向外擴張的腳步仍未停緩，方開拓吳國三十州之地，也使吳國成為南方最強大的國家，與北方的中原政權形成南北對峙之局。但強大的吳國對南方諸國而言，卻是一個恐懼的存在，為此南方

〔註32〕歧王李茂貞子。

諸國中，與吳國相連的吳越、楚、閩三國便聯合，以對抗吳國，吳天祐十五年（後梁末帝貞明四年，918）六月，徐溫派兵攻譚全播，一旦譚全播有失，則吳越、閩兩國與楚便會遭分隔，故吳越、楚、閩三國便聯合出兵，以救援譚全播：

> 譚全播求救於吳越、閩、楚。吳越王鏐以統軍使（錢）傳球為西南面行營應援使，將兵二萬攻信州；楚將張可求將萬人屯古亭，閩兵屯雩都以救之。〔註33〕

但吳國勢力強大，三國聯合出兵之舉，仍告失敗：

> 吳劉信遣其將張宣等夜將兵三千襲楚將張可求於古亭，破之；又遣梁誁等擊吳越及閩兵，二國聞楚兵敗，俱引歸。〔註34〕

三國出兵失敗，共通之路便為吳國所占領。吳越、楚、閩三國為對抗吳國而聯合，並奉北方的中原王朝為正統，以對吳國形成南北夾擊之勢，吳國也為對抗南北夾擊，便聯合南漢、蜀國以從側背對抗。

但隨著天下大勢抵定，吳國向外擴張期結束，且徐溫也開始謀劃篡吳，不願與它國輕啟戰端，便開始與南方諸國進行弭兵之舉，其中吳越與吳國血戰數十年，兩國結怨甚深，且吳越又為南方反吳國之盟主，故兩國關係一直處於緊張的局面，但因徐溫之意，此時兩國關係便開始趨於和緩，雖吳武義元年（後梁末帝貞明五年，919）兩國仍有戰事發生，但徐溫卻不願將戰事擴大：

> 秋，七月吳越王鏐遣錢傳瓘將兵三萬攻吳常州，徐溫帥諸將拒之。……。時久旱草枯，吳人乘風縱火，吳越兵亂，遂大敗，……。諸將皆以為：「吳越所恃者舟楫，今大旱，水道涸，此天亡之時也，宜盡步騎之勢，一舉滅之。」溫歎曰：「天下離亂久矣，民困已甚，錢公亦未易可輕；若連兵不解，方為諸加之憂。今戰勝以懼之，戢兵以懷之，使兩地之民各安其業，君臣高枕，豈不樂哉！多殺何為！」遂引還。〔註35〕

在徐溫所採行的弭兵政策下，吳國與諸國的關係大致走向和緩，吳國與吳越關係更大幅改善，也促使吳國得以休養生息：

> 吳徐溫遣使以吳王書歸無錫之俘於吳越；吳越王鏐亦遣使請和於

〔註33〕《資治通鑑》，卷二七〇，後梁均王貞明四年條，頁8833。

〔註34〕《資治通鑑》，卷二七〇，後梁均王貞明四年條，頁8835。

〔註35〕《資治通鑑》，卷二七〇，後梁均王貞明五年條，頁8846。

吳。自是吳國休兵息民，三十餘州民樂業者二十餘年。〔註36〕
除與南方諸國關係和解外，也避免與中原王朝發生衝突，吳乾貞元年（後唐明宗天成二年，927）荊南高季興因得罪後唐，請求內附以求取吳國援助，但爲徐溫所拒：

> 徐溫曰：「爲國者當務實效而去虛名。高氏事唐久矣，洛陽去江陵不遠，唐人步騎襲之甚易，我以舟師泝流救之甚難。夫臣人而弗能救，使之危亡，能無愧乎！」乃受其貢物，辭其稱臣，聽其自附於唐。〔註37〕

徐溫知道若接受荊南內附，必得罪後唐，且此時後唐、楚國皆與荊南發生戰事，若接受荊南內附，則勢必將荊南戰火引向吳國，這也是高季興的眞正用意，且荊南內附對吳國是毫無利益可言，相反的吳國更會因此而必須付出更多的代價，若一旦出兵，則後唐必命吳越襲擊吳國，如此一來必會兵禍連結，吳國也將喪失休養生息的機會，徐溫便在這些考量下拒絕了荊南的要求。

　　李昪與南方諸國的關係，大體也承襲著徐溫的路子，也採取保境安民之策，雖曾表現有侵攻南方諸國之意，但這也不過是爲保固自身地位的作法而已，其本無意在南方開疆拓土，對李昪來說，並非無力攻滅吳越、楚、閩三國，而是一旦攻滅此三國中的任何一國，都必將「徒得尺寸地，而享天下之惡名」，〔註38〕若引起天下震動，北方中原王朝與南方諸國恐都將再次聯合，如此對南唐的發展將會受到影響，因此李昪說：「是我之存三國，泗外以爲蔽障者也。」〔註39〕李昪認爲留此三國是作爲蔽障，此蔽障爲何？即是用來遮掩李昪的野心，其野心又爲何？即是爭霸中原統一天下，但又不能使北方中原王朝測知，一旦爲北方中原王朝所測知，如此一來，北方的中原王朝將與南方諸國聯合來攻打南唐，便是取勝，也將使南唐國力大損，故留此三國是作爲蔽障，此三國等於是插在南唐背後的三把劍，只要這三把劍不消失，北方中原王朝將不會認爲南唐有心爭霸中原，因若南唐有心爭霸中原，則此三國便會發生效用，此三國若存在，北方中原王朝便會認爲南唐只願偏安一隅，毫無進取之心，所以方言「存三國以爲蔽障」，藉以遮閉北方中原王朝的目光。

〔註36〕　《資治通鑑》，卷二七○，後梁均王貞明五年條，頁8849。
〔註37〕　《資治通鑑》，卷二七五，後唐明宗天成二年條，頁9005。
〔註38〕　《釣磯立談》，頁5011。
〔註39〕　《釣磯立談》，頁5011。

　　既要遮掩北方中原王朝的目光，因此不管在任何情況下，都不願出兵南方諸國，南漢遣使向李昇提議攻打楚國，但為其所拒絕，「漢主遣使如唐，謀共取楚，分其地；唐主不許。」〔註40〕

　　吳越發生大火，〔註41〕亦是如此：

　　　吳越府署火，宮室府庫幾盡。吳越王元瓘驚懼，發狂疾，……。〔註42〕

宋齊丘曾向李昇建議，趁此之機出兵吳越：

　　　宋齊邱〔註43〕乘間進言，曰：「夫越與我，唇齒之國也。我有大施，
　　　而越人背之，虜劉我邊陲，污濁我原泉。股不附髀，終非我用。今
　　　天實棄之，我師晨出而暮踐其庭。願勿失機，為後世憂。」烈祖愀
　　　然久之，曰：「疆域雖分，生齒理一。人各為主，其心未離。橫生屠
　　　戮，朕所弗忍。且救災捧鄰，治古之道。拼誓以後世子孫付之於天，
　　　不願以力營也。大司徒其勿復以為言。」〔註44〕

宋齊丘的建議，確實讓李昇頗為心動，也因此「愀然久之」，但其深刻了解，若一旦出兵吳越，則遮掩之策將會無效，後晉及其聯盟也會因唇齒相依下，共同出兵援助吳越，如此將會兵連禍結，將喪失爭霸中原的機會。李昇拒絕宋齊丘後，但此實為一舉消滅吳越的大好良機，群臣仍不斷進言：

　　　吳越災，宮室甲兵殆盡，群臣復請乘其弊。帝曰：「今大敵在北，北
　　　方平，則諸國可尺書召之，何以兵為？輕舉者，兵之大忌，宜畜財
　　　養銳，以俟時焉。」〔註45〕

李昇便向南唐群臣說明，爭霸中原之心，也使群臣知南方實非用兵之處，應將目光放於中原，一旦中原平定，則南方諸國「可尺書召之」，也為此李昇不願出

〔註40〕《資治通鑑》，卷二八二，後晉高祖天福六年條，頁9226。

〔註41〕有關吳越大火一事，《吳越備史》、《資治通鑑》等書，載於昇元五年（後晉高祖天福六年，941），而《歐史》、《馬書》則載於昇元六年（後晉高祖天福七年，942），但吳越錢元瓘，因大火之事，已於昇元五年八月去世，實不會再有《歐史》上所載「發狂疾」之事，且《吳越備史》為吳越所編之史書，不會在此大事上產生此一重大錯誤，故依《吳越備史》、《資治通鑑》等書之記載。

〔註42〕《資治通鑑》，卷二八二，後晉高祖天福六年條，頁9226。

〔註43〕《釣磯立談》、《江表志》皆書為宋齊邱，《資治通鑑》、《南唐書》等則書宋齊丘，今從《資治通鑑》等書。

〔註44〕《釣磯立談》，頁5007。

〔註45〕《南唐書》，卷一，〈先主書〉，頁5264。

兵吳越，「於是特命行人，厚遺之金粟繪綺，蓋車馬相望於道焉」，〔註46〕雖不願出兵吳越，事實上也不須如此厚待吳越。但李昇一直試圖改善與吳越的關係：

> 昇見天下亂久，常厭用兵，及將篡國，先與錢氏約和，歸其所執將
>
> 士，錢氏亦歸吳敗將，遂通好不絕。〔註47〕

現今又在吳越遭此大亂之際，不僅不出兵吳越，相反的又贈送許多的財帛給予吳越，這並非無意的，吳越自吳國時期兩國即為仇敵，即使在徐溫一連串的弭兵之策下，吳越仍視吳國為心腹大患，吳越錢元瓘曾上書後唐明宗，錢元瓘就談到與吳國的關係：

> 且臣本道，與淮南雖連疆畛，久結仇讎，交惡尋盟，十翻九覆，縱敵
>
> 已逾於三紀，弭兵纔僅於數年，諒非脣齒之邦，真謂腹心之疾。〔註48〕

雖此時已距錢元瓘上書後唐明宗之世已過十餘年，但兩國關係仍是緊張，李昇無意用兵南方，但兩方先前血戰數十年，仇恨豈是如此容易消解，但若無法消解吳越的敵意，一旦出兵北方，則必需提防吳越自背後的攻擊，為消解吳越的敵意，也稟行徐溫弭兵之策，此一政策雖有助消解吳越的敵意，但是否可完全消解吳越的敵意，則恐怕並不容易，故趁吳越大火之際，大施恩德給予吳越，所要的就是完全消解吳越的敵意，如此當有一日，出兵北方之際，吳越可不自後面干擾，這也是李昇想獲得的。

　　除對吳越如此外，對閩國也是如此，閩國是南方諸國中，國力最弱的，其曾言：

> 閩土險瘠，若連之以兵，必半歲乃能下，恐所得不能當所失也。
>
> 〔註49〕

因此認為消滅閩國並不難，只是覺得「所得不能當所失也」，事實也是如此，閩國自王審知繼位後（唐昭宗乾寧四年，897），即一直採取著「結好四鄰、保境安民」之策，在外交上尊中原王朝為正統，並與吳越一致共抗吳國，但雖著王審知去世後（後唐莊宗同光三年，925），閩國陷入繼承紛爭，王鏻繼位後稱帝（後唐明宗長興四年，933），對外仍採結好四鄰之策。但自王昶繼位後（後唐潞王清泰二年，935），妄自尊大，先是與中原王朝絕交，並有意襲吳：

〔註46〕《釣磯立談》，頁 5007。
〔註47〕《歐史》，卷六二，〈南唐世家二〉，頁 768。
〔註48〕《薛史》，卷一三四，〈僭偽列傳一〉，頁 1770。
〔註49〕《釣磯立談》，頁 5011。

帝性狂躁，即位之初，常欲練兵襲吳，乃於殿庭設大沙鑼於射埛，
示眾曰：「一發中之，當平定江南。」射棚去階際裁數十武，沙鑼復
甚寬廣，果一發命中，左右同聲賀曰：「此一箭定天下矣！」帝大悅，
遂發兵至境上。吳人聞之，無所詬責，帝曰：「憨其有大志耳！」蓋
實戲之也。〔註50〕

即便閩國的統治者倒行逆行，與吳越的關係卻始終密切，沒有太大的改變。

李昇也了解閩國連吳越以自保，因此若出兵閩國，則吳越必救之，若執意
攻下閩國，則長久以來所採行的結好之策也勢必被破壞，故李昇方說「所得不
能當所失也」，所以其對外政策即以結好南方諸國為原則，也不希望與閩國交
惡，故當蔣延徽攻閩，其隨即下令蔣延徽退兵，並主動與閩國交好：

吳蔣延徽……圍建州，……，蔣延徽攻建州垂克，徐知誥……，遣使
召之。延徽亦聞閩兵及吳越兵將至，引兵歸；閩人追擊，敗之，士卒
死亡甚眾，……。知誥貶延徽為右威衛將軍，遣使求好于閩。〔註51〕

李昇下令退兵，雖與蔣延徽身份有關，除此以外，更大的因素在於已決定採
結好四鄰之策。李昇無意併吞閩國，更無意讓它國併吞閩國，因閩國國力弱，
且內亂不息，易為它國所併吞，若為它國所併吞，對南唐來說，後院將出現
一個龐大的勢力，因此不希望閩國產生內亂，故當閩國王曦及王延政為爭位
而發生內戰時，李昇為免它國勢力介入，隨即遣使調停：

詔客省使尚全恭如閩，和閩主曦及王延政。〔註52〕

王曦及王延政兩人，則因懼怕南唐的壓力，而不敢不從，雙方進行和解：

延政遣牙將及女奴持誓書香爐來福州，與王盟於宣陵。已而猜恨如
故。〔註53〕

王曦及王延政雖未因此而和解，但大致也使閩國的內亂暫時平息。

李昇所作的所有舉動，都有一個共同的目的，就是為了穩定南方諸國，
若南方有任何國家一旦不安定，則南唐極有可能因此牽扯入其中，若被牽扯
入任何紛爭中，對李昇的統一大業都將產生影響。故李昇有意於中原，其所
必需的是南方的安定，不使諸國中的任何一方，因此壯大或敗亡，所以在面

〔註50〕《十國春秋》，卷九一，〈康宗本紀〉，頁4599。
〔註51〕《資治通鑑》，卷二七八，後唐潞王清泰元年條，頁9100～9101。
〔註52〕《十國春秋》，卷一五，〈烈祖本紀〉，頁3616。
〔註53〕《十國春秋》，卷九二，〈景宗本紀〉，頁4602。

臨南方各國有亂事或災變時，皆不願趁火打劫，相反的皆以安定該國爲最高原則，對吳越如此，對閩國也如此，對其它諸國更是如此。

表十二：李昪時期與週邊諸國往來之大事年表

時　　間	南　　唐	南　方　諸　國	出　　處
吳乾貞二年（後唐明宗天成三年，928）六月		辛巳，荊南稱藩于吳，吳進其爵秦王。	《資治通鑑》，卷二七六，〈後唐紀五〉，頁9019。
吳太和二年（後唐明宗長興元年，930）三月		荊南遣使絕吳。	《資治通鑑》，卷二七七，〈後唐紀六〉，頁9040。
	吳遣兵擊之，不克。		《資治通鑑》，卷二七七，〈後唐紀六〉，頁9040。
吳太和五年（後唐明宗長興四年，933）		閩、越諸國皆遣使勸進。	《歐史》，卷六二，〈南唐世家〉，頁767。
吳太和五年（後唐明宗長興四年，933）七月		（閩）建州吳光帥其眾奔吳。	《資治通鑑》，卷二七八，〈後唐紀七〉，頁9086。
吳太和五年（後唐明宗長興四年，933）十一月	吳光請兵於吳，吳信州刺史蔣延徽私引兵會光攻建州，閩主求救於吳越。		《資治通鑑》，卷二七八，〈後唐紀七〉，頁9096。
吳太和六年（後唐閔帝應順元年，934）正月	吳蔣延徽圍（閩）建州，徐知誥，遣使召之。延徽聞閩兵及吳越兵將至，引兵歸吳；閩人追擊，延徽兵敗，士卒死亡甚眾。知誥貶延徽爲右威衛將軍，遣使求好于閩。		《資治通鑑》，卷二七八，〈後唐紀七〉，頁9100～9101。
吳天祚三年（後晉高祖天福二年，937）正月〔註54〕		荊南遣使奉牋於徐知誥，勸即帝位。	《資治通鑑》，卷二八○，〈後晉紀一〉，頁9141。
南唐昇元年（後晉高祖天福二年，937）十月	庚子，遣使如（南）漢、閩、吳越、荊南，告即位。		《陸書》，卷一，〈烈祖本紀〉，頁5465。
南唐昇元年（後晉高祖天福二年，937）十一月		丁卯，荊南表請置邸建康，從之。己巳，吳越王遣使來賀即位。	《陸書》，卷一，〈烈祖本紀〉，頁5465。

〔註54〕十月，南唐建國。

南唐昇二年（後晉高祖天福三年，938）正月		甲子，荊南遣使來賀即位。	《陸書》，卷一，〈烈祖本紀〉，頁5466。
南唐昇二年（後晉高祖天福三年，938）二月		壬戌，閩遣使來賀即位。	《陸書》，卷一，〈烈祖本紀〉，頁5466。
南唐昇二年（後晉高祖天福三年，938）五月		己未，（南）漢遣使來賀即位。	《陸書》，卷一，〈烈祖本紀〉，頁5466。
南唐昇三年（後晉高祖天福四年，939）二月		乙未，蜀使來賀即位。	《陸書》，卷一，〈烈祖本紀〉，頁5467。
南唐昇三年（後晉高祖天福四年，939）五月		丁未，吳越、荊南遣使，來賀南郊。	《陸書》，卷一，〈烈祖本紀〉，頁5467。
南唐昇四年（後晉高祖天福五年，940）三月		丙戌，（南）漢人、閩人來聘。	《陸書》，卷一，〈烈祖本紀〉，頁5468。
南唐昇四年（後晉高祖天福五年，940）五月	李昇遣使如閩，和閩主曦及王延政。		《十國春秋》，卷一五，〈烈祖本紀〉，頁3616。
南唐昇四年（後晉高祖天福五年，940）十一月		（南）漢、閩、吳越，遣使來賀仁壽節。	《陸書》，卷一，〈烈祖本紀〉，頁5469。
南唐昇五年（後晉高祖天福六年，941）四月		（南）漢主遣使如唐，謀共取楚，分其地；李昇不許。	《資治通鑑》，卷二八二，〈後晉紀三〉，頁9222。
南唐昇五年（後晉高祖天福六年，941）七月	吳越府署火，宮室府庫幾盡。吳越王元瓘驚懼，發狂疾。李昇遣使唁之，且賙其乏。		《資治通鑑》，卷二八二，〈後晉紀三〉，頁9226。
南唐昇五年（後晉高祖天福六年，941）十一月	金陵（南唐）來祭我先王。		《吳越備史》，卷三，〈忠獻王〉，頁6233。
		（吳越）王遣使來賀仁壽節。	《十國春秋》，卷八〇，〈忠獻王世家〉，頁4426。
南唐昇元五年（後晉高祖天福六年，941）	是歲，吳越水民就食境內，遣使振恤安集之。		《陸書》，卷一，〈烈祖本紀〉，頁5469。
南唐昇元六年（後晉高祖天福七年，942）正月（閏月）		庚寅，（南）漢使來聘。癸巳，閩使來聘。	《陸書》，卷一，〈烈祖本紀〉，頁5469。
南唐昇元六年（後晉高祖天福七年，942）六月		（南）漢使來告哀，廢朝三日。	《陸書》，卷一，〈烈祖本紀〉，頁5470。

南唐昇元六年（後晉高祖天福七年，942）八月		甲申，（南）漢使來謝襲位。	《陸書》，卷一，〈烈祖本紀〉，頁5470。
南唐昇元六年（後晉高祖天福七年，942）十二月		閩使、（南）漢使、吳越使，來賀仁壽節。	《陸書》，卷一，〈烈祖本紀〉，頁5470。

第四節　李昇與遼國的關係

　　李昇與遼國關係的建立，大抵是爲了牽制後晉，後晉石敬瑭爲遼國所立，因此後晉石敬瑭在面對遼國時，極盡卑躬屈膝之能事，甚至甘爲「兒皇帝」。李昇有一統天下之志，其最大的敵手自然爲後晉石敬瑭，既然石敬瑭不敢開罪遼國，如此對南唐而言，不失爲牽制後晉的一次大好機會。便在宋齊丘的建議下，開始與遼國建立關係：

　　　　吳徐誥用宋齊丘策，欲結契丹以取中國，遣使以美女、珍玩泛海脩

　　　　好，契丹主亦遣使報之。〔註55〕

自此以後兩國間的使者使往來不斷。

　　但在宋齊丘的想法中，與遼國建立外交關係是爲了施加壓力給後晉，爲此宋齊丘便派人在中原境內刺殺遼國使者，以圖謀後晉與遼國因此而交惡，最好是能因此使後晉與遼國開戰：

　　　　契丹耶律德光遣使來，齊丘陰謀間契丹使與晉人相攻，則江淮益安，

　　　　密請厚其禮幣，遣還，至淮北，潛令人刺殺之。〔註56〕

宋齊丘在中原境內刺殺遼國使者的此一作法，也確實使遼國相信後晉殺其使者，造成後晉與遼國因此而有了嫌隙：

　　　　初，宋齊丘謀間晉，會契丹使燕人高霸來聘，歸至淮北，唐陰遣人

　　　　刺殺之。霸有子乾從行，匿之濠州，於是契丹頗信以爲霸之死出于

　　　　晉人。〔註57〕

但卻因石敬瑭的不斷卑躬屈膝，使遼國終究未因使者被殺一事出兵中原。也使宋齊丘利用遼國以謀取中原的計謀，終究未能成功。

　　遼國與南唐建交，也有經濟因素，如遼國東丹王曾遣使至南唐：

〔註55〕《資治通鑑》，卷二八一，後晉高祖天福二年條，頁9173。

〔註56〕《陸書》，卷四，〈宋齊丘傳〉，頁5496。

〔註57〕《陸書》，卷一八，〈契丹傳〉，頁5607。

遣使以羊馬入貢，別持羊三萬口、馬二百匹來鬻，以其價市羅紈、
茶藥，烈祖從之。〔註58〕

由此來看，遼國有時會藉由使者來訪的同時，順道持羊、馬等物品來交易，
除此次以外，尚有一次：

契丹使達羅干等二十七人來聘，獻馬三百，羊三萬五千。〔註59〕

依此規模來看，應該也如同東丹王之事例，只不過可能自東丹王之事後，凡
有遼國使者持羊、馬等物品來交易，則一概記錄為「獻」。若依此情況觀之，
則從兩國往來年表來看，就可知道此一情況則並非少見，昇元四年及六年，
都有類似的情況發生。此種交易方式，南唐所付出的錢財物品等應較多，因
南唐終究是有求於遼國，自然所付出的必定較多。不過，此一交易對南唐並
非不利，因為南唐也可藉以獲得南方所欠缺的馬匹等物品，雖然所獲得的馬
匹終究有限，但對南方馬匹的改良，應是一大助力。

　　在南唐與遼國的外交關係上，應該是彼此相互平等的，南唐也並未向遼
國稱臣，但值得注意的是，「契丹使葛魯來，以兄禮事帝」，〔註60〕此一事件
是否真有發生則頗令人懷疑，此事在《遼史》之中完全未載，僅載：

二年（遼會同二年，後晉天福三年，南唐昇元二年，937）春正月乙
巳，以受晉冊，遣使報南唐、高麗。〔註61〕

從《陸書》中來看，確實有遼國使者葛魯來至南唐，但卻未見到《遼史》中有
以兄禮事李昇之記載，因此遼國以兄禮事李昇之記載，應為南唐所偽造，其因
有二：首先，遼國為當世之強國，甚至連石敬瑭也以「兒皇帝」自稱，來結好
遼國，現今兩國平等相交已屬不易，實不可能以兄禮事李昇；其次，遼國遣使
者至南唐，是為了告訴南唐有關石敬瑭上尊號於遼主一事，在此遼國大盛時，
實無必要自降身分以兄禮事李昇。但為何南唐要偽造此一記錄？這應與李昇爭
霸中原之心有關，因此時後晉石敬瑭向遼主耶律德宗自稱「兒皇帝」，李昇有爭
霸中原之心，但卻苦無機會，藉此一記錄使人知曉，南唐的地位是在後晉之上，
既然遼主為石敬瑭之父，卻又以兄禮事李昇，那李昇的地位自然遠高於石敬瑭。
故耶律德宗以兄禮事之，應為南唐所偽造，絕非事實。

〔註58〕《陸書》，卷一八，〈契丹傳〉，頁5605。
〔註59〕《陸書》，卷一，〈烈祖本紀〉，頁5470。
〔註60〕《陸書》，卷一，〈烈祖本紀〉，頁5467。
〔註61〕脫脫，《遼史》（北京：中華書局，2003年7月），卷四，〈太宗紀下〉，頁44。

表十三：李昇時期與遼國往來之大事年表

時　間	遼　國	南　唐	出　處
吳天祚三年（後晉高祖天福二年、遼國天顯十二年，937）五月	徐知誥用宋齊丘策，結好契丹以取中國，契丹主亦遣使報之。		《資治通鑑》，卷二八一，〈後晉紀二〉，頁9172。
吳天祚三年（後晉高祖天福二年、遼國天顯十二年，937）八月	庚寅，李昇遣使來貢。〔註62〕		《遼史》，卷三，〈太宗紀上〉，頁41。
吳天祚三年（後晉高祖天福二年、遼國太宗天顯十二年，937）九月		遣使至南唐。	《遼史》，卷三，〈太宗紀上〉，頁41。
南唐昇元二年（後晉高祖天福三年、遼國太宗會同元年，938）六月	南唐來貢。		《遼史》，卷四，〈太宗紀下〉，頁44。
南唐昇元二年（後晉高祖天福三年、遼國太宗會同元年，938）七月		遣使至南唐。	《遼史》，卷四，〈太宗紀下〉，頁44。
南唐昇元二年（後晉高祖天福三年、遼國太宗會同元年，938）八月	契丹遣使詣唐，宋齊丘勸李昇厚賄之，俟至淮北，潛遣人殺之，欲以間晉。		《資治通鑑》，卷二八一，〈後晉紀二〉，頁9189。
		丁亥，契丹來聘。	《陸書》，卷一，〈烈祖本紀〉，頁5466。
南唐昇元二年（後晉高祖天福三年、遼國太宗會同元年，938）		契丹東丹王遣使以羊馬入貢，別持羊三萬口、馬二百匹來鬻，以其價市羅紈、茶藥，烈祖從之。	《陸書》，卷一八，〈契丹傳〉，頁5605。
南唐昇元三年（後晉高祖天福四年、遼國太宗會同二年，939）正月		乙巳，（契丹）以受晉冊遣使報南唐。	《遼史》，卷四，〈太宗紀下〉，頁45。
南唐昇元三年（後晉高祖天福四年、遼國太宗會同二年，939）二月		乙未，契丹使者，以兄禮事李昇。	《陸書》，卷一，〈烈祖本紀〉，頁5467。
南唐昇元三年（後晉高祖天福四年、遼國太宗會同二年，939）五月	南唐遣使來貢。		《遼史》，卷四，〈太宗紀下〉，頁46。
南唐昇元四年（後晉高祖天福五年、遼國太宗會同三年，940）三月	乙巳，南唐遣使來覲。		《遼史》，卷四，〈太宗紀下〉，頁47。

〔註62〕此時南唐尚未建國，直至該年十月，方才建國。

南唐昇元四年（後晉高祖天福五年、遼國太宗會同三年，940）四月	乙丑，南唐進白龜。		《遼史》，卷四，〈太宗紀下〉，頁47。
南唐昇元四年（後晉高祖天福五年、遼國太宗會同三年，940）八月	乙巳，南唐遣使求青氈帳，賜之。	壬寅，遣使南唐。	《遼史》，卷四，〈太宗紀下〉，頁48。
南唐昇元四年（後晉高祖天福五年、遼國太宗會同三年，940）九月		戊辰，契丹使梅里掠姑米里來聘，獻狐白裘。	《陸書》，卷一，〈烈祖本紀〉，頁5468。
南唐昇元四年（後晉高祖天福五年、遼國太宗會同三年，940）十月		遣使至南唐。	《遼史》，卷四，〈太宗紀下〉，頁49。
南唐昇元四年（後晉高祖天福五年、遼國太宗會同三年，940）十一月	己巳，南唐遣使奉蠟丸書言晉密事。		《遼史》，卷四，〈太宗紀下〉，頁49。
南唐昇元四年（後晉高祖天福五年、遼國太宗會同三年，940）十二月		契丹主遣使獻馬百匹。	《十國春秋》，卷一五，〈烈祖本紀〉，頁3615。
南唐昇元五年（後晉高祖天福六年、遼國太宗會同四年，941）正月		丙子，南唐遣使來貢。	《遼史》，卷四，〈太宗紀下〉，頁49。
南唐昇元五年（後晉高祖天福六年、遼國太宗會同四年，941）四月	唐主遣通事舍人歐陽遇求假道以通契丹，帝（石敬瑭）不許。		《資治通鑑》，卷二八二，〈後晉紀三〉，頁9221。
南唐昇元五年（後晉高祖天福六年、遼國太宗會同四年，941）七月	癸亥，南唐遣使奉蠟丸書。		《遼史》，卷四，〈太宗紀下〉，頁50。
南唐昇元五年（後晉高祖天福六年、遼國太宗會同四年，941）八月	癸巳，南唐奉蠟丸書。		《遼史》，卷四，〈太宗紀下〉，頁50。
南唐昇元五年（後晉高祖天福六年、遼國太宗會同四年，941）十二月	庚寅，南唐遣使奉蠟丸書。		《遼史》，卷四，〈太宗紀下〉，頁50。
南唐昇元六年（後晉高祖天福七年、遼國太宗會同五年，942）六月		庚午，契丹使掠姑米里來聘，獻馬五駟。	《陸書》，卷一，〈烈祖本紀〉，頁5470。
南唐昇元七年（後晉出帝天福八年、遼國太宗會同六年，943）正月		契丹使者等二十七人來聘，獻馬三百，羊三萬五千。〔註63〕	《陸書》，卷一，〈烈祖本紀〉，頁5470。

〔註63〕此時後晉出帝雖已即位，但照相關史料來看，契丹與後晉的關係仍未惡化，

第五節　李昪與海外三國的關係

　　李昪與海外諸國中較有往來的是高麗，高麗曾在昇元二年及昇元四年派遣使者至南唐，但自昇元四年之後卻沒有記錄，《陸書・高麗傳》載：

> 其後史冊殘缺，來與否不可考矣。〔註64〕

所以兩國關係如何，就因「史冊殘缺」而不易了解。高麗曾因李昪受禪，而上書恭賀：

> 今年六月內，當國中原府入吳越國使張訓等回，伏聞大吳皇帝已行禪禮，中外推戴，即登大寶者。伏惟皇帝陛下，道契三無，恩涵九有。堯知天命已去，即禪瑤圖；舜念歷數在躬，遂傳玉璽。建風惟庸陋，獲託生成。所恨沃日波遙，浮天浪闊，幸遇龍飛之旦，阻申燕賀之儀。無任歸仁，戴聖鼓舞，激切之至，儀式如表。〔註65〕

高麗從吳國時，便建立官方的往來：

> 高麗派使節到吳，……，至是，遣佐良尉金立奇入貢于吳。〔註66〕

兩國的外交關係很早就建立，是一種平等的外交關係，高麗並未對吳國或南唐稱臣。李昪對高麗使臣來訪，也極為重視：

> 烈祖御武功殿，設細仗見。其使自言代主朝觀，拜舞甚恭。宴于崇英殿，出龜茲樂，作番戲。召學士承旨孫忌侍宴。〔註67〕

由此可見，兩國關係也頗為密切，李昪也極為重視與高麗的外交關係。

　　雖在《陸書・高麗傳》中有兩國來往的記錄，但在查遍《高麗史》後，卻未見有與吳及南唐交往的記錄，在十國中僅有與吳越往來，所以是否曾遣使至南唐就成為疑問？但有可能的是高麗曾遣使，但卻不敢記錄，這是由於高麗在之後已正式奉後晉為正朔，《高麗史・太祖世家》載：

> （後晉天福三年、南唐昇元二年，高麗太祖二十一年，938）是月（七月），始行後晉年號。〔註68〕

　　雖然契丹所帶之羊有三萬五千隻，但應仍可自後晉國內通過。若是走海路的話，契丹是否有如此多的船隻，來運送如此多的羊也是疑問，因此筆者以為這些羊應是經陸路抵達南唐。

〔註64〕《陸書》，卷一八，〈高麗傳〉，頁5608。
〔註65〕《陸書》，卷一八，〈高麗傳〉，頁5608。
〔註66〕《資治通鑑》，卷二七〇，後梁均王貞明四年，頁8848。
〔註67〕《陸書》，卷一八，〈高麗傳〉，頁5608。
〔註68〕鄭麟趾，《高麗史》（漢城：亞細亞文化社，1972年9月25日初版），卷二，〈高

即奉後晉為正朔，在這種情況下，仍與其它國家往來，而且南唐與後晉又是敵對狀態，所以雙方雖然有往來，但在這種情況下而不敢公開，也不敢留下任何記錄。

表十四：李昇時期與海外三國往來之大事年表

時　　間	南　唐	海外諸國	出　　處
南唐昇元二年（後晉高祖天福三年，938）六月		是月,高麗遣使來朝貢。	《陸書》,卷一,〈烈祖本紀〉,頁 5466。
南唐昇元二年（後晉高祖天福三年，938）十月		癸未,新羅使來朝貢。〔註69〕	《陸書》,卷一,〈烈祖本紀〉,頁 5466。
南唐昇元四年（後晉高祖天福五年，940）十月		己未,高麗遣使來貢方物。	《陸書》,卷一,〈烈祖本紀〉,頁 5468。
南唐昇元五年（後晉高祖天福六年，941）		是時,（于）闐國貢瑞玉天王。	《十國春秋》,卷一五,〈烈祖本紀〉,頁 3616。

第六節　南唐無法統一天下之因

自楊行密建立吳國後，國力就遠勝於南方各國，徐溫掌政後，又拿下江西之地，國力發展至頂峯，南方少有能與其抗衡者，此一情況至李昇建國後仍未改變。且從吳國至南唐建立，數十年的期間，也少有戰事發生，即使有也未擴及全境，所以與北方戰亂頻仍相比，此處不啻是天堂。依戶數來看，南唐戶數也多於中原王朝，宋建隆元年（960），戶數為九十六萬七千三百五十三戶，〔註70〕扣除南唐所喪失的江北十四州的二十二萬六千五百七十四戶，〔註71〕則中原王朝戶數約為七十四萬七百七十九戶；南唐的戶數在亡國時為六十五萬五千六十五戶，〔註72〕再加上江北戶數則有八十八萬一千六百三十九戶。但為何穩定及戶口較多的南唐，卻終究未能改變以北統南的情況？這是必須從多方面來探討的。

祖世家〉,頁 54 上左。

〔註69〕新羅於後唐清泰二年（935）為高麗所滅,此次朝貢應為假借新羅名義所進行的,應是想籍朝貢換取其它利益。

〔註70〕馬端臨,《文獻通考》（台北：新興書局,民國 47 年 10 月,初版）,卷一一,〈戶口考二〉,頁 113 上。

〔註71〕《薛史》,卷一一八,〈世宗本紀五〉,頁 1570。

〔註72〕《文獻通考》,卷一一,〈戶口考二〉,頁 113 上。

（一）大義名分

　　南唐雖爲南方最強大的，對南方大部份國而言，南唐是敵國、是威脅也是僭僞，因此吳越、楚、閩皆奉中原王朝爲正朔，這些國家雖與南唐有所往來，但都是平等的，並不因李昪改國號「唐」，就認其爲正朔，相反的可能只會讓這些國家暗中嘲笑，這也是爲什麼李昪堅持待機北伐：

　　　　有如天啓其意，而中原忽有變故，朕將投袂而起，爲天下倡。〔註73〕

所堅持的即是北伐成功，就可取得大義名分，「拱揖以招諸國」，〔註74〕事實上宋朝平定南方也是如此，除蜀、南漢、南唐有用兵外，其餘雖有用兵，但程度並不大，甚至如吳越、（閩）陳洪進，都是納土歸降，未有軍事行動，因此大義名分是極爲重要的，這也是南唐所最缺乏的，也未能擁有的。

（二）週邊情勢

　　李昪在建國前便與南方各國和解，事實上早在徐溫時已開始進行，但從吳國楊行密開始，即不斷向外擴張：

　　　　楊行密方盛，常有吞東南之志氣。〔註75〕

對南方諸國而言，吳國卻是一個恐懼的存在，爲了對抗吳國，吳越、楚、閩三國便聯合中原王朝以抗衡，在吳國吞併江西後，楚與吳越及閩被隔絕，雖被隔絕但與吳國的敵對並未化解，李昪建國後，情勢雖有改善，但敵對狀態依然存在，三國牽制著南唐，南唐對他們也必須防範，致使南唐難以出全力北伐中原。南唐也不願將國力耗損在南方上，北方的中原王朝極不穩定，時有戰亂或改朝換代的產生，李昪便是在等待北方混亂，以期一舉北伐中原，因此不願用兵南方。中原王朝也利用這三個國家牽制南唐，南唐在四面受敵的情況，也無法舉全國之力北上中原。

（三）李昪年老

　　南唐三代君主中最能掌控全國的唯有李昪，但建國時其已五十歲了，在「人生七十古來稀」的時代下，其已算是一位老年人了。爲了鞏固權力、篡吳建國，已將人生最黃金的歲月及精力都已消耗怠盡，因此在建國後，早已不復當年的雄心壯志。雖然對外採取和睦四鄰的政策，但這也正是已無雄心的表現，因此

〔註73〕《釣磯立談》，頁5011。
〔註74〕《釣磯立談》，頁5011。
〔註75〕《五代史補》，卷二，頁653。

當吳越大火時，仍不敢放手一搏消滅吳越。在與後晉的對抗中，也未能討好，在李金全叛降時，也一再命令軍隊不能入城。這雖可見其小心謹慎的用心，但也表現出退縮保守的心態。在李昪的一生中，大部份時間都是在權力鬥爭中度過，因此在建國後，已不敢像早先所做的冒險，所以在屢次稍有機會時，皆採緩和方式處理。也因此完全不敢進行冒險，為統一天下創造機會。

（四）變更國策

李昪在去世前一再叮囑必須遵守國策，李璟登位後不久即加以改變，開始對南方用兵，先後滅閩、楚，情況正如李昪所言：「恐所得不能當所失也」，〔註76〕非但使南唐喪失北定中原的機會，更造成國力損耗的極為嚴重，當後周南侵，南唐已無力抗衡。事實上，改變國策出兵先統一南方並非不好，若能成功統一南方，進可全力北伐中原統一天下，退也可形成南北對峙的局面，問題在於李璟所用非人，比如在出兵攻閩時，已完全掌握閩國，卻因軍紀敗壞，導致人民失望，在福州戰役時，內部又不協調，最後大敗於福州，僅占有建、汀兩州；滅楚之役也是如此，初時即快速的占有全楚之地，卻因馮延巳「不欲取費于國，專掊歛楚人」，〔註77〕致使楚人不滿，便在劉言的號召下，「盡復馬氏嶺北故地」，〔註78〕南唐此次出兵空耗國力，毫無所得。

（五）空耗國力，經濟敗壞

李璟兩次出兵，所得不如所失多，致使國力大加耗損，南唐在李昪時期，採取保境安民的政策，不從事任何無益於人民的營造，使國庫也因此充盈，李昪去世前交待說：「德昌宮凡積兵器繒帛七百餘萬」，〔註79〕但在出兵閩、楚後，「未及十年，國用耗半」，〔註80〕國庫消耗的極為嚴重。在國力消耗嚴重的情況下，後周世宗又大舉南侵，在戰敗後，每年又需「輸土貢數十萬」，〔註81〕對南唐經濟更形雪上加霜，經濟狀態愈加惡劣：

> 唐自淮上用兵及割江北，臣事於周，歲時貢獻，府藏空竭，錢益少，物價騰貴。〔註82〕

〔註76〕《釣磯立談》，頁5011。
〔註77〕《陸書》，卷五，〈邊鎬傳〉，頁5504。
〔註78〕《資治通鑑》，卷二九一，後周太祖廣順二年條，頁9484。
〔註79〕《釣磯立談》，頁5007。
〔註80〕《釣磯立談》，頁5007。
〔註81〕《陸書》，卷二，〈元宗本紀〉，頁5482。
〔註82〕《資治通鑑》，卷二九四，後周世宗顯德六年條，頁9603。

爲解決經濟問題，又鑄大錢以應付：

> 禮部侍郎鍾謨請鑄大錢，一當五十，中書舍人韓熙載請鑄鐵錢；唐主
> 始皆不從，謨陳請不已，乃從之。是月（七月），始鑄當十大錢，文曰
> 「永通泉貨」，又鑄當二錢，文曰「唐國通寶」，與開元錢並行。〔註83〕

整個南唐的經濟，在淮南戰敗後，已走向崩潰的局面。

（六）不信武人

　　自李昪開始，南唐已確立文人政治的格局，這也是有鑑於五代的藩鎮爲
禍所採取的措施，當有戰事發生時，雖仍以武將爲宗室任統帥，必會派遣文
人充任監軍使，監軍使的權力大於統軍的主帥，主帥受監軍使的制肘，無法
按己意出戰，致使南唐對外戰事遭逢失敗，先有福州大敗，後又有江北之敗。
監軍使也會對干預地方防務：

> 先是，每歲淮水淺涸，分兵屯守，謂之「把淺」。監軍吳廷紹以爲境
> 上無事，虛費糧用，悉罷之，（劉）仁瞻以爲不可。未及報，而周師
> 猥至，郡人皆恐。〔註84〕

南唐君主不信任武人，利用文人來主持軍事，致使南唐對外戰爭的不斷失利，
這都是不信武人的弊病。

（七）淮南喪失

　　保大十三年（後周顯德二年，955），後周世宗南侵，淮南戰役爆發，此
次戰役直至交泰元年（後周顯德五年，958）爲止，以南唐失敗告終，喪失江
北十四州（揚、泰、滁、和、壽、濠、泗、光、海、廬、舒、蘄、黃）與後
周劃江爲界，〔註85〕淮南的失去，對南唐影響甚鉅，首都金陵與後周僅一江
之隔，從而地利也失，顧炎武曰：

> 及淮南爲周世宗所取，則自窘以至于死。亦失淮南不能守江南之明
> 驗也。〔註86〕

又曰：「南得淮足以抗北，北得淮則南不能自保」，〔註87〕周弘祖亦曰：「都金

〔註83〕《資治通鑑》，卷二九四，後周世宗顯德六年條，頁9603。
〔註84〕《馬書》，卷一六，〈劉仁瞻傳〉，頁5366。
〔註85〕《馬書》，卷四，〈嗣主書〉，頁5284。
〔註86〕顧炎武，《天下郡國利病書》（京都，中文出版社，1975年4月，初版），第八
　　　　冊，〈江寧廬安〉，頁23。
〔註87〕《天下郡國利病書》，〈江寧廬安〉，頁28。

陵者，宜守淮以防外庭」，〔註88〕淮南的失去對南唐是一打擊，陸游亦評論說：「而唐遂失淮南，臣事于周。雖即未亡，而亡形成矣。」〔註89〕南唐唯有守長江以自保，喪失北進中原的機會。宋朝滅蜀、平荊楚後，長江上游也被占領，南唐無險可守，終致亡國。

　　南唐在立國時，繼承楊吳多年穩定的政局，國內也因此頗為安泰，經濟、人口等也較北方更繁華，但問題再於南唐立國江左，若不北進中原，統一天下，也需統一南方，形成南北對峙，如此國勢方可維持。李昪雖有志於中原，奈何在世之時，卻一直無法等到時機，致使終究僅能割據一方，所訂下的國策，又在其子李璟及宋黨的短視下，遭到破壞，致使國力大損。南唐及江南各國，得以割據一方，憑藉的即是北方中原王朝的混亂，李昪也深知其點，故一直在等待奮力一擊的時機，但終其一生未能遭逢，因此去世時再三交待，務必等待時機，不可用兵於南方諸國，但李璟不聽，出兵滅閩、滅楚，所獲不如所失多，國力徒加損耗，當時機來臨，卻已無力北伐。相反的是，北方的中原王朝，卻開始不斷壯大穩定，南唐在面臨此種情況，唯能坐以待斃，以致滅亡。

〔註88〕周弘祖，〈建康論〉（收錄於《天下郡國利病書》，第八冊），〈江寧盧安〉，頁31。
〔註89〕《陸書》，卷一二，〈陸游論曰〉，頁5561。

第七章　李昪的家庭成員與繼承人之抉擇

第一節　李昪的妻妾及姊妹

　　李昪妻妾於史有載者，有順妃王氏、皇后宋氏及後宮种氏等三人，順妃王氏死於建國前，於建國後尚存的有皇后宋氏及夫人种氏二人。於史未載者，尚有周氏及孟氏二人，此二人未見有於任何史籍，僅見於徐鉉的《騎省集》中，有其二人之追封冊文及墓誌銘。

　　王氏為李昪最早所娶之妻，其生卒年不詳。順妃王氏為吳昇州刺史王戎之女，李昪之所以娶妻王氏，完全是由於徐溫的安排，徐溫當時打算利用此一機會來拉攏昇州刺史王戎，籍機將王戎收於其下，「義祖使烈祖委禽焉」，[註1] 所以方有此次聯姻。之後李昪之所以得任昇州防遏使、昇州刺史大抵也應是出自此關係。王氏的個性「純孝」，[註2] 有「柔順之美」，[註3] 常與李昪共同侍疾於徐溫：

> 溫嘗臥疾，惟先主躬侍左右，至於糞溺皆親執器，動至連月逾時。扶腋出人，或通宵達曙，曾不解帶，或夜聞馨歎，乃率婦同往者數四。溫於幃間聞人至，則問曰：「汝為誰耶？」對曰：「知詰在斯。」又問曰：「彼更何人？」對曰：「知詰之婦。」溫見其篤於孝養，而復能幹家，知非常品，而諸子難及，……，未幾溫起。[註4]

〔註1〕《十國春秋》，卷一八，〈烈祖順妃王氏傳〉，頁 3669。
〔註2〕《十國春秋》，卷一八，〈烈祖順妃王氏傳〉，頁 3669。
〔註3〕《江南野史》，卷一，〈先主〉，頁 5154。
〔註4〕《江南野史》，卷一，〈先主〉，頁 5154。

徐溫對王氏的評價也因此極高，當其去世後，徐溫「爲之感歎久之。」〔註5〕李昪並未因王氏早亡而忘記兩人的情感，建國後隨即將王氏「追封順妃〔註6〕」。〔註7〕

　　皇后宋氏，爲李昪在王氏去世後，所娶之妻，生年不詳，卒於保大三年（後晉出帝開運二年，945）十月，宋氏身世也略同於李昪，皆是自小孤苦，生長於戰禍之中，不過宋氏如何嫁予李昪的說法有二，一爲徐溫贈予李昪，《馬書·元恭皇后宋氏傳》載：

> 先主元恭皇后宋氏，不知其世裔也。幼爲亂兵略取，義祖得之，常置帳下。會先主喪其正室，義祖指宋氏謂先主曰：「是必有福，今以乞女。」生嗣主及景邁、景遂、景達，遂立爲繼室。〔註8〕

一爲王氏陪嫁之媵，《陸書·元恭皇后宋氏傳》載：

> 烈祖元敬皇后宋氏，小名福金。父韞，江夏人。後幼流離亂兵中，昪州刺史王戎得後。烈祖娶戎女，後爲媵，得幸，生元宗。王氏早卒，義祖命烈祖以爲繼室，封廣平郡君、晉國君。〔註9〕

第一項說法出自馬令，第二項說法出自陸游，而《馬書》之說，又與《江南野史》所載頗多類似：

> 先主婦卒，……。溫指侍右一姬謂先主曰：「此必有福。自歸吾家而門戶長益不啻數倍。汝可婦之，奉汝箕帚。」遂生嗣主及諸王。
> 〔註10〕

因此《馬書》所載，應錄自於《江南野史》，但若按此所載宋氏先爲徐溫之妾，後方送予李昪，但若如此則宋氏出身頗有不正，也將使李昪負有亂倫之名，按其爲人頗重名聲，即使因一時不得已方納宋氏，也斷不可能於建國後，仍立宋氏爲皇后，如此不是使自身更坐實亂倫之名嗎？因此或如《江南野史》所載，王氏去世後，徐溫曾有贈予李昪女人之事，但應非宋氏，《江南野史》則誤以爲元敬皇后宋氏，乃是徐溫指定李昪立爲繼室，故《江南野史》誤以

〔註5〕 《江南野史》，卷一，〈先主〉，頁5154。

〔註6〕 在《陸書》中則記順妃爲楊氏，可查遍諸書，實未見李昪曾娶妻楊氏者，故此楊氏應爲王氏之誤。

〔註7〕 《十國春秋》，卷一八，〈烈祖順妃王氏傳〉，頁3669。

〔註8〕 《馬書》，卷六，〈元恭皇后宋氏傳〉，頁5299。

〔註9〕 《陸書》，卷一六，〈元恭皇后宋氏傳〉，頁5587。

〔註10〕《江南野史》，卷一，〈先主〉，頁5154。

兩人實爲一人，《馬書》又錄自《江南野史》，方有相同的錯誤，故應以《陸書》所載較爲正確。

皇后宋氏史書形容其：

> 治內有法，不苟言笑，常以端嚴自持。雖妾媵之間，儼如賓客。
> 〔註 11〕

宋氏頗精於治家，方使李昪無後顧之憂，宋氏也曾隨李昪侍俸徐溫於床前，史載：

> （徐溫）初更睡覺，見有侍於床前者，問之。曰：「知誥。」溫因遣其休息，知誥不退。及再寤，又見之，乃曰：「汝自有政事，不當如此以廢公家之務。」知誥乃退。及溫中夕而興，又見一女子侍立，問之。曰：「知誥新婦。」亦勞而遣之。〔註 12〕

宋氏不僅善於治內，對於外事也多頗有見解，如徐溫死後，李昪本欲前往奔喪，卻爲宋氏所阻，宋氏向李昪言：

> 移孝爲忠，臣子之常。況權重身危，而輒罷所執，何異太阿倒持，柄不在我矣。〔註 13〕

也因宋氏的此一席話，解除了李昪的困境。由此也可看出宋氏爲人頗爲聰慧，李昪也知曉宋氏聰慧，所以曾言：「吾思有未達，后已悟矣。」〔註 14〕宋氏從不涉入任何政事，也未曾用自身的權力，引進任何外戚，雖宋氏不涉入政事，但卻仍爲李昪在政治上的一大助手：

> 昪元末，先主服餌金石，性多暴怒，左右賴后以庇者甚眾。〔註 15〕

在李昪有犯錯時，宋氏盡力改正其錯誤，使李昪所犯的錯誤，不會因此而擴大。

也因宋氏會補正李昪的錯誤，使宋氏在南唐朝廷中應享有賢后之名，故在李昪去世後，孫晟等人恐懼宋齊丘等土著士人因此而坐大，便欲請宋氏出面干政，但卻爲其所拒絕，宋氏曰：「此武后故事，吾豈爲之」，〔註 16〕從中也可看出，其頗知分寸，絕不涉入任何政事的態度，即使在李昪去世後也沒

〔註 11〕　《馬書》，卷六，〈元恭皇后宋氏傳〉，頁 5299。
〔註 12〕　《五國故事》，卷上，頁 3182。
〔註 13〕　《馬書》，卷六，〈元恭皇后宋氏傳〉，頁 5299。
〔註 14〕　《陸書》，卷一六，〈元恭皇后宋氏傳〉，頁 5587。
〔註 15〕　《馬書》，卷六，〈元恭皇后宋氏傳〉，頁 5300。
〔註 16〕　《馬書》，卷六，〈元恭皇后宋氏傳〉，頁 5300。

有任何改變，基本上宋氏非常反對女子干政，也認爲女子干政將會使國家政務混亂，亦言：「婦人預外事，非國之福也」，〔註17〕這些也都說明了她的態度，依此觀之確實堪稱爲賢后。也因宋氏爲南唐樹立了女子不干政的典範，卒使南唐少有後宮女子涉入政事之例。宋氏雖堪稱爲賢后，但宋氏仍有極爲厭惡之人，此人即爲种氏，种氏因受寵而目中無人，又介入嗣位之爭，在李昇去世後，宋氏便極欲殺种氏以洩憤：

> 宋太后屢欲甘心，賴元宗保全之，竟以壽終。〔註18〕

所幸李璟爲人敦厚大度，方使慘事不因此發生，也藉此保存了，宋氏的賢后之名。

　　後宮种氏名時光，〔註19〕生卒年不詳，元宗即位後封爲越國太妃。〔註20〕史書形容种氏：

> 性警悟，通書計，常靚妝去飾，而態度閑雅，宛若神仙。〔註21〕

种氏也爲才貌双全之女子，也最受寵，一旦李昇發怒也唯有种氏可解，《江表志》載：

> 烈祖矜嚴峻整，有難犯之色，嘗作怒數聲，金鋪振動，种夫人左手擎飯，右手捧匙，安詳而進之，雷電爲少霽。〔註22〕

李昇對待种氏也極爲恩遇，其服飾、器物等也僅亞於皇后，〔註23〕如此也更使种氏目中無人。种氏生子景逷，頗受李昇寵愛，「由是愛遇之意過於諸子」，〔註24〕种氏也因受寵，而有奪嫡之心，藉故打擊李璟：

> 一日，先主幸元子齊王宮，遇其親理樂器，先主大怒切責。數日，种氏乘間言景逷才過齊王，先主作色曰：「子之過，父戒之，常理也。國家大計，女子何預！」遂叱内臣摔庭下，去簪珥，幽於別宮。數月，命削髮爲尼。〔註25〕

种氏因有奪嫡之心，而被打入冷宮，從此失寵，至李昇去世前皆未能再受寵。

〔註17〕《馬書》，卷六，〈元恭皇后宋氏傳〉，頁5300。
〔註18〕《馬書》，卷六，〈种氏傳〉，頁5300。
〔註19〕《陸書》，卷一六，〈种氏傳〉，頁5578。
〔註20〕《江表志》，卷上，頁5081。
〔註21〕《馬書》，卷六，〈种氏傳〉，頁5300。
〔註22〕《江表志》，卷上，頁5081。
〔註23〕《馬書》，卷六，〈种氏傳〉，頁5300。
〔註24〕《馬書》，卷七，〈李景逷傳〉，頁5311。
〔註25〕《馬書》，卷六，〈种氏傳〉，頁5300。

李昇去世後，种氏知其先前的行徑，恐難逃皇后宋氏的怨恨，便哭著說：「人毚骨醉，復見於此矣」，〔註26〕所幸李璟的排解，方使种氏得以存活。

周氏生平諸書未載，生年不詳，卒年則觀徐鉉爲周氏所纂之追封冊文，〔註27〕時間爲南唐保大三年（後晉出帝開運二年，945）七月，故其死亡時間則應在南唐保大三年。生前被封爲汝南郡君，去世後李璟追封周氏爲許國太妃。

孟氏生平諸書亦未載，徐鉉爲孟氏所纂墓誌銘上，〔註28〕書其卒於南唐保大元年（後晉出帝天福八年，943）五月十九日，享年四十三歲，依此推估孟氏生年則在唐昭宗天復元年（901）。孟氏生前受封爲平昌郡君，未見身後有何追封。

以上即爲李昇之妻妾，雖僅有五人，但相信仍有未載於各種記錄之人。雖不知李昇之妻妾共有多少人，但從以上來看，也可了解李昇也應非極爲喜好女色之人，甚至寵妃一旦干預政事，隨即處置毫不遲疑，如此也可看出李昇不沈迷女色，更知女禍之害。

李昇由於其身世不明，故並不知曉兄弟姊妹的人數，但由現今留存的各種史籍來看，大致可知李昇應無其他兄弟及妹妹，但有姊姊一至二人。《江表志》中載：

　　帝少孤，有姊出家爲尼，……，帝亦隨姊往來。〔註29〕

但並未載明，李昇的姊姊姓名爲何。在《玉壺清話》中也有相同記載，「家貧，二姊爲尼」，〔註30〕綜合《江表志》及《玉壺清話》的記載來看的話，則可了解李昇有姊姊爲尼，但爲尼的姊姊到底是一或二人則並不清楚，但李昇得國後，並未有見其姊的記載，也未曾見對其姊有任何封賞或追封的記錄，依此來看的話，可能早已失聯或死亡，加上又已遁入空門，已超脫人間俗世，可能因此未予加封。

〔註26〕《馬書》，卷六，〈种氏傳〉，頁5300。

〔註27〕徐鉉，《騎省集》（台北：台灣中華書局，民國69年9月，台二版），卷九，〈追封許國太妃冊〉，頁2。

〔註28〕《騎省集》，卷一七，〈故平昌郡君孟氏墓銘〉，頁2～3。

〔註29〕《江表志》，卷上，頁5079。

〔註30〕《玉壺清話》，卷九，〈李先主傳〉，頁86。

第二節　李昇的子女

表十五：李昇世系表〔註31〕

李昇（先主，唐文德元年，888～後晉天福八年，943）年五十六

```
├── 李璟〔註32〕（中主，長子，吳天祐十二年，915～宋建隆三年，961）年四十六
│    ├── 李弘冀（長子，？～後周顯德六年，959）
│    ├── 李弘茂（次子，後唐長興四年～南唐保大九年，951）年十九
│    ├── 李煜（後主，六子，南唐昇元元年，937～宋太平興國三年，978）年四十二
│    │    ├── 李仲寓（長子，南唐交泰元年，958～淳化五年，994）年三十七
│    │    │    └── 李正言（排行不詳，生卒年不詳）
│    │    └── 李仲宣（次子，宋建隆二年，961～宋乾德二年，964）年四
│    ├── 李從善（七子，南唐昇元三年，939～宋雍熙四年，987）年四十八
│    │    ├── 李仲翊（長子，生卒年不詳）
│    │    └── 李仲猷（次子，生卒年不詳）
│    ├── 李從鎰（八子，生卒年不詳）
│    ├── 李從謙（九子，生卒年不詳）
│    │    └── 李仲偓（排行不詳，生卒年不詳）
│    ├── 李從慶（排行不詳，生卒年不詳）
│    └── 李從信（排行不詳，生卒年不詳）
├── 李景遷（次子，吳天祐十五年，918～吳天祚三年三月，937）年十九
├── 李景遂（三子，吳天祐十七年，920～後周顯德六年，959）年三十九
├── 李景達（四子，吳順義四年，924～宋開寶四年，971）年四十八
└── 李景逿（五子，南唐昇元元年，937～宋開寶元年，968）年三十一
     └── 李季操（應為四子，生卒年不詳）
```

　　李昇有子五人，分別為李璟、李景遷、李景遂、李景達及李景逿等。前四位為皇后宋氏所生，為同胞兄弟，李景逿則為後宮种氏所生。

　　李璟本名為景通、字伯玉，即南唐元宗（或稱中主），為李昇長子，生於生於吳天祐十二年（後梁貞明元年，915），卒於宋建隆三年（961）六月，享

〔註31〕據《十國春秋·十國世系表》、《馬書·宗室傳》及《陸書》各傳而成。
〔註32〕李璟共有十子，但有二人其名失考。

年四十六。其爲人多才多藝，喜好讀書，且善於騎射，〔註33〕喜好文學，十歲便作〈新竹詩〉，令眾人驚嘆。〔註34〕李昪去世後，由其繼位。繼位後專任宋齊丘一黨，致宋黨人士掌握朝政，李璟也聽信宋黨的建議，改變李昪所訂立的國策，用兵於南方，先是保大二年（後晉開運元年，944）出兵攻閩，使唐軍深陷閩地，方有保大五年（後漢天福十二年，947）福州大敗：

　　　　唐兵死者二萬餘人，委棄軍資器械數十萬，府庫爲之耗竭。〔註35〕

此次大敗，使南唐府庫消耗殆盡，當後晉亡後，契丹人北歸時，南唐已無力出兵中原。後又於保大九年（後周廣順元年，951）出兵滅楚，初時據有全楚之地，不到一年，南唐又敗退，且毫無所得。兩次出兵，造成南唐國力耗損嚴重，先是喪失一統天下的機會，後是後周南侵，無力抵擋，唯有割江北之地以求和，至此南唐已喪失爭霸天下的機會。（宋）建隆二年（961），因金陵離宋境僅一江之隔，遷都南昌。六月，病逝於南昌。

　　李景遷、字子通，爲李昪次子，生於吳天祐十五年（後梁貞明四年，918），卒於吳天祚三年（後晉高祖天福二年，937）六月，〔註36〕年方十九。李昪即位後，追封爲高平郡王，〔註37〕保大初年又追封爲楚王。〔註38〕史書稱李景遷：

　　　　幼警悟，讀書一覽輒不忘。及長，美姿儀，風度和雅。……。而服
　　　　用素儉，不事華侈，烈祖愛其純謹。〔註39〕

自小聰穎，甚得李昪所喜愛。也曾有術士爲李景遷相命：

　　　　初術士皆謂景遷貴不可言，故烈祖在諸子中尤愛之，……。〔註40〕

術士所謂「景遷貴不可言」，其意即謂景遷有帝王之命，也因此最受寵愛，打算以李景遷爲繼承人，只可惜李景遷因病早卒，不然南唐的第二任君主，就可能是李景遷，而非是李璟。

　　李景遂，爲李昪三子，生於吳天祐十七年（後梁末帝貞明六年，920），卒於後周顯德六年夏（959），〔註41〕年三十九。李昪得國時封爲壽王，李璟

〔註33〕《陸書》，卷二，〈元宗本紀〉，頁5484。
〔註34〕《馬書》，卷二，〈嗣主書〉，頁5267。
〔註35〕《資治通鑑》，卷二八六，後漢高祖天福十二年條，頁9350。
〔註36〕《資治通鑑》，卷二八一，後晉高祖天福二年條，頁9173。
〔註37〕《陸書》，卷一，〈烈祖本紀〉，頁5465。
〔註38〕《陸書》，卷一六，〈李景遷傳〉，頁5590。
〔註39〕《馬書》，卷七，〈李景遷傳〉，頁5309。
〔註40〕《陸書》，卷一六，〈李景遷傳〉，頁5590。
〔註41〕此時南唐已對後周稱臣，故去年號。

即位後，封爲皇太弟。史書稱其爲，「制行雅循，有君子之風」，〔註42〕李景遂在李景遷去世後，成爲李璟繼位的最大威脅者，李璟繼位後，先是欲讓位李景遂，在大臣勸阻方停止：

> 燕王景遂改封齊王，拜諸道兵馬大元帥、太尉、中書令。……。宣告中外，以兄弟相傳之意。〔註43〕

此一作法，是不得己的，李璟在李昇時一直表示無意繼位，而宋齊丘一黨，又積極扶立李景遂以繼位，但對非宋黨的士人而言，若李景遂繼位，則宋黨勢必專政，南唐將難有其他士人發揮之餘地，因此造成李景遂無法繼位，但宋黨勢力甚爲龐大，致使李璟繼位後，表達「兄終弟及」之意，以緩和宋黨的壓力。

南唐保大五年（後漢高祖天福十二年，947），封李景遂爲皇太弟：

> 久之，又以爲太弟，凡太子官屬皆改爲太弟官屬，景遂固辭。〔註44〕

從此李景遂任皇太弟長達十三年之久，交泰元年（後周顯德五年）三月：

> 始改授天策上將軍、江南西道兵馬元帥、洪州大都督、太尉、尚書令、晉王。〔註45〕

後太子李弘冀恐李景遂與其奪位，遣人酖殺：

> 文憲太子冀既正儲闈，頗專國事，而又率多不法。元宗一日甚怒，撻之以球杖，且曰：「當命太弟景遂代之。」冀有慚色。他日密使人持酖付昭慶宮使袁從範，從範從太弟在金陵。未幾，從範子承乾爲景遂嬖臣宋何九讒構，遂實之法，從範懼而且怨。會景遂擊鞠暑渴，從範進漿遇酖，即日薨，未殯而體已潰矣。〔註46〕

李弘冀也因酖殺李景遂，心有不安，數見李景遂爲崇，李弘冀也因此而病死。李景遂去世後，李璟贈太弟，諡文成。

一直以來，李璟對李景遂表現出極爲信任的態度，甚至繼位後，一度下令「中外庶政，並委齊王景遂參決」，〔註47〕但眞否如此呢？或許李璟初時，眞不欲繼位，但繼位後就難以退位，而吳讓皇之鑑猶在，李璟何能不知，也就在爲保權位之下，李璟與李景遂的兄弟之情就難以維持。但李景遂背後有

〔註42〕《馬書》，卷七，〈李景遂傳〉，頁5310。
〔註43〕《馬書》，卷二，〈嗣主書〉，頁5268。
〔註44〕《陸書》，卷一六，〈李景遷傳〉，頁5590。
〔註45〕《陸書》，卷一六，〈李景遷傳〉，頁5591。
〔註46〕《江表志》，卷中，頁5087。
〔註47〕《馬書》，卷二，〈嗣主書〉，頁5268。

宋黨的支持，致使李璟難以有任何舉動，而張易一事就正可看出李璟與李景遂兩人並不和善：

> 贊善大夫張易峭直喜盡言，景遂嘗賦詩頗纖麗，易面規之，景遂敬納。又嘗怒碎玉杯于坐，景遂亟摧謝，無迕色。及易出使契丹，景遂上言力陳，以為：「易，國士也，宜夙夜納誨。今使抗不測之淵，報聘遠夷，非國之利。」元宗報之日：「易固奇士，海神當畏之。」竟遣行。」〔註48〕

張易曾先後多次上諫李景遂，使李景遂對張易極為賞識，李璟遣張易出使遼國，李景遂力勸之，但為李璟所拒。由李璟與李景遂兩人對話來看，則可看出李璟是故意為難李景遂，張易本為李景遂之屬官，李景遂為張易上言並無不可，但因李景遂上言，使李璟決意遣張易出使遼國，觀李璟回答李景遂之言，更是表達出李璟對李景遂之不滿。李璟並非是昏暴之君，極有容人之量，但卻對李景遂之言不理不睬，所回之話又極盡可笑，這即是李璟認為張易為李景遂之人，而故意為難。從此事也可看出兩人關係如何。

李景達字子通，為李昇四子，吳順義四年生（後唐莊宗同光二年，924），宋開寶四年卒（971）享年四十八歲，李景達一直活到後主之世。李景達小名又為雨師：

> 是歲大旱，烈祖方輔政，極于焦勞，七月既望，雩而得雨，景達以
> 是日生，烈祖喜，故小名雨師。〔註49〕

李昇即位後，封為信王，李璟即位封為鄂王，後改封為齊王。按史籍所載來看，李景達與李璟的關係頗好，李景達曾救李璟於水中：

> 景達孝友純至，嘗從遊後苑，泛舟池中。元宗舟覆，景達在他舟，
> 初不善涵，遽躍入水中，負元宗出，人以為精誠所感。〔註50〕

李璟也曾有意傳位予李景達：

> 烈祖殂，景遷已前死，元宗稱疾固讓景遂，欲以次及景達，……。
> 〔註51〕

依此來看兩人頗具兄弟之情。但事實上，兩人的關係絕不是如此友好，李璟

〔註48〕《陸書》，卷一六，〈李景遂傳〉，頁5591

〔註49〕《陸書》，卷一六，〈李景遷傳〉，頁5591。

〔註50〕《陸書》，卷一六，〈李景遷傳〉，頁5592。

〔註51〕《陸書》，卷一六，〈李景遷傳〉，頁5591。

對李景達亦是頗爲提防，即使周世宗南征，李璟仍完全不敢授予李景達統兵大權，反而是將統兵大權交予陳覺：

> 保大末，淮南交兵，景達以元帥督師，陳覺爲監軍使，軍政皆決於覺，景達署牘尾而已。朱元叛，壽州陷，皆覺爲之，景達亦不能詰。〔註52〕

即使如李景達此種親王的身份，仍難與陳覺對抗，甚至不能過問任何軍政之事，雖文人任監軍使爲南唐之傳統，但李景達身份尊貴，陳覺敢大權獨攬，除宋黨勢大外，也包含李璟對其的不信任，不然何以陳覺敢如此猖狂，因陳覺了解李璟對李景達根本不信任。

李景達也了解李璟對其並不非常信任：

> 元宗多與宗戚近臣曲宴，如馮延巳、陳覺、魏岑之徒，喧笑無度，景達每呵責之。嘗與延巳會飲，延巳欲以詭佞賣恩，佯醉撫景達背曰：「爾不得忘我。」景達大怒，入白元宗，請致之死，元宗慰諭而已。出謂所親曰：「吾悔不先斬以聞。」太子讚善張易從容謂景達曰：「群小構扇，其禍不細。大王力未能去，自宜隱忍。」景達由是罕預曲宴，每被召，輒辭以疾。〔註53〕

雖此事看爲李景達欲除馮延巳，但從張易所言來看，則知李璟對李景達的信任，遠不如對馮延巳等人的信任。而李璟對李景達的不信任，起自於李景達是李昇所屬意的繼承人，因此對李璟是極具威脅性，所以若是馮延巳等人在李璟面前進讒的話，恐將難逃大禍，李景達也了解自身的處境，自此「罕預曲宴」。

淮南兵敗後，李景達不再任事，「日以酣飲爲務」，〔註54〕李璟恐其無功而自愧，拜其爲撫州大都督：

> 乃拜天策上將軍、浙西節度使。景達不敢當要鎮，力辭，改撫州大都督、臨川牧，在鎮十餘年。〔註55〕

但到鎮後，所有政事「委任寮屬，怠於視事」，〔註56〕後主即位後，加太師、尚書令，後主因李景達爲李家之長，故對李景達極爲尊重，去世後諡昭孝，贈太弟。

李景逿，字宣遠，爲李昇的五子，生於昇元元年（後晉高祖天福二年，

〔註52〕《陸書》，卷一六，〈李景遂傳〉，頁5592。
〔註53〕《馬書》，卷七，〈李景遂傳〉，頁5311。
〔註54〕《馬書》，卷七，〈李景遂傳〉，頁5311。
〔註55〕《陸書》，卷一六，〈李景遂傳〉，頁5592。
〔註56〕《馬書》，卷七，〈李景遂傳〉，頁5311。

937），卒於宋太祖開寶元年（968），享年三十一歲。其母爲种氏，本因种氏受寵於李昪，李景逿也頗受寵愛：

> 烈祖嬖其母种氏，而景逿爲季，由是愛遇之意過於諸子。〔註57〕

但隨著种氏介入繼位之爭而失寵，連帶也影響李景逿，致使李昪在世時未受封爲王，至李璟即位方封爲王爵。李景逿爲人不喜浮屠，有別於當世之人，五代時期南方佛教發展極盛，上至帝王大臣下至販夫走卒，無人不拜浮屠，無人不信浮屠，唯獨李景逿不信浮屠，以發揚儒教爲任，「毀佛書，專以六經名教爲事。」〔註58〕除此以外，擔任虔州節度使，更長達十一年之久，其任事期間，「簡易節儉，虔人安其政」，〔註59〕即以發揚儒教爲任，故其極守禮教，其下屬若有不符禮教，其必上書黜之：

> 贛縣令卒，成喪之日，其尉邵繼良張樂飲酒，景逿立奏黜之。〔註60〕

李景逿爲人又極能納諫：

> 書記孫峴每能諫其過失，景逿爲之加禮，及峴卒，厚給其家，時人以此美之。〔註61〕

後主即位爲，徒江王，拜侍中。開寶元年去世後，追贈中書令，諡昭順。

　　李昪有女七人，爲豐城、盛唐、太和、建昌、玉山、永興、興國等七女，此七女爲何人所出，史未有載，其排行爲何，也並不知曉，僅知豐城公主爲長女，卒於李昪得國前，〔註62〕永興公主爲四女。〔註63〕不過若依《陸書》上所載之順序，爲盛唐、太和、建昌、玉山、永興，則依此大抵可知李昪之女的順序，不過尚有興國公主一人，不知其在李昪之女中的排序爲何，未見李昪得國後有何加封或追封之記錄。李昪七女的事蹟，史書多未有載，唯永興公主、興國公主二人，史書略有載之。

　　永興公主，李昪四女，何人所出及生卒年皆不詳，享年24歲。〔註64〕史書稱其，「賢明溫淑，容範絕世」，〔註65〕李昪將永興公主，嫁予吳讓皇太子

〔註57〕　《馬書》，卷七，〈李景逿傳〉，頁5311。
〔註58〕　《馬書》，卷七，〈李景逿傳〉，頁5312。
〔註59〕　《陸書》，卷一六，〈李景逿傳〉，頁5592。
〔註60〕　《馬書》，卷七，〈李景逿傳〉，頁5313。
〔註61〕　《馬書》，卷七，〈李景逿傳〉，頁5313。
〔註62〕　《陸書》，卷一，〈烈祖本紀〉，頁5464。
〔註63〕　《十國春秋》，卷一九，〈烈祖諸女〉，頁3691。
〔註64〕　《玉壺清話》，卷九，〈李先主傳〉，頁89。
〔註65〕　《玉壺清話》，卷九，〈李先主傳〉，頁89。

楊璉爲妻，永興公主性格極爲貞烈，在吳國滅亡後，不改其志，仍自稱爲是吳室冢婦。李昪得國後雖封爲永興公主，但每當有人稱其爲公主，其流淚憤憾：

> 人每稱爲公主，則流涕憤惋。或問其故，曰：「吾爲冢婦，而廟不血食，可不悲乎！」諸兄惡之。烈祖曰：「內夫家而外父家，婦人之德也，何罪之有？」〔註66〕

李昪也常深感愧對永興公主，因此不對永興公主的行爲有任何的責怪，反而予以稱讚，更對楊璉予以封賞，「烈祖愧之，乃以璉爲中書令、池州節度使」，〔註67〕楊璉去世後，永興公主亦因過度哀傷，亦卒。

興國公主，何人所出、排行、生卒年皆不詳。興國公主之事蹟初見於《馬書》中的〈馬仁裕傳〉：

> 馬仁裕字德寬，……。初同周宗給使烈祖左右，……。烈祖移鎮潤州，仁裕監蒜山渡，首聞朱瑾之亂，馳白烈祖，即日以州兵渡江定亂。烈祖得政，基於此也。……。烈祖以女妻之，是爲興國公主。……。
>
> 〔註68〕

雖《馬書》有此一記載，但仍頗令人不解的是《陸書》，並未有「烈祖以女妻之」的記載，且在《陸書》記載受封公主中，也未有興國公主此人，而在《馬匡公神道碑》中，也提到，「公娶同郡萊氏，封彭城郡君」，〔註69〕而並未提及興國公主之事，綜合以上諸事來看，是否有興國公主此人，著實令人懷疑，故筆者以爲，此爲《馬書》之誤載，後《十國春秋》又延續《馬書》的誤載，而有此一錯誤，因此李昪之女應爲六人，而無興國公主此人。

第三節　李昪的亡故及繼承人抉擇

一、李昪的亡故

一直以來李昪即有一統天下之志，但隨著年華老去，便開始想盡各種方法來延續自己的壽命，於是有了服用金石的習慣，長久服用金石的結果使其

〔註66〕《馬書》，卷六，〈永興公主傳〉，頁5307。
〔註67〕《陸書》，卷一七，〈永興公主傳〉，頁5603。
〔註68〕《馬書》，卷一一，〈馬仁裕傳〉，頁5337。
〔註69〕《騎省集》，卷一一，〈馬匡公神道碑〉，頁7。

個性開始轉變，由之前的冷靜克制轉爲暴怒急燥，此種情況自昪元四年（後晉天福五年，940）東巡後越加明顯：

> 唐主勤於聽政，以夜繼晝，還自江都，不復宴樂；頗傷躁急。內侍王紹顏上書，以爲「今春以來，群臣獲罪者眾，中外疑懼。」唐主手詔釋其所以然，令紹顏告諭中外。〔註70〕

雖然暴怒急燥也與其深覺時日不多有關，但最大的原因是服用金石。

　　李昪爲服用金石，引進不少方士，如王栖霞、潘扆和史守沖等，其中王栖霞未曾爲李昪煉丹，相反李昪還曾問政於王栖霞：

> 唐主問道士王栖霞：「何道可致太平？」對曰：「王者治心治身，乃治家國。今陛下尚未能去飢嗔、飽喜，何論太平！」宋后自簾中稱歎，以爲至言。凡唐主所賜予，栖霞皆不受。栖霞常爲人奏章，唐主欲爲之築壇。辭曰：「國用方乏，何暇及此！俟焚章不化，乃當奏請耳。」〔註71〕

由兩人的對話來看，可看出王栖霞並不是一位利用機會獲得權術的人，相反的是一位關心俗世的有道之士。爲李昪煉丹的主要是潘扆和史守沖兩人：

> 烈祖嘗夢得神丹，既覺，語左右欲物色訪求，而守沖適詣宮門獻丹方，扆亦以方繼進。烈祖皆神之，以爲仙人，使煉金石爲丹，……。〔註72〕

李昪爲使兩人專心煉丹，使其「居紫極宮」。〔註73〕

　　潘扆和史守沖兩人所煉之丹藥，李昪服下後，尚未見到延年益壽的效果，個性卻變爲暴燥易怒，李建勳也因此勸諫，應愼服金石：

> 嘗以藥賜李建勳，建勳曰：「臣餌之數日，已覺躁熱，況多餌乎！」
> 唐主曰：「朕服之久矣。」〔註74〕

卻未爲李昪所接受，仍未改服食金石的習慣。因個性轉變，使群臣常因此而受責罰，不過責罰之後李昪常會深感不是，而會有所補償：

> 晚年服金石藥，性多躁怒。百司奏事，必至厲聲訶責。群臣或正色抗辭以對，事理明白，必斂容慰勉之，旬日之後多有恩澤，故人思

〔註70〕《資治通鑑》，卷二八二，後晉高祖天福六年條，頁9230。
〔註71〕《資治通鑑》，卷二八三，後晉齊王天福八年條，頁9244。
〔註72〕《陸書》，卷一七，〈史守沖、潘扆傳〉，頁5600。
〔註73〕《馬書》，卷二四，〈潘扆傳〉，頁5416。
〔註74〕《資治通鑑》，卷二八三，後晉齊王天福八年條，頁9244。

盡力。〔註75〕

再加上宋后的從旁慰解：

　　昇元末，先主服餌金石，性多暴怒，左右賴后以芘者甚眾。〔註76〕

也因此使南唐政事並未因李昪的個性躁怒，而有太大問題產生，朝政仍得以穩定。

　　然而，服用金石終究有害健康，除個性轉變爲暴怒外，李昪也因此長了背疽：

　　會疽發背，祕不令人知，密令醫治之，聽政如故。〔註77〕

雖已命人醫治背疽，但爲時已晚。昇元七年（後晉出帝天福八年，943）二月：

　　庚午，疾亟，太醫吳廷裕遣親信召齊王璟入侍疾。〔註78〕

李璟入侍時，李昪也已至燈枯油盡，便開始交待身後之事，先謂金石之害：

　　唐主謂璟曰：「吾餌金石，始欲益壽，乃更傷生，汝宜戒之！」〔註79〕

再謂國策：

　　將終，乃謂嗣主曰：「德昌宮凡積兵器繒帛七百餘萬，吾死之後，善
　　和好鄰境，以安宗社，不可襲楊皇之跡，恃食阻兵，自取亡覆。苟
　　能守吾言，汝爲孝子，百姓謂汝爲賢君矣。」〔註80〕

最後，將李璟叫至床邊，咬李璟手指至出血，並告誡說：「他日北方有事，勿忘吾言。」〔註81〕交待完後事，不久即崩於昇元殿，得年五十六歲，葬於永陵。諡爲光文蕭武孝高皇帝，廟號烈祖。在李昪死後，南唐朝臣對李昪的廟號有所議論：

　　議者以先主繼唐昭宗之後，號當稱宗。韓熙載建議，〔註82〕以謂「古
　　者帝王，己失之，己得之，謂之反正；非我失之，自我得之，謂之中

〔註75〕《馬書》，卷一〈先主書〉，頁5265，引《江南錄》。

〔註76〕《馬書》，卷六，〈元恭皇后宋氏傳〉，頁5300。

〔註77〕《資治通鑑》，卷二八三，後晉齊王天福八年條，頁9245。

〔註78〕《資治通鑑》，卷二八三，後晉齊王天福八年條，頁9245。

〔註79〕《資治通鑑》，卷二八三，後晉齊王天福八年條，頁9245。

〔註80〕《江南野史》，卷一，《先主》，頁5157。

〔註81〕《釣磯立談》，頁5011～5012。

〔註82〕但在《陸書・蕭儼傳》，則載韓熙載、江文蔚等人皆認爲李昪應稱「宗」，最
　　　　後是在蕭儼的建言下，李昪方稱「祖」。但在《騎省集》所收錄的《昌黎韓公
　　　　墓誌銘》中，則載蕭儼、韓熙載和江文蔚三人，共持此意，故今以《玉壺清
　　　　話》爲是。

興。今先主，中興之君也，宜當稱祖。」輿論是之，遂廟號烈祖，

陵曰永陵。〔註83〕

李昇當政期間國家安定，少有征戰之事，人民生活安定，故去世後，「四方黔首歎息涕泣而輟其食」，〔註84〕而陸游亦曰：

（李昇）仁厚恭儉，務在養民，有古賢主之風焉。〔註85〕

二、繼承人的抉擇

李昇在繼承人的抉擇上，事實上陷入了難題，這是因為雖然以李璟作為繼承人，但李璟並不適合作為南唐繼承人，史書雖稱李璟：

美容止，器宇高邁，性寬仁，有文學。〔註86〕

又稱：

元宗多才多藝，好讀書，便騎善射。〔註87〕

由於李璟過於文弱，也太過喜好文藝，當時南唐初建，李昇又有意北進中原，一統天下，因此喜好文藝的李璟，並不適合擔任繼承人，南唐繼立之君必須要具備尚武、果決等條件，而這些都是其所未具備的，因此李昇並不欲立李璟作為繼承人，但卻因其為嫡長子，而又不得不立為繼承人。

李璟也了解其父的想法，故有兩次推讓太子之事，先推讓齊王太子之位：

吳徐知誥立子景通為王太子；固辭不受。〔註88〕

後再讓南唐皇太子之位：

立齊王璟為皇太子，仍兼大元帥，錄尚書事。璟固讓，從之。〔註89〕

當時李璟為推讓太子，上書曰：

古之立太子，所以崇正嫡，息覬覦。如臣兄弟，稟承聖教，實為敦睦，願寢此禮。〔註90〕

李昇也對李璟此種態度也大為讚賞：

烈祖為下詔，稱其「守廉退之風，師忠貞之節，有子如此，予復何

〔註83〕《玉壺清話》，卷九，〈李先主傳〉，頁94。
〔註84〕《江南野史》，卷一，《先主》，頁5157。
〔註85〕《陸書》，卷一，〈烈祖本紀〉，頁5471。
〔註86〕《馬書》，卷二，〈嗣主書〉，頁5267。
〔註87〕《陸書》，卷二，〈元宗本紀〉，頁5484。
〔註88〕《資治通鑑》，卷二八一，後晉高祖天福二年條，頁9172。
〔註89〕《陸書》，卷一，〈烈祖本紀〉，頁5468。
〔註90〕《馬書》，卷一，〈先主書〉，頁5263。

憂。」赦殊死以下，臣民奉賤齊王如太子禮。〔註91〕

李璟的先後兩次推讓太子之位，是有原因的；首先，李璟了解其父並無意立其爲太子，只是礙於宗法傳統而不得不爲；其次，爲宋齊丘一黨也無意擁李璟爲太子，李璟知曉若登上太子之位的話，接下來必是宋齊丘等人毫無止境的攻擊，如此將難安於太子之位。爲此不願登上太子之位，方有兩次推讓太子之事。推讓太子之事，正合李昇之意，立李璟爲太子本來即是不得已的，是礙於宗法傳統而不得不爲，而今李璟推讓太子，正好讓李昇有台階可下，又爲不違背宗法傳統，下令以太子之禮對待李璟，如此李璟仍未是太子，但卻具有皇太子之實，這樣即可阻悠悠眾口，又可等到日後有更適合的皇太子人選出現時再行換人。

在李昇的心目中，繼承人的首選是次子李景遷，曾有相士爲李景遷相命，相士謂其「貴不可言」，使以李景遷爲繼承人的想法獲得加強，此一想法也爲宋齊丘所偵知，宋齊丘先安排其黨人陳覺入李景遷之側，以建立與李景遷的關係：

> 時光主權位日隆，中外皆知有代謝之勢，而以吳主恭謹守道，欲待
> 嗣君，先主次子景遷，吳主之壻也，先主鍾愛特甚。齊丘使陳覺爲
> 景遷教授，爲之聲價。〔註92〕

之後，便處處打擊李璟以拉抬李景遷：

> 齊丘參決時政，多爲不法，輒歸過於元宗，而盛稱景遷之美。烈祖
> 於是召元宗至金陵，授鎮海軍節度副使，即以景遷爲太保、平章事，
> 代秉國政，有奪嫡之漸，此齊丘謀也。〔註93〕

宋齊丘的作法，的確取得了效果，使李景遷替代了李璟，來「代秉國政」，陳覺也順理成章的輔佐李景遷：

> 烈祖居金陵，以次子景遷留東都爲同平章事、知左右軍使，輔政，
> 命覺爲之佐，……。〔註94〕

李昇之意是以陳覺來輔佐李景遷，就如同宋齊丘輔佐李昇一般，李昇也曾對陳覺說：

〔註91〕 《陸書》，卷二，〈元宗本紀〉，頁5484。
〔註92〕 《資治通鑑》，卷二七九，後唐潞王清泰二年條，頁9129。
〔註93〕 《馬書》，卷七，〈李景遷傳〉，頁5309。
〔註94〕 《陸書》，卷九，〈陳覺傳〉，頁5536。

吾少時與宋子嵩論議，好相詰難，或吾捨子嵩還家，或子嵩拂衣而
起。子嵩攜衣笥望秦泆門欲去者數矣，吾常戒門者止之。吾今老矣，
猶未偏達時事，況景遷年少當國，故屈吾子以誨之耳。〔註95〕

此意是讓陳覺了解，日後若李景遷登位，其位將如同宋齊丘，李昪如此話語
是爲分化宋齊丘、陳覺兩人，宋齊丘打擊李璟，李昪豈會不知？應是全然知
曉的，只不過本來就有意以李景遷爲繼承人，正順此而將李景遷扶上廣陵輔
政之位，以便日後繼承大位，但李昪也了解宋齊丘打擊李璟的用意，即是要
以此獲扶立大功，待其百年後，可以藉扶立大功來專擅朝政，李昪便利用陳
覺來分化宋、陳兩人，以使宋黨的勢力可因此而分裂，使宋齊丘的勢力不致
於坐大。當李景遷因病回歸金陵時，李昪仍告知陳覺不用擔心昇遷問題：

景遷留東都輔政，寢病罷歸，徙爲東南諸道副都統，覺居其幕府，
先主委之輔佐，謂曰：「知卿可任，幸悉心輔吾子。至於祿位遷次，
孤心簡在卿，無庸慮也。」〔註96〕

卻因李景遷的病逝，致使分化宋齊丘、陳覺的計劃失敗。但李景遷的病逝，
對李昪更是一大打擊，也使李昪的計劃因此破滅，也唯有對繼承人的問題另
做打算。

李景遷病逝後，李昪對以何人繼承，並未有定見，仍以李景遂爲廣陵輔
政，李景遂早在李景遷病歸金陵時，即代李景遷至廣陵輔政：

吳太保、同平章事徐景遷以疾罷，以其弟景遂代爲門下侍郎、參政
事。〔註97〕

李景遂代李景遷爲廣陵輔政，是李昪之意，李景遷之意本爲「請以兄弟自代」，
〔註98〕李昪也知李璟的過錯，全爲宋齊丘所造成，若李昪眞有意以李璟爲繼
承人，則應以李璟再任廣陵輔政，但並未如此，仍使李璟擔任毫無實權的副
元帥一職：

吳徐知誥以其子副都統景通爲太尉、副元帥，都統判官宋齊丘、行
軍司馬徐玠爲元帥府左、右司馬。〔註99〕

以李景遂爲廣陵輔政，就更顯示出李昪實無意以李璟爲繼承人。不過，若謂

〔註95〕　《資治通鑑》，卷二七九，後唐潞王清泰二年條，頁9129～9130。
〔註96〕　《唐餘紀傳》，卷九，〈陳覺傳〉，頁5696。
〔註97〕　《資治通鑑》，卷二八〇，後晉高祖天福元年條，頁9145。
〔註98〕　《馬書》，卷七，〈李景遷傳〉，頁5309。
〔註99〕　《資治通鑑》，卷二八〇，後晉高祖天福元年條，頁9140。

此時李昇已決定繼承人，則又未免太過，雖以李景遂爲輔政，但並非已決定李景遂爲繼承人，相反的，此時正陷入繼承人的長考中，李昇以李景遂爲輔政，僅是爲了考察他的能力，來做爲日後是否能成爲繼承人而已。由於此時尚未決定繼承人，故當李昇任齊王時，欲以李璟爲王太子，李璟也知其父並未決定以其爲繼承人，故便再三推辭：

> 吳徐知誥立子景通爲王太子，固辭不受。〔註100〕

推辭王太子的作法，則正好使父子兩人都有台階下，首先對李璟來說，若不推辭王太子的話，其並非是其父首選，即使坐上王太子之位恐怕也不穩固，且若坐上王太子之位，日後若未能繼承，繼任之君將會對李璟充滿疑懼，如此將難逃殺身之禍；其次對李昇來說，即無意以李璟繼位，李璟推辭王太子的作法，則正好可在日後需廢長立幼時，獲得一個較好的藉口，即李璟無意於權位。

李昇雖在李景遷去世後，並未隨即決定以何人爲繼承人，但繼承人選，卻不可能因此而停擺，李昇所矚意的繼承人選應爲李昇四子李景達，「烈祖欲以爲嗣」，〔註101〕矚意李景達爲繼承人一事，李璟也全然知曉，故李璟即位後：

> 烈祖殂，景遷已前死，元宗稱疾固讓景遂，欲以次及景達，承先帝遺意。〔註102〕

由此來看，則李昇意以李景達爲繼承人一事，在南唐朝應會有不少人知曉。李昇爲何會以李景達爲繼承人？首先是李景達自小聰穎，「成童爽悟，與羣兒異，烈祖器之。」〔註103〕但聰穎並非是成爲繼承人最重要的，最主要的是因李景達並未與宋黨人士有很深的交往，甚至極厭惡宋黨：

> 元宗多與宗戚近臣曲宴，如馮延已、陳覺、魏岑之徒，喧笑無度，景達每呵責之。嘗與延已會飲，延已欲以詭佞賣恩，佯醉撫景達背曰：「爾不得忘我。」景達大怒，入白元宗，請致之死，元宗慰諭而已。出謂所親曰：「吾悔不先斬以聞。」〔註104〕

此事雖發生於李璟時期，但由此來看，就可發現李景達與宋黨的關係並不太好，李昇也因此才決定以李景達爲繼承人。李景遂無法成爲繼承人，也正是

〔註100〕《資治通鑑》，卷二八一，後晉高祖天福二年條，頁9172。
〔註101〕《陸書》，卷一六，〈李景遷傳〉，頁5591。
〔註102〕《陸書》，卷一六，〈李景遷傳〉，頁5591。
〔註103〕《馬書》，卷七，〈李景達傳〉，頁5311。
〔註104〕《馬書》，卷七，〈李景遂傳〉，頁5311。

因與宋齊丘一黨的關係過於密切，方失去成為繼承人的機會。

宋齊丘對李昪而言是一位不可或缺的人物，李昪能掌控吳國、建立南唐，宋齊丘可謂功不可沒，也因此一直優遇他，雖其間宋齊丘不乏有任用私人之事，但大體仍可操控宋齊丘，之後李昪卻發現，宋齊丘想操控繼承人：

> 所以然者，以吳主少而先主老，必不能待，他日得國授於景遷易制，己為元老，威權無上矣。此其夕為謀也。先生覺之，乃召齊丘如金陵以為己之副，遙兼申蔡節度使，無所關預，從容而已。〔註105〕

也因此李昪開始對宋齊丘及其黨人，採取分化及各種打擊方式。在李昪諸子中，李景遂與宋黨的關係較為密切，如此方使李景遂錯失繼承李昪的機會。在李昪這些創業君主的想法中，對朝中的各派系都必需使其保持均衡，不可使任何一派坐大，若使任何一派坐大的話，將會嚴重的影響到君權的行使。為此，君主不可與任何一派的關係過於密切，而李景遂即犯了此項錯誤，與宋黨的關係太過密切，李昪的認知中，對宋黨仍能操控自如，但並不代表其繼承人也可如此，李昪卻因過於愛惜名聲，明明了解宋黨的危害，仍遲遲不願處置宋黨，頂多將其黨人投於閒職。即已明瞭宋黨的危害，繼承人的選擇上，即是以與宋黨關係如何來做為選擇，李景遂即因與宋黨關係密切而落選，相反的李景達卻因與宋黨的關係不睦，方才成為繼承人。

雖然，李昪囑意李景達為繼承人，但最後李景達仍未能繼承李昪之位，這是為何？這是因為李景達終非長子，且又為四子，其上尚有兩位兄長，致使李景達不易成為繼承人，「烈祖欲以為嗣，難于越次，故不果。」〔註106〕這也使李昪在世時遲遲無法以李景達為繼承人。無法以李景達為繼承人，最主要也可能在於朝中無人支持李景達，以中原士人而言，他們較重視的禮教傳統，在禮教傳統中即以嫡長子為優先，況且李璟本身又極好文藝，因此在思想上與所接觸的人，大體也以中原士人較多，中原士人在思想上、禮教上，都認為應當以李璟為繼承人，也因此方有南唐昇元四年（後晉高祖天福五年，940）八月，李昪欲立李璟為皇太子一事，此事即迫於他們的壓力下方行之；反觀宋黨，本即到處打擊李璟，在思想即是反對李璟，他們先支持李景遷，後又支持李景遂，希望藉由他們的登位，來獲得掌控朝政的機會。此外，南唐朝廷雖尚有其它派系，卻早已是不成氣候，所以在南唐朝廷上，以中原士

〔註105〕《資治通鑑》，卷二七九，後唐潞王清泰二年條，頁9129。
〔註106〕《陸書》，卷一六，〈李景遷傳〉，頁5591。

人與宋黨爲主，而這兩派卻早已有各自的支持者，很難要他們改變方向，來
支持李景達，這種情況，也致使李昪終究不敢強立李景達爲繼承人，因此李
景達終究未能繼承李昪之位。

至李昪即將去世時，方才下定決心，以李景達爲繼承人：

> 知誥疾革，以其子景達類己，欲立之。時景達爲成王，〔註107〕居守
> 東都。知誥乃密爲書，以召景達使人，將付後事。醫官吳庭紹與知
> 誥診候，知其將終，且召景達之事，遂密告李景，使人追回其書。
> 時書已出秦淮門，而追及之。俄而知誥殂，景乃即位。其後，吳庭
> 紹遷內職，人罕知其由。〔註108〕

不過卻因李景達，不在金陵，而錯失繼位之機。又或許有人以爲，若李昪有
意傳位李景達，則不應使李景達至東都，筆者以爲這或許是李昪並未料到背
疽轉變之快，李昪得背疽至去世，最多不超過二十天，故初得背疽時，仍未
料到日後的演變，因此依然不想令外人知曉：

> 會疽發背，祕不令人知，密令醫治之，聽政如故。〔註109〕

李昪背疽的轉變極爲突然，是連自己都未能預料到的，也致使知大去之期不遠
時，隨即希望召回李景達以繼位，但未料的是醫官吳庭紹卻派人通知李璟，使
李璟早先一步入宮侍疾於李昪，當李昪發現李璟侍疾於身旁時，必定是大爲驚
訝，卻也已經知曉勢已難回，因此開始在交待李璟身後事，交待完後隨即去世。

由此來看，更可發現一個事實，即李璟絕非不想繼位，相反的更是極力
想盡辦法欲繼位，兩次推辭太子之位，不過是一種障眼法，這是因爲李璟不
想捲入繼承人之爭，李璟若是因此而登上太子之位，勢必成爲各方有意者的
箭靶，將難已全身而退，況其父更意囑李景達，這些因素都致使李璟無意太
早登上太子之位，雖未登上太子之位，但推辭太子之位並非毫無效果，李昪
也因此心存愧疚，給予李璟太子的實權，巡幸東都時，也一概由李璟監國，
李璟可能藉機結交宮中之人，也因此方有入宮侍疾之事：

> 庚午，疾亟，太醫吳廷裕遣親信召齊王璟入侍疾。〔註110〕

甚至可能早已控制南唐宮廷，不然當時李昪疾劇，卻無人得到消息，也唯有

〔註107〕此時李景達應爲信王，非爲成王，且李昪諸子並無人受封成王。
〔註108〕《五國故事》，卷上，頁3184。
〔註109〕《資治通鑑》，卷二八三，後晉齊王天福八年條，頁9245。
〔註110〕《資治通鑑》，卷二八三，後晉齊王天福八年條，頁9245。

李璟一人可速至宮廷，其他諸子則並未接獲任何消息，甚至宋齊丘一黨也似乎不知，由種種情況來看，大致可了解，李璟至頭至尾從未退出繼承人之爭，只是隱匿於後，不使人知曉而已。

也有史書載，李昪因見異象，而決定立李璟為，先載：

> 又烈祖一日晝寢，夢一黃龍出殿之西檻，矯首內向，如窺伺狀。烈祖驚起，使人偵之，顧見元宗方倚檻而立，遣人候上動靜。於是立嫡之意遂決。〔註111〕

又載：

> 烈祖嘗晝寢，夢一黃龍撩繞殿檻，鱗甲炳煥，照耀庭宇，殆非常狀，逼而視之，蜿蜒如故。上既寤，使視前殿，即齊王憑檻而立，偵上之安否。間其至止時刻，及視向背，皆符所夢。上曰：「天意諄諄，信韭偶爾。成吾家事，其惟此子乎！」旬月之間，遂正儲位。齊王即元宗居藩日所封之爵也。〔註112〕

此二則異事大抵相同，其所謂者即是強調李璟之即位，是李昪之意，更以此異事來說明李璟得位之正，是上應天命的，絕非得位不正的。而此異事，應是李璟捏造的，因為李璟並非是李昪所真正矚意的繼承人，相反的是最不欲立的人選，卻由於李璟獲宮中消息，方可侍疾，李璟也因此得以繼位。也正因李璟繼位是令人有所疑問的，李璟方命人捏造此一異事，來為其政權取得合法性。

第四節　評論李昪

在筆者撰寫有關李昪的論文之前，事實上對李昪的了解是有限的，對李昪的了解大抵是從其他學者所寫的著作得知，當時認為李昪不過為偏霸江南、困守一隅的君主而已，但隨著為撰寫李昪的論文，開始閱讀李昪的相關史書，發現李昪此人，從出生開始就令人充滿了疑問，各史書都有其說法，各學者都有不同的看法，以至於現今仍無定論，更使李昪的身世充滿謎團。南唐亡國後，南唐所修的《烈祖實錄》等史書，又未能傳世，加上徐鉉所著的《江南錄》又已散佚，許多問題無法釐清，致使現今對李昪的相關研究，產生部份的難度，所幸的是南唐亡國後，其遺老及子弟們仍有部份史籍傳世，

〔註111〕《釣磯立談》，頁5018。
〔註112〕《南唐近事》，卷一，頁5047。

對於釐清李昪的相關問題，仍獲得了不少助益。

李昪在各家史籍上，對其評價褒貶不一，歐陽修就認為，李昪及其養父徐溫皆不如楊行密，歐陽修曰：

> 嗚呼，盜亦有道，信哉！行密之書，稱行密為人，寬仁雅信，能得士心。……行密起於盜賊，其下皆驍武雄暴，而樂為之用者，以此也。故二世四主垂五十年。及渥已下，政在徐溫。於此之時，天下大亂，中國之禍，篡弒相尋，而徐氏父子，區區詐力，裴回三主，不敢輕取之，何也？豈其恩威亦有在人者歟！〔註113〕

歐陽修僅認為李昪及徐溫是「區區詐力」，與楊行密的英雄行徑是不可同日而語的。除歐陽修認為李昪不及楊行密外，胡三省亦認為李昪不及徐溫：

> 徐溫聞壽州團練使崔太初苛察失民心，欲徵之，徐知誥曰：「壽州邊隅大鎮，徵之恐為變，不若使之入朝，因留之。」溫怒曰：「一崔太初不能制，如他人何！」徵為右雄武大將軍。」〔註114〕

李昪在面對崔太初一事，顯得畏首畏尾，不敢決斷，可反觀徐溫，則果決的馬上將崔太初調回，故胡三省方認為：「徐溫權略過於知誥。」〔註115〕

史書上所言俱為事實，李昪的決斷力確實不夠，不僅在此事上，日後在繼承人的選擇上仍是如此，李昪明知李璟並不適任，卻又礙於禮教宗法而不敢越立，明明心中所囑意的人選又非李璟，也遲遲不敢下決斷，以致逝世之際所託非人，李璟上台後也被宋黨所制，變更了李昪所制定的國策，出兵閩、楚，雖先後并滅兩國，但旋即又失，以致國力耗損，自此南唐一蹶不振；另外李昪也知曉宋黨勢力充斥朝堂上下，將對日後的統治者有害，但卻又往往念及舊情，不忍痛下決斷，也不願針對此事加以處置，雖曾有意分化，又因徐景遷病逝後，分化宋黨之事因此而寢沒，雖一度將宋齊丘調任閒職，之後又在宋齊丘的請求下，又因感念扶佐之功，而又授予實權，致使宋黨人士充斥朝堂上下。也因李昪的決斷力不夠，方促使他們坐大，致使日後李璟受制宋黨。李昪所制定的國策，也遭到了變更，南唐因此國力耗損，以致遼國入侵、石晉亡國後，北伐中原的時機已到，南唐卻因國力耗損而無力出兵，僅能徒然空嘆，致錯失北伐中原良機，徒然坐待亡國。

〔註113〕《歐史》，卷六一，〈吳世家〉，頁762。
〔註114〕《資治通鑑》，卷二七一，後梁均王龍德元年條，頁8870。
〔註115〕《資治通鑑》，卷二七一，後梁均王龍德元年條，胡三省注，頁8870。

　　李昪的決斷力略嫌不足，但理政能力卻是不錯的，雖不知能否與楊行密相比，但應是超過徐溫，如用人上，徐溫對於貪污者，仍會重用，如徐玠：

> 治郡，貪猥不法，烈祖輔政罷之。而義祖悅其善事人，引爲副使，遂見親狎。〔註116〕

對於官吏的貪墨也不再意：

> 崇在廬州，貪暴不法。廬江民訟縣令受賕，徐知誥遣侍御史知雜事楊廷式往按之，欲以戚崇，……。廷式曰：「縣令微官，張崇使之取民財轉獻都統耳，豈可捨大而詰小乎！」……。〔註117〕

這些都是徐溫理政不如的明證，反觀李昪對官吏的操守卻是重視，從輔政時的「六條」至建國後的整頓吏治，都是表現其理政能力優越之處。史溫亦曾評論李昪曰：

> 今江南壤毛瘠薄，土泉不深，其人輕佻剽悍，不能耐久，非中國之敵也。自有宇宙以來，未有偏據而可以成大功者。稽考永陵之心，夫豈不欲以并包席卷爲事耶？顧其所處，勢有未便故也，……。由是言之，江表五十年間，父不哭子，兄不喪弟，四封之內，安恬舒嬉，雖流離僑寓之人，亦獲案堵，弗天弗橫，以得及真人之期。吁！烈祖爲有大造於斯土也，明矣。〔註118〕

史溫對李昪的評價可說極爲正確，李昪雖有北伐中原、一統天下之志，但卻非常清楚自身的缺失，了解江南的力量不如北方，北方的軍隊較南方軍隊更爲強悍善戰，南方所能依靠的僅在地形，若出兵北方則必須在北方有亂事之際，以全國之力，行破釜沈舟之舉，方有成功的機會，也因此將目光放於北方，而不願耗損國力於南方。

　　李昪獨掌吳政以來，便開始與四鄰交好，採行「保境安民」之策，不願與南方各國發生衝突，也使江南人民，享有極爲長久的安定的生活，猶如一個盛世之境，故史溫方言「烈祖爲有大造於斯土也」，這正是符合李昪對南唐人民的貢獻的。除此以外，陸游亦稱李昪曰：

> 仁厚恭儉，務在養民，有古賢主之風焉。〔註119〕

〔註116〕《陸書》，卷七，〈徐玠傳〉，頁5515。
〔註117〕《資治通鑑》，卷二七一，後梁均王貞明六年條，頁8853。
〔註118〕《釣磯立談》，頁5008。
〔註119〕《陸書》，卷一，〈烈祖本紀〉，頁5471。

這更說明，李昪的治國能力的高超，治國一切皆以人民為優先考量。也就因此其對南唐人民有著巨大貢獻，去世後「四方黔首歎息涕泣而輟其食」，〔註 120〕這說明了南唐人民對李昪的感恩。

馬令也曾評價李昪：

> 唐以天下簒於朱梁，而烈祖紹之。然則盜名器，操生殺，制一方之命，抗萬乘之勢者，豈非天欺。烈祖之起，雖無雄才大略，而深沈寬裕，本於天性。幸而適丁中原擾攘之際，故數年之間，有足觀者。〔註 121〕

馬令認為李昪並無雄才大略，得以興起，完全是因中原大亂。筆者以為馬令的此一評價是有問題的。首先，馬令雖言李昪「無雄才大略」，事實上李昪對南唐不管在內政、外交上均有長遠的規劃，並制定了對外國策，其對李璟所言的「他日北方有事，勿忘吾言」，〔註 122〕這正表現出本人的雄才大略，其目光長遠，預測正確更非是他人能比的；其次，馬令又言李昪，「制一方之命，抗萬乘之勢者」，本秦失其鹿天下共逐之，故此何罪之有？本五代之世，君主之替換猶如走馬燈，故李昪逐鹿中原，有何錯誤可言？只不過勝者為王、敗者為寇，致使李昪因此而遭受錯誤的評價。

總結李昪個人，雖有許多的缺點，但最大的優點即是善待人民，雖有一統天下之志，但卻深刻了解南唐的缺點，不願因此耗損民力，加上自身又不追求享受，不會去做對人民無意義之營造，這都使人民可因此休養生息，所以當時南唐的人民，相比北方中原的人民，不啻生活於天堂之中，所以不管李昪善待人民的出發點為何，終究使南唐人民安居樂業，這是當時代其他統治者所難以比擬的。

〔註 120〕《江南野史》，卷一，《先主》，頁 5157。
〔註 121〕《馬書》，卷一，〈先主書〉，頁 5265。
〔註 122〕《釣磯立談》，頁 5012。

第八章　結　論

　　李昇小時遭遇戰亂，爲徐溫所收養，並給予良好的教育，將其培養成材，但在於徐家諸子的相處上並不和睦。爲獲得徐溫的重視，不斷的努力，從中取得徐溫的信任，並交予重任、視爲親子。但不管李昇如何努力，徐溫如何重視，不是徐家親子的事實終究是無法改變的，因此從不被列入爲繼承人選中。種種努力失敗後，一度認爲沒有希望，打算放棄，由於徐溫的暴卒，方使局勢得以轉變。

　　徐溫暴卒後，吳國內部成爲兩強對抗的局面，身爲繼承人的徐知詢，以爲大權垂手可得，不可一世，卻不知道早已眾叛親離，甚至連親兄弟都已倒向對手，最後以失敗告終。李昇建國歷程大致可上推至吳太和元年（後唐明宗天成四年，929）開始，雖然在吳天祐十五年（後梁均王貞明四年，918）已秉吳政，但地位並不穩固，直到吳乾貞二年（後唐明宗天成二年，927）徐溫去世，地位才漸趨穩固，吳太和元年用計使徐知詢入朝後，進一步削弱徐家勢力，危機自此才解除。李昇在擊敗對手獨掌吳國大權後，仍在猶豫是否該篡吳建國，在與宋齊丘謀劃後，決定「留待嗣君。」但在發現宋齊丘已有計劃的控制嗣君後，開始警覺起來，因而決定篡吳建國，當時宋齊丘發現功不在己，使盡方法想阻撓此事，此舉被發覺後，所幸李昇念及舊情，方得以免於一死，但被排除在權力中樞之外。

　　建國後，爲免重蹈李唐滅亡覆轍，對內採取了一連串的政策，如：禁止宦官預事、外戚干政、重用文人及壓抑藩鎮等政策，以保障國家的長治久安，除此以外更大力發展相關的民生政策與文教政策，從而使南唐成爲南方諸國中，最發達及最強盛的國家。在文人政治的施行下，雖使國家安定，卻造成

了以文干軍的情況，方使李璟對外作戰屢次失利，在面臨後周世宗南征時，此弊病仍無革除，仍以文人統兵，使得士氣不振，江北各地接連失陷，最後唯有割江北十四州，並向後周稱臣納貢，從此喪失爭霸天下的機會；在對外政策上，則採取和睦四鄰的方針，與中原政權及週邊諸國交好，但這並非表示李昪就無意統一天下，相反的是懷抱著野心。因此和睦四鄰只是一個障眼法，而是保存實力「以待北方有變」，再大舉北伐統一天下。雖然保存實力、全力北伐為南唐的基本國策，但此國策所象徵的也是李昪年華老去，不在具有雄心壯志的事實。

隨著時不我予，繼承人的問題成為最必須解決的事，但長子李璟的文弱之風，使其從未能列入繼承人的考量之中，因此方有二次推讓太子之舉，也因李璟此舉，一直使人以為其並無繼承之意，但事實是其從未退出奪位之爭中，相反的更是積極謀劃，早已完全控制宮中，當李昪因背疽病劇時，李璟是唯一能進入宮中的，也因此得以繼位。李昪能篡吳建國，完全是建立在徐溫的基礎上，在比較兩人的能力後就可發現，徐溫在決斷力上，遠勝於李昪，但在理政能力上，則遠勝徐溫。從吳太和元年至南唐昇元七年（後晉齊王天福八年，943）病逝為止，共治國約十五年。治國期間持續的使國力穩定發展，並制定政策來壓抑藩鎮勢力、發展經濟，進而使國家進入長時間的安定，也是發展最速迅的時期。

五代十國時期，相對於北方混亂的局面，江淮地區則保持安定的局面，江淮一帶在政治、經濟、文化上也產生了許多變化，江淮迅速的發展，奠定南方經濟的發展，也拉近了中國南北的距離，使南方在宋代以後成為中國經濟的中心及命脈。李昪在這一方面也有其功勞，繼承楊行密、徐溫所遺留的基業並加以穩定，繼續推行和睦四鄰的政策，與週邊各勢力都保持友好的關係，未有大規模戰事的發生，促使江淮地區發展未因此而中斷，南唐最後雖然並未能統一中國，但卻在中國重心南移上，扮演了非常重要的角色。

附錄：李昇大事年表

年齡	年　號	生　平　事　蹟	出　　處
1 歲	（唐）僖宗文德元年（888）	12 月初 2，生於徐州。〔註 1〕	《陸書》，〈烈祖本紀〉，卷一，頁 5463。
		李昇的出生：〔註 2〕 1、爲唐室後裔。	《江南野史》卷一，頁 5153。 《玉壺清話》，卷九，頁 86。 《唐餘紀傳》，卷一，頁 5627。 《江表志》卷上，頁 5079。
		2、姓李但非唐室後裔。	《薛史》，〈僭僞列傳〉，卷一三四，頁 1785。
		3、爲潘氏之子。	《吳越備史》，卷二，頁 6228。
6 歲	（唐）昭宗景福二年（893）	喪父，與伯父及母避亂至淮西濠州。	《陸書》，〈烈祖本紀〉，卷一，頁 5463。
		母卒，託於開元寺。	《唐餘紀傳》，卷一，頁 5627。
8 歲	（唐）昭宗乾寧二年（895）	楊行密克濠州，爲楊行密所獲，予徐溫爲養子，取名爲知誥。	《馬書》，〈先主書〉卷一，頁 5257。
		其父欲舉事，爲楊行密所敗，全家誅死。	《江南野史》卷一，頁 5153。
		逮十餘歲，溫試以家務，令其領之。	《江南野史》卷一，頁 5153。
		從徐溫征伐。	《江南別錄》卷一，頁 5131。
21 歲	（後梁）太祖開平二年；（吳）天祐五年（908）	楊渭僞授溫常州刺史、檢校司徒．溫留廣陵，遣知誥知州事。	《薛史》，〈僭僞列傳〉，卷一三四，頁 1785。
22 歲	（後梁）太祖開平三年；（吳）天祐六年（909）	六月，自元從指揮使遷昇州防遏使、兼樓船軍使，屯兵金陵。	《資治通鑑》，卷二六七，後梁太祖開平三年條，頁 8708。
23 歲	（後梁）開平太祖四年；（吳）天祐七年（910）	五月，遷昇州副使，知州事。	《陸書》，〈烈祖本紀〉，卷一，頁 5463。

〔註 1〕參見第二章第一節。
〔註 2〕參見第二章第二節。

25歲	（後梁）太祖乾化二年；（吳）天祐九年（912）	三月，徐溫遣都指揮使柴再用帥兵攻宣州觀察使李遇，昇州副使徐知誥爲之副。	《資治通鑑》，卷二六八，後梁太祖乾化二年條，頁8755。
		五月，李遇降，溫使再用殺之，知誥以功遷昇州刺史。	《資治通鑑》，卷二六八，後梁太祖乾化二年條，頁8757。
		時諸州長吏多武夫，專以軍軍旅爲務，不恤民事；知誥在昇州獨選用廉吏，脩明政教，招延四方士大夫，傾家貲無所愛。	
		洪州進士宋齊丘，好縱橫之術，謁知誥，知誥奇之，辟爲推官，與判官王令謀、參軍王翃專主謀議，以牙吏馬仁裕、周宗、曹悰爲腹心。	
		宣州叛亂，以柴再用討之，知誥監軍事，賊平知誥功居最大，故遷昇州刺史。	《江南野史》卷一，頁5154。
26歲	（後梁）末帝乾化三年；（吳）天祐十年（913）	吳越大敗吳於千秋嶺，知誥嘗被俘，後易服逃出。	《吳越備史》，卷二，頁6222。
27歲	（後梁）末帝乾化四年；（吳）天祐十一年（914）	加檢校司徒，始城昇州。	《陸書》，〈烈祖本紀〉，卷一，頁5464。
		知誥用齊丘之言，數年府庫充盈。	《江南野史》卷一，頁5154。
30歲	（後梁）末帝貞明三年；（吳）天祐十四年（917）	五月，徐知誥治城市府舍甚盛。徐溫行部至昇州，愛其繁富。潤州司馬陳彥謙勸溫徙鎮海軍治所於昇州，溫從之，徙知誥爲潤州團練使。知誥求宣州，溫不許，知誥不樂。宋齊丘密言於知誥，知誥從之而徙。	《資治通鑑》，卷二六九，後梁均王貞明三年條，頁8815。
		知訓及弟知詢皆不禮於知誥，獨季弟知諫以兄禮事之。	《資治通鑑》，卷二七○，後梁均王貞明四年條，頁8828。
		知誥牧昇州，善治事。溫聞之，自京口往視其所爲，遂自遷徙而居之，以京口付之。	《釣磯立談》，頁5003。
		以知誥爲潤州節度。	《五代史補》，卷三，頁2502。
		知誥不欲行，而求宣州，宋齊丘勸之。	《釣磯立談》，頁5003。
		知訓數辱知誥，且欲殺之。	《玉壺清話》卷九，頁87。
		朱謹殺徐知訓，因無人響應而自盡。知誥在潤州聞難，引兵濟江。謹已死，因撫定軍府。時徐溫諸子皆弱，溫以知誥代執吳政。戊戌，以知誥爲淮南節度行軍副使、內外馬步都軍副使、通判府事，兼江州團練使。溫還鎮金陵，總吳朝大綱，其餘庶政，皆決於知誥。知誥悉反知訓所爲，事吳王盡恭，接士大夫以謙，御眾以寬，約身以儉。求賢才，納規諫，除奸猾，杜請託。於是士民翕然歸心，雖宿將悍夫無不悅服。	《資治通鑑》，卷二七○，後梁均王貞明四年條，頁8830～8831。
		知訓死，溫意潤州預謀。	《馬書》，〈先主書〉，卷一，頁5258。
		溫以己子不能負荷，因留知誥輔政。	《江南別錄》，頁5133。

		知誥悉反知訓所治，謙寬惇欲。	《玉壺清話》卷九，頁 87。
		以厚重清儉鎮撫時俗，頗知革知訓之道。	《五國故事》卷上，頁 3182。
		故得上下順從，人無異意。	《江南別錄》，頁 5133。
		置延賓亭待四方豪傑。	《玉壺清話》卷九，頁 87。
		遣人司守關徼，物色北來衣冠。	《釣磯立談》，頁 5005。
		羽翼大成，裨佐彌眾。	《江南野史》，卷一，頁 5155。
31 歲	（後梁）末帝貞明四年；（吳）天祐十五年（918）	嚴可求屢勸溫以次子知詢代知誥知吳政，知誥知可求不可去，乃以女妻其子。	《資治通鑑》，卷二七○，後梁均王貞明四年條，頁 8837。
32 歲	（後梁）末帝貞明五年；（吳）武義元年（919）	四月，戊戌朔，吳王建國。以徐知誥為左僕射、參政事兼知內外諸軍事，仍領江州團練使。	《資治通鑑》，卷二七○，後梁均王貞明五年條，頁 8843。
		知誥復朝廷紀綱，修典禮，舉法律，中外謂之政事僕射。	《馬書》，〈先主書〉，卷一，頁 5258。
		七月，吳越攻常州，知誥於無錫大敗吳越。	《馬書》，〈先主書〉，卷一，頁 5258。
		知誥請帥步卒二千，易吳越旗幟鎧仗，躡敗卒而東，襲取蘇州。溫意在戢兵，遂引還。	《資治通鑑》，卷二七○，後梁均王貞明五年條，頁 8846。
		服白髮藥以示老成，以此威壓元勳。	《江南餘載》，卷下，頁 5115。《南唐近事》，卷一，5047。
33 歲	（後梁）末帝貞明六年；（吳）武義二年（920）	正月，盧江縣令受賕，知誥遣侍御史知雜事楊廷式往按之，因事涉徐溫而止。	《資治通鑑》，卷二七一，後梁均王貞明六年條，頁 8853。
		勸溫勿代吳而立。	《資治通鑑》，卷二七一，後梁均王貞明六年條，《考異》引《十國紀年》，頁 8853。
34 歲	（後梁）末帝龍德元年；（吳）順義元年（921）	吳王祀南郊，加徐知誥同平章事，領江州勸察使。尋以江州為奉化軍，以知誥領節度使。	《資治通鑑》，卷二七一，後梁均王龍德元年條，頁 8869。
36 歲	（後唐）莊宗同光元年；（吳）順義三年（923）	吳人有告壽州團練使鍾泰章侵市官馬者，徐知誥以吳王之命，遣滁州刺史王稔巡霍丘，因代為壽州團練使，以泰章為饒州刺史。徐溫阻之，命知誥為子景通娶泰章女以解之。	《資治通鑑》，卷二七二，後唐莊宗同光元年條，頁 8903。
37 歲	（後唐）莊宗同光二年；（吳）順義四年（924）	七月望日，四子景達生。	《馬書》，〈宗室傳〉，卷七，頁 5310～5311。
38 歲	（後唐）莊宗同光三年；（吳）順義五年（925）	六月，鎮海節度判官、楚州團練使陳彥謙有疾，徐知誥恐其遺言及繼嗣事，遣之醫藥金帛，相屬於道。彥謙臨終，密留書遺徐溫，請以所生子為嗣。	《資治通鑑》，卷二七三，後唐莊宗同光三年條，頁 8934。
		子景通年十歲，出為郎，遷諸衛將軍，典領軍事。	《江南野史》，卷一，頁 5156。
39 歲	（後唐）明宗天成元年；（吳）順義六年（926）	晉昇為侍中。	《資治通鑑》，卷二七四，後唐明宗天成元年條，頁 8971。

40歲	（後唐）明宗天成二年；（吳）乾貞元年（927）	正月，馬軍都指揮使柴再用戎服入朝，御史彈之，再用恃功不服。侍中徐知誥陽於便殿誤通起居，退而自劾，由是中外肅然。	《資治通鑑》，卷二七五，後唐明宗天成二年條，頁9000。
41歲	（後唐）明宗天成三年；（吳）乾貞二年（928）	十月，徐溫卒。	《資治通鑑》，，卷二七六，後唐明宗天成二年條，頁9010。
		知誥欲奔喪，爲徐溫諸子所阻。	《南唐近事》，卷二，5059。
		知誥妻也勸其勿奔喪，乃以周宗代行。	《馬書》，〈女憲傳〉，卷六，頁5299。
		十一月，以徐知詢爲諸道副都統、鎮海寧國節度使兼侍中。加知誥都督中外諸軍事。	《資治通鑑》，卷二七六，後唐明宗天成二年條，頁9011。
		徐知詢與知誥爭權。	《五國故事》，卷上，頁3182。
42歲	（後唐）明宗天成四年；（吳）太和元年（929）	八月，吳武昌節度使兼侍中李簡以疾求還江都，癸丑，卒于採石。徐知詢，簡婿也，擅留簡親兵二千人于金陵，表薦簡子彥忠代父鎮鄂州，徐知誥以龍武統軍柴再用爲武昌節度使，知詢怒。	《資治通鑑》，卷二七六，後唐明宗天成四年條，頁9030～9031。
		徐知詢自以握兵據上流，意輕徐知誥，數與知誥爭權，內相猜忌，知誥患之；知詢待諸弟薄，諸弟皆怨之。徐玠知知詢不可輔，反持其短以附知誥。吳越王鏐遺知詢金玉鞍勒、器皿，皆飾以龍鳳；知詢不以爲嫌，乘用之。周廷望說知詢結朝中勳舊，知詢從之，使廷望如江都諭意。廷望與知誥親吏周宗善，密輸款於知誥，亦以知誥陰謀告知詢。知詢召知誥詣金陵除父溫喪，知誥稱吳主之命不許。十一月，知詢入朝，知誥留知詢爲統軍，領鎮海節度使，遣右雄武都指揮使柯厚徵金陵兵還江都，知誥自是始專吳政。	《資治通鑑》，卷二七六，後唐明宗天成四年條，頁9034～9035。
		知詢罷兵權，以爲左統軍。	《玉壺清話》卷九，頁88。
		讓皇遣使請知誥至金陵。	《江南別錄》，頁5133。
		十二月，加知誥兼中書令，知誥奪知詢寧國節而自領之。知誥召徐知詢飲，以毒酒賜之，知詢疑有毒未飲。	《資治通鑑》，卷二七六，後唐明宗天成四年條，頁9035。
43歲	（後唐）明宗長興元年；（吳）太和元年（930）	十月，知誥以其長子大將軍景通爲兵部尚書、參政事，知誥將出鎮金陵故也。	《資治通鑑》，卷二七六，後唐明宗長興元年條，頁9049。
44歲	（後唐）明宗長興二年；（吳）太和三年（931）	二月，知誥欲以中書侍郎、內樞使宋齊丘爲相，齊丘自以資望素淺，欲以退讓爲高，謁歸洪州葬父，因入九華山，止于應天寺，啓求隱居；吳主下詔徵之，知誥亦以書招之，皆不至。知誥遣其子景通自入山敦諭，齊丘始還朝，除右僕射致仕，更命應天寺曰徵賢寺。	《資治通鑑》，卷二七七，後唐明宗長興二年條，頁9056～9057。
		九月，鎮南節度使、同平章事徐知諫卒；以諸道副都統、鎮海節度使、守中書令儈知詢代之，賜爵東海郡王。	《資治通鑑》，卷二七七，後唐明宗長興二年條，頁9061。

		十一月，知誥表稱輔政歲久，請歸老金陵；乃以知誥爲鎮海、寧國節度使，鎮金陵，餘官如故，總錄朝政如徐溫故事。以其子兵部尚書、參政事景通爲司徒、同平章事，知中外左右諸軍事，留江都輔政；以內樞使、同平章事王令謀爲左僕射，兼門下侍郎，以宋齊丘爲右僕射，兼中書侍郎，並同平章事，兼內樞使，以佐景通。	《資治通鑑》，卷二七七，後唐明宗長興二年條，頁 9062。
		十二月，知誥至金陵。	《資治通鑑》，卷二七七，後唐明宗長興二年條，頁 9063。
45 歲	（後唐）明宗長興三年；（吳）太和四年（932）	二月，知誥作禮賢院於府舍，聚圖書，延士大夫，與孫晟及海陵陳覺談議時事。	《資治通鑑》，卷二七七，後唐明宗長興三年條，頁 9065。
		八月，知誥廣金陵城周圍二十里。	《資治通鑑》，卷二七八，後唐明宗長興三年條，頁 9076。
		以知誥爲大丞相、太師，加領得勝節度使知誥辭丞相、太師。	《資治通鑑》，卷二七八，後唐明宗長興三年條，頁 9080。
		封知誥爲東海郡王	《歐史》，〈南唐世家〉，卷六二，頁 766。
46 歲	（後唐）明宗長興四年；（吳）太和五年（933）	五月，宋齊丘勸知誥徙吳主都金陵，知誥乃營宮城於金陵。	《資治通鑑》，卷二七八，後唐明宗長興四年條，頁 9084。
		徙都統府於古台城。	《陸書》，〈周宗傳〉，卷五，頁。
		九月，知誥以國中水火屢爲災，而悉縱遣侍妓，取樂器焚之。	《資治通鑑》，卷二七八，後唐明宗長興四年條，頁 9089～9090。
47 歲	（後唐）潞王清泰元年；（吳）太和六年（934）	正月，知誥別治私第於金陵，乙未，遷居私第，虛府舍以待吳主。蔣延徽攻建州垂克，知誥以延徽吳太祖之婿，與臨川王濛素善，恐其克建州奉濛以圖興復，遣使召之。延徽亦聞閩兵及吳越兵將至，引兵歸；閩人追擊，敗之，士卒死亡甚眾，歸罪於都虞候張重進，斬之。知誥貶延徽爲右威衛將軍，遣使求好于閩。	《資治通鑑》，卷二七八，後唐潞王清泰元年條，頁 9100～9101。
		二月，金陵火，罷建都。	《歐史》，〈吳世家〉，卷六一，頁 759。
		以周宗言，罷遷都。	《陸書》，〈周宗傳〉，卷五，頁。
		宋齊丘以禪代之功非己，而阻之。	《唐餘紀傳》，卷四，〈宋齊丘傳〉，頁 5659。
		知誥久有傳禪之志以吳主無失德，恐眾心不悅，欲待嗣君；宋齊丘亦然。一旦，知誥臨鏡鑷白髭而歎，周宗知其意，請如江都，微以傳禪諷吳主，且告齊丘。齊丘以宗先己，心疾之，遣使馳詣金陵，手書切諫，以爲天時人事未可；知誥愕然。後數日，齊丘至，請斬宗以謝吳主，乃黜宗爲池州副使。久之，節度副使李建勳、行軍司馬徐玠等屢陳知誥功業，宜早從民望，召宗復爲都押牙。知誥由是疏齊丘。吳主詔知誥還府舍。	《資治通鑑》，卷二七九，後唐潞王清泰元年條，頁 9103～9104。

		六月，臨江王濛，怨徐氏捨己而立溥，心嘗不平，及知誥將謀篡國，先廢濛為歷陽公，使吏以兵守之。	《歐史》，〈南唐世家〉，卷六二，頁766～767。
		七月，宋齊丘被疏，退居南園。	《陸書》，〈宋齊丘〉，卷四，頁5495。
		十月，吳主加知誥大丞相、尚父、嗣齊王、九錫；辭不受。	《資治通鑑》，卷二七九，後唐潞王清泰元年條，頁9126。
		十一月，知誥召其子景通還金陵，為鎮海、寧國節度副大使、諸道副都統、判中外諸軍事；以次子牙內馬步都指揮使、海州團練使景遷為左右軍都軍使、左僕射、參政事，留江都輔政。	《資治通鑑》，卷二七九，後唐潞王清泰元年條，頁9126。
48歲	（後唐）潞王清泰二年；（吳）天祚元年（935）	三月，吳主加徐景遷同平章事、右左右軍事；知誥令尚書郎陳覺輔之。	《資治通鑑》，卷二七九，後唐潞王清泰二年條，頁9129。
		吳主加知誥為尚父、太師、大丞相、大元帥，進封齊王，備殊禮，以昇、潤、宣、池、歙、常、江、饒、信、海十州為齊國；知誥辭尚父、丞相，殊禮不受。	《資治通鑑》，卷二七九，後唐潞王清泰二年條，頁9136。
		受封齊王，不受。	《玉壺清話》卷九，頁88。
49歲	（後晉）太祖天福元年；（吳）天祚二年（936）	正月，王始建大元帥府，以幕職分判吏、戶、禮、兵、刑、工部及鹽鐵。	《資治通鑑》，卷二八〇，後晉高祖天福元年條，頁9138。
		三月，王以其子副都統景通為太尉、副元帥，都統判官宋齊丘、行軍司馬徐玠為元帥府左・右司馬。	《資治通鑑》，卷二八〇，後晉高祖天福元年條，頁9140。
		四月，荊南、閩、越諸國皆遣使勸進，知誥謂人望已歸。	《歐史》，〈南唐世家〉，卷六二，頁767。
		十一月，吳主詔齊王知誥置百官，以金陵府為西都。	《資治通鑑》，卷二八〇，後晉高祖天福元年條，頁9153。
		聲言將遷楊氏於江南。	《五國故事》，卷上，頁3183。
		十二月，王以李德誠、周本位望隆重，欲使之帥眾推戴，本不願其子弘祚強之，不得已與德誠帥諸將詣江都表吳主，陳知誥功德，請行冊命；又詣金陵勸進。	《資治通鑑》，卷二八〇，後晉高祖天福元年條，頁9166。
50歲	（後晉）太祖天福二年；（齊）昇元元年（937）	正月，王置宗廟社稷，以宋齊丘、徐玠為左、右丞相，改金陵府為江寧府。	《歐史》，〈南唐世家〉，卷六二，頁767。
		委張延翰收試院，量才補用。	《玉壺清話》卷九，頁88。
		二月，吳主使宜陽王璪如西都，冊命齊王；王受冊，赦境內。	《資治通鑑》，卷二八一，後晉高祖天福二年條，頁9169。
		王立子景通為王太子；固辭不受。追尊考忠武王溫曰太祖武王，妣明德太妃李氏曰王太后。壬申，更名誥。	《資治通鑑》，卷二八一，後晉高祖天福二年條，頁9172。
		景通知誥欲立景達而固辭之。	《五國故事》，卷上，頁3184。
		誥用宋齊丘策，欲結契丹以取中國，遣使以美女、珍玩泛海脩好，契丹主亦遣使報之。	《資治通鑑》，卷二八一，後晉高祖天福二年條，頁9173。

六月，王次子徐景遷卒。	《資治通鑑》，卷二八一，後晉高祖天福二年條，頁9173。
七月，同平章事王令謀如金陵勸王受禪，諂讓不受。	《資治通鑑》，卷二八一，後晉高祖天福二年條，頁9180。
八月，諂遣使稱詔殺濛于采石，追廢爲悖逆庶人，絕屬籍。侍衛軍使郭悰殺濛妻子於和州，諂歸罪於悰，貶池州。吳主下詔，禪位于齊。李德誠復詣金陵帥百官勸進，宋齊丘不署表。	《資治通鑑》，卷二八一，後晉高祖天福二年條，頁9181。
九月丙寅，吳主命江夏王璘奉璽綬于齊。	《資治通鑑》，卷二八一，後晉高祖天福二年條，頁9182。
十月，先主受禪，國號齊，改元昇元。	《歐史》，〈南唐世家〉，卷六二，頁767。
追尊太祖武王爲武皇帝。乙酉，遣右丞相玠，奉冊詣吳主，稱受禪老臣諂謹拜稽首上皇帝尊號曰高尚思玄弘古讓皇，宮室、乘輿、服御皆如故，宗廟、正朔、徽章、服色悉從吳制。丁亥，立徐知證爲江王，徐知諤爲饒王。以吳太子璉領平盧節度使、兼中書令，封弘農公。	《資治通鑑》，卷二八一，後晉高祖天福二年條，頁9182。
丁亥，封徐知證江王，知諤饒王。	《陸書》，〈烈祖本紀〉，卷一，頁5464。
先主宴群臣於天泉閣。 己丑，唐主表讓皇改東都宮殿名。辛卯，吳宗室建安王珙等十二人皆降爵爲公，而加官增邑。	《資治通鑑》，卷二八一，後晉高祖天福二年條，頁9182。
乙未降吳國公主爲國君。 甲午，立王后宋氏爲皇后。 丙申，封女弟杞國君爲廣德長公主。	《陸書》，〈烈祖本紀〉，卷一，頁5465。
丁酉，加宋齊丘大司徒。	《資治通鑑》，卷二八一，後晉高祖天福二年條，頁9183。
宋齊丘僅加司徒，不悅。	《馬書》，〈宋齊丘傳〉，卷二○，頁。
庚子，遣使如漢、閩、吳越、荊南，告即位。 辛丑，追封楊濛爲臨川王。	《陸書》，〈烈祖本紀〉，卷一，頁5465。
戊申，景通爲諸道副元帥、判六軍諸衛、太尉、尚書令、吳王。	《資治通鑑》，卷二八一，後晉高祖天福二年條，頁9183。
追尊溫帝號。	《馬書》，〈先主書〉，卷一，頁5259。
十一月，乙卯，唐吳王景通更名璟。賜楊璉妃號永興公主。 戊午，立子景遂爲吉王，景達爲壽陽公；以景遂爲侍中、東都留守、江都尹，帥留司百官赴東都。	《資治通鑑》，卷二八一，後晉高祖天福二年條，頁9183。

		丁卯，荊南表請建邸金陵，從之。 己巳，吳越遣使來賀即位。	《陸書》，〈烈祖本紀〉，卷一，頁 5465。
		以十二月二日爲仁壽節，是日五子景逷出生。	《馬書》，〈宗室傳〉，卷七，頁 5311。
51歲	（後晉）太祖天福三年；（南唐）昇元二年（938）	正月，德勝節度使兼中書令西平恭烈王周本以不能存吳，愧恨而卒。	《資治通鑑》，卷二八一，後晉高祖天福三年條，頁 9185。
		先主準前朝郭子儀禮，廢朝五日。	《陸書》，〈周本傳〉，卷六，頁 5507。
		甲子，荊南遣使來賀即位。	《陸書》，〈烈祖本紀〉，卷一，頁 5466。
		丙寅，以三子侍中、吉王景遂參判尚書都省。	《資治通鑑》，卷二八一，後晉高祖天福三年條，頁 9185。
		詔臣僚三品以上追贈父母，將相贈三世。	《陸書》，〈烈祖本紀〉，卷一，頁 5466。
		二月，閩遣使來賀即位。	《陸書》，〈烈祖本紀〉，卷一，頁 5466。
		四月，甲申宋齊丘自陳丞相不應不豫政事，先主答以省署未備。	《資治通鑑》，卷二八一，後晉高祖天福三年條，頁 9186。
		遷讓皇於潤州丹陽宮。以王輿爲浙西節度使、馬思讓爲丹陽宮使，以嚴兵守之。	《歐史》，〈南唐世家〉，卷六二，頁 767。
		宋齊丘恥無禪代之功，故出此議。	《馬書》，〈宋齊丘傳〉，卷二〇，頁。
		改國號曰唐。	《歐史》，〈南唐世家〉，卷六二，頁 767。
		五月己未，南漢遣使來賀即位。	《十國春秋》〈南唐一‧烈祖本紀〉，卷一五，頁 3608。
		囚讓皇於丹陽宮。	《資治通鑑》，卷二八一，後晉高祖天福三年條，頁 9186。
		宋齊丘復自陳爲左右所間，先主大怒；先主命吳王璟持手詔召之。	《資治通鑑》，卷二八一，後晉高祖天福三年條，頁 9187。
		楊氏舊臣皆請降封讓皇，出居別邸。	《江南別錄》，頁 5135。
		以楊氏欲入道，遷居之。	《五國故事》，卷上，頁 3183。
		以潤州廨舍爲丹陽宮，以處之。	文瑩，《玉壺清話》卷九，頁 89。
		六月，高麗遣使來貢方物，而不稱臣，先主御武功殿，設細杖見。	《陸書》，〈高麗傳〉，卷 18，頁 5608。
		八月，契丹遣東丹王以羊馬入貢，別持羊、馬來鬻，以其價市羅紈、茶、藥，先主從之。於是翰林院進《二丹進貢圖》。	《陸書》，〈契丹傳〉，卷 18，頁 5605。
		契丹遣使詣唐，宋齊丘勸先主厚賄之，俟至淮北，潛遣人殺之，欲以間晉。	《資治通鑑》，卷二八一，後晉高祖天福三年條，頁 9189。
		十月丙子，立太學，命刪定禮樂。 癸未，新羅使來朝貢。	《陸書》，〈烈祖本紀〉，卷一，頁 5466。
		十一月，以步騎八萬講武於銅橋。	《歐史》，〈南唐世家〉，卷六二，頁 768。
		讓皇嗣息及五歲，遣使殺之。	《江南餘載》，卷上，頁 5115。

		十二月，讓皇卒於丹陽宮。	《歐史》，〈南唐世家〉，卷六二，頁 768。
		遣使殺讓皇於丹陽宮。	《唐餘紀傳》，卷一，頁 5360。《五國故事》，卷上，3183。
		徙吳王璟爲齊王。	《資治通鑑》，卷二八一，後晉高祖天福三年條，頁 9196。
52歲	（後晉）太祖天福四年；（南唐）昇元三年（939）	正月，群臣江王知證等累表請先主復姓李，立唐宗廟，乙丑，先主許之。	《資治通鑑》，卷二八二，後晉高祖天福四年條，頁 9197。
		二月乙亥，改太祖徐溫，廟號曰義祖。	《資治通鑑》，卷二八二，後晉高祖天福四年條，頁 9198。
		庚寅，詔更名爲昇。	《陸書》，〈烈祖本紀〉，卷一，頁 5467。
		乙未，契丹使曷魯，以兄禮事先主。蜀遣使來賀即位。	《十國春秋》，〈南唐一‧烈祖本紀〉，卷一五，頁 3610。
		三月庚戌，先主自言唐憲宗子建王恪生超，超生志，爲徐州判司；志生榮，乃自以爲建王四世孫。	《歐史》，〈南唐世家〉，卷六二，頁 767。
		詔公卿以下議定郊祀，依宋齊丘之議，四月爲之，議者多哂之。	《馬書》，〈先主書〉，卷一，頁 5261。
		四月，江王徐知證等請亦姓李；不許。辛巳，先主祀南郊；癸未，大赦。	《資治通鑑》，卷二八二，後晉高祖天福四年條，頁 9201。
		不許上尊號。	《資治通鑑》，卷二八二，後晉高祖天福四年條，頁 9201。
		戊子，進封李德誠爲趙王，徐知證韓王，知諤梁王。	《陸書》，〈烈祖本紀〉，卷一，頁 5467。
		五月辛亥，進封景遂壽王，景達宣城王。	《陸書》，〈烈祖本紀〉，卷一，頁 5467。
		乙卯，梁懷王徐知諤卒。	《資治通鑑》，卷二八二，後晉高祖天福四年條，頁 9202。
		先主以梁懷王徐知諤卒，廢朝七日。	《陸書》，〈徐知諤傳〉，卷八，頁 5524。
		先主遷讓皇之族於泰州，號永寧宮，防衛甚嚴。康化節度使兼中書令楊琺稱疾，罷歸永寧宮。乙丑，以平盧節度使兼中書令楊璉爲康化節度使；璉固辭，請終喪，從之。	《資治通鑑》，卷二八二，後晉高祖天福四年條，頁 9202。
		遣親信褚仁規爲刺史以專防護。	《五國故事》，卷上，頁 3183。
		永寧宮，防衛甚嚴，不敢與國人通婚，自爲匹偶。	《資治通鑑》，卷二八二，後晉高祖天福四年條，《考異》引《十國紀年》，頁 9202。
		丙寅，先主將立齊王璟爲太子，固辭；乃以爲諸道兵馬大元帥、判六軍諸衛、守太尉、錄尚書事、昇揚二州牧。	《資治通鑑》，卷二八二，後晉高祖天福四年條，頁 9202～9203。
		丁未，吳越、荊南遣使來賀南郊。作北郊於玄武湖西。	《陸書》，〈烈祖本紀〉，卷一，頁 5467。

		七月丙午，放諸州所獻珍禽奇獸於鐘山。命有司作《昇元格》，與吳令並行。	《陸書》，〈烈祖本紀〉，卷一，頁 5468。
		八月，鄂州節度使卒，以潤州留後之興代。命馬仁裕爲鎮海軍節度使留後。	《馬書》，〈先主書〉，卷一，頁 5262。
		爲祈雨下詔弛稅額。	《江表志》，卷上，頁 5081。
		十月丁丑，御後樓閱戰馬。	《陸書》，〈烈祖本紀〉，卷一，頁 5468。
53 歲	（後晉）太祖天福五年；（南唐）昇元四年（940）	二月，詔罷營造力役，毋妨農時。	《陸書》，〈烈祖本紀〉，卷一，頁 5468。
		楊璉謁平陵還，一夕大醉，卒於舟中，封諡曰弘農靖王。	《資治通鑑》，卷二八二，後晉高祖天福五年條，頁 9210～9211。
		三月丁未，頒中正曆。丙戌，南漢、閩遣使來聘。	《陸書》，〈烈祖本紀〉，卷一，頁 5468。
		四月，周宗出爲奉化軍節度使。	《馬書》，〈先主書〉，卷一，頁 5262。
		五月，晉安州節度使李金全遣推官緯奉表請降。先主遣鄂州屯營使李承裕、段處恭將兵三千逆之。	《資治通鑑》，卷二八二，後晉高祖天福五年條，頁 9214。
		詔客省使尚全恭如閩，和閩主曦及王延政。	《十國春秋》，〈南唐一・烈祖本紀〉，卷一五，頁 3613。
		六月，先主命祖全恩將兵逆之，戒無入安州城，陳于城外，。俟文進出，殿之以歸，無得剽掠。及李承裕逆李金全，戒之如全恩；承裕貪剽掠，與晉兵戰而敗，失亡四千人。先主惋恨累日，自戒敕之不熟也。晉帝送還敗軍，先主以其違命而敗，不受。晉帝復遣之歸，使者將自桐墟濟淮。先主遣戰艦拒之，乃還。晉帝悉授唐諸將官，以其士卒爲顯義都，命舊將劉康領之。	《資治通鑑》，卷二八二，後晉高祖天福五年條，頁 9215。
		先主使宦者祭廬山，宦者不精潔，先主察之，宦者慚服。	《資治通鑑》，卷二八二，後晉高祖天福五年條，頁 9216。
		洪州李德誠卒，以徐玠代。	《馬書》，〈先主書〉，卷一，頁 5262。
		八月丁巳，齊王璟固辭太子。	《資治通鑑》，卷二八二，後晉高祖天福五年條，頁 9217。
		九月，乙丑，先主許之，詔中外致賤如太子禮。	《資治通鑑》，卷二八二，後晉高祖天福五年條，頁 9217。
		戊辰，遼使來聘，獻狐白裘。	《陸書》，〈烈祖本紀〉，卷一，頁 5468。
		十月壬寅，以齊王璟讓儲貳，赦殊死以下；京師賜酺，內外諸軍給優賜。	《陸書》，〈烈祖本紀〉，卷一，頁 5468。

		術士孫智永以四星聚斗，分野有災，勸先主巡東都。 乙巳，先主命齊王璟監國。光政副使、太僕少卿陳覺以私憾奏泰州刺史褚仁規殘。 丙午，罷仁規爲扈駕都部署，覺始用事。 庚戌，先主發金陵。 甲寅，至江都。	《資治通鑑》，卷二八二，後晉高祖天福五年條，頁9218。
		己未，高麗遣使來貢方物。	《陸書》，〈烈祖本紀〉，卷一，頁5468。
		十一月乙丑，宴群臣於崇德宮。 庚辰，改東、西都宮殿之名。 乙酉，賜東畿高年疾苦、惸獨米人二石。 南漢、閩、吳越遣使來賀仁壽節。	《陸書》，〈烈祖本紀〉，卷一，頁5468～5469。
		十二月丙申，至金陵。	《資治通鑑》，卷二八二，後晉高祖天福五年條，頁9218。
		平章事張延翰卒。	《馬書》，〈先主書〉，卷一，頁5263。
		契丹主遣使獻馬百匹。 建學館於白鹿洞，號曰「廬山國學」。	《十國春秋》，〈南唐一・烈祖本紀〉，卷一五，頁3614～3615。
54歲	（後晉）太祖天福六年；（南唐）昇元五年（941）	正月，虔州王安卒，以賈浩爲百勝軍節度使。	《馬書》，〈先主書〉，卷一，頁5263。
		三月戊辰，遼使來聘。	《陸書》，〈烈祖本紀〉，卷一，頁5469。
		誅泰州刺史褚仁規。	《馬書》，〈先主書〉，卷一，頁5263。
		四月，以陳覺及萬年常夢錫爲宣徽副使。 辛巳，遣通事舍人歐陽遇求假道以通契丹，晉帝不許。 南漢遣使如唐，謀共取楚，分其地；先主不許。	《資治通鑑》，卷二八二，後晉高祖天福六年條，頁9221～9222。
		七月戊辰，先主自以專權取吳，尤宰相權重。以李建勳執政歲久，欲罷之。會建勳上疏言事，意其留中；既而先主下有司施行。建勳自知事挾愛憎，密取所奏改之；罷建勳歸私第。	《資治通鑑》，卷二八二，後晉高祖天福六年條，頁9225。
		吳越府署火，宮室府庫幾盡。吳越王元瓘驚懼，發狂疾，大臣爭勸先主乘弊取之，先主不爲，遣使唁之，且賙其乏。	《資治通鑑》，卷二八二，後晉高祖天福六年條，頁9226。
		八月，遣使賑貸黃州旱傷戶口。	《陸書》，〈烈祖本紀〉，卷一，頁5469。
		十一月，死國事者，皆給祿三年。分遣使者按行民田，以肥瘠定其稅。民間稱其平允。自是江、淮調兵興役及他賦斂，皆以稅錢爲率，至今用之。	司馬光，《資治通鑑》，卷二八二，後晉高祖天福六年條，頁9230。

		是歲，吳越水民就食境內，遣使賑撫安集之。	《陸書》，〈烈祖本紀〉，卷一，頁5469。
		是時於闖國貢瑞玉天王。	《十國春秋》，〈南唐一‧烈祖本紀〉，卷一五，頁3614～3615。
		按行民田，以訂稅額。	《江南野史》，卷一，頁5156。
55歲	（後晉）太祖天福七年；（南唐）昇元六年（942）	二月，左丞相宋齊丘固求豫政事，先主聽入中書；又求領尚書省，乃罷侍中壽王景遂判尚書省，更領中書、門下省，以齊丘知尚書省事；其三省事並取齊王璟參決。齊丘視事數月，親吏夏昌圖盜官錢三千緡，齊丘判貸其死；先主大怒，斬昌圖。齊丘稱疾，請罷省事，從之。	《資治通鑑》，卷二八三，後晉高祖天福七年條，頁9234。
		閏月，甲申朔，改天長制置使爲天武軍。庚庚，南漢使報聘。癸巳，閩使報聘。都下大水，秦淮溢。東都火，焚數千家。	《陸書》，〈烈祖本紀〉，卷一，頁5469。
		三月，廬州馬仁裕卒，以周鄴爲保信軍節度使留後。	《馬書》，〈先主書〉，卷一，頁5263。
		五月乙巳，宋齊丘既罷尚書省，不復朝謁。先主遣壽王景遂勞問，許鎮洪州，始入朝。丙午，以齊丘爲鎮南節度使。	《資治通鑑》，卷二八三，後晉高祖天福七年條，頁9236～9237。
		六月，常、宣、歙三州大雨，漲溢。南漢遣使告哀，廢朝三日。庚午，遼使來聘，獻馬五駟。辛巳，大蝗自淮北蔽空而至，命州縣捕之。辛未，禁節度使給攝署牒。	《陸書》，〈烈祖本紀〉，卷一，頁5470。
		八月甲申，南漢遣使來謝襲位。	《陸書》，〈烈祖本紀〉，卷一，頁5470。
		九月庚寅，頒《昇元刪定條》。	《陸書》，〈烈祖本紀〉，卷一，頁5470。
		十二月，閩、吳越遣使，來賀仁壽節。	《陸書》，〈烈祖本紀〉，卷一，頁5470。
56歲	（後晉）齊王天福八年；（南唐）昇元七年（943）	正月，遼使二十七人來聘，獻馬三百，羊三萬五千。	《陸書》，〈烈祖本紀〉，卷一，頁5470。
		服食丹藥，性燥怒。	《玉壺清話》卷九，頁94。
		知將終，欲召景達，爲璟所知。	《五國故事》，卷上，頁3184。
		二月，先主久食丹藥，會疽發背，祕不令人知，密令醫治之，聽政如故。庚午，疾亟，太醫吳廷裕遣親信召齊王璟入侍疾。是夕，殂。	《資治通鑑》，卷二八三，後晉齊王天福七年條，頁9245。

參考書目

一、**史料**（按作者姓氏筆劃排列）

1. 文瑩，《玉壺清話》（楊立揚點校，據《知不足齋叢書》本），北京：中華書局，1997 年 12 月初版。
2. 王溥，《唐會要》，台北：世界書局，民國 78 年 4 月五版。
3. 王士禎，《五代詩話》，北京：人民文學，1989 年，初版。
4. 王存，《元豐九域志》北京：中華書局，1984 年 12 月初版。
5. 王禹偁，《五代史闕文》，收錄於《四庫全書》第 407 冊，臺北：台灣商務印書館，民國 72 年初版。
6. 王偁，《東都事略》，臺北：文海出版社，民國 56 年 1 月臺初版。
7. 王欽若等編修，《冊府元龜》，臺北：台灣中華書局，民國 70 年月臺三版。
8. 王溥，《五代會要》，臺北：世界書局，民國 68 年 2 月四版。
9. 尹繼善，《江南通志》，收錄於《四庫全書》第 508 冊，臺北：台灣商務印書館，民國 72 年初版。
10. 司馬光，《資治通鑑》，臺北：世界書局，民國 82 年 9 月初版十一刷。
11. 史溫，《釣磯立談》（虞雲國、吳愛芬點校，據《知不足齋叢書》本），收錄於徐吉軍等編，《五代史書彙編》，杭州出版社，2004 年 5 月初版。
12. 佚名，《五國故事》（張劍光點校，據《知不足齋叢書》本），收錄於徐吉軍等編，《五代史書彙編》，杭州出版社，2004 年 5 月初版。
13. 佚名，《江南餘載》（張劍光、孫勵點校，據《四庫全書》本），收錄於徐吉軍等編，《五代史書彙編》，杭州出版社，2004 年 5 月初版。
14. 佚名，《南唐史》，收錄於《清代稿本百種叢刊》第 33 冊，臺北：台灣商務印書館，民國 70 年初版。

15. 吳任臣，《十國春秋》（徐敏霞點校，據周昂重刻本），收錄於徐吉軍等編，《五代史書彙編》，杭州出版社，2004 年 5 月初版。

16. 宋敏求，《春明退朝錄》，收錄於《宋元筆記小說大觀》第 1 冊，上海：上海古籍出版社，2001 年 12 月初版。

17. 李吉甫，《元和郡縣志》北京：中華書局，1983 年 6 月初版。

18. 李昉，《太平御覽》，臺北：大化書局，民國 66 年 5 月初版。

19. 李建勳，《李丞相詩集》，收錄於《四部叢刊廣編》第 24 冊，臺北：文海出版社，民國 63 年初版。

20. 李燾，《續資治通鑑長編》，臺北，世界書局，民國 72 年 2 月四版。

21. 沈葆楨，《光緒重修安徽通志》，收錄於《續修四庫全書》第 651 冊，上海，上海古籍出版社，1997 年初版。

22. 周紹良，《全唐文新編》，長春：吉林文史出版社，2000 年 12 月初版。

23. 周嘉猷，《五代紀年表》，收錄於《二十五史補編》第 6 冊，臺北：台灣開明書店，民國 48 年 6 月臺一版。

24. 胡爲何，《民國丹陽縣志補遺》，收錄於《中國方志叢書》第 135 冊，臺北：成文出版社，民國 63 年 6 月，台一版，

25. 范仲淹，《范文正公政府奏議》，收錄於《叢書集成續編》第 56 冊，臺北：新文豐出版公司，民國 80 年 7 月，台一版。

26. 范坰、林禹《吳越備史》（吳翌鳳、張元濟點校，據《武林掌故》本），收錄於徐吉軍等編，《五代史書彙編》，杭州出版社，2004 年 5 月初版。

27. 孫光憲，《北夢瑣言》（貫二強點校，據《雲自在龕叢書》本），上海古籍出版社，1981 年 11 月初版第 1 刷。

28. 孫甫，《唐史論斷》，收錄於《百部叢書集成》46，學津討原八函，臺北：藝文印書館，民國 55 年。

29. 徐鉉，《騎省集》，收錄於《四部備要集部》，臺北：台灣中華書局，民國 60 年 9 月臺二版。

30. 馬令，《南唐書》（李建國點校，據《四部叢刊續編》本），收錄於徐吉軍等編，《五代史書彙編》），杭州出版社，2004 年 5 月初版。

31. 馬端臨，《文獻通考》，臺北：新興書局，民國 47 年 10 月初版。

32. 戚光，《南唐書音釋》，收錄於《叢書集成初編》3853 冊，北京：中華書局，1985 年初版。

33. 清聖祖編，《全唐詩》，臺北：復興書局，1967 年 10 月再版。

34. 脫脫，《宋史》臺北，臺灣商務印書館，民國 77 年 5 月臺六版。

35. 脫脫，《遼史》，北京：中華書局，2003 年 7 月初版。

36. 陳尚君，《舊五代史新輯會證》，上海：復旦大學出版社，2005 年初版。

37. 陳師道,《後山談叢》,收錄於《宋元筆記小說大觀》,上海:上海古籍,
    2001 年 12 月初版。

38. 陳彭年,《江南別錄》(陳尚君點校,據《學海類編》本),收錄於徐吉軍
    等編,《五代史書彙編》,杭州出版社,2004 年 5 月初版。

39. 陳霆,《唐餘紀傳》(李建國點校,據馮煥刻本),收錄於徐吉軍等編,《五
    代史書彙編》,杭州出版社,2004 年 5 月初版。

40. 陳耀文,《天中記》,收錄於《四庫全書》第 965 冊,臺北:台灣商務印書
    館,民國 72 年初版。

41. 陸心源,《唐文拾遺》,臺北:文海出版社,民國 51 年 11 月初版。

42. 陸游《南唐書》(李建國點校,據《四部叢刊續編》本),收錄於徐吉軍等
    編,《五代史書彙編》,杭州出版社,2004 年 5 月初版。

43. 陶岳,《五代史補》(顧薇薇點校,據《豫章叢書》本),收錄於徐吉軍等
    編,《五代史書彙編》,杭州出版社,2004 年 5 月初版。

44. 陶穀,《清異錄》,收錄於《宋元筆記小說大觀》第 1 冊,上海:上海古籍
    出版社,2001 年 12 月初版。

45. 曾慥,《類說》,福州:福建人民出版社,1996 年 1 月初版。

46. 路振《九國志》(吳在慶、吳嘉麒點校,據《叢書集成初編》本),收錄於
    徐吉軍等編,《五代史書彙編》,杭州出版社,2004 年 5 月初版。

47. 劉昫,《舊唐書》,臺北:鼎文,民國 67 年 6 月二版。

48. 劉崇遠,《金華子雜編》,收錄於《叢書集成初編》第 2840 本,北京:中
    華書局,1985 新 1 版。

49. 歐陽修,《新五代史》,臺北:洪氏出版社,1977 年 10 月初版。

50. 歐陽修,《新唐書》,臺北:鼎文,民國 68 年 9 月二版。

51. 鄭麟趾,《高麗史》,漢城:亞細亞文化社,1972 年 9 月 25 日初版。

52. 鄭文寶,《江表志》(張劍光、孫勵點校,據《墨海金壺》本),收錄於徐
    吉軍等編,《五代史書彙編》,杭州出版社,2004 年 5 月初版。

53. 鄭文寶,《南唐近事》(張劍光點校,據《中華野史》本),收錄於徐吉軍
    等編,《五代史書彙編》,杭州出版社,2004 年 5 月初版。

54. 龍袞,《江南野史》(張劍光點校,據《豫章叢書》本),收錄於徐吉軍等
    編,《五代史書彙編》,杭州出版社,2004 年 5 月初版。

55. 薛居正,《舊五代史》,臺北:洪氏出版社,1977 年 10,初版。

56. 顧炎武,《天下郡國利病書》,京都,中文出版社,1975 年 4 月初版。

二、一般論著（按作者姓氏筆劃排列）

1. 中國唐史研究會編,《中國唐史學會論文集》,西安:陝西人民出版社,1983

年 9 月第一版第一刷。

2. 中國唐史學會編，《中國唐史學會論文集》，西安：三秦出版社，1989 年 1 月第一版，西安第一刷。

3. 王夫之，《宋論》，臺北：台灣商務印書館，民國 68 年五月臺一版。

4. 王夫之，《讀通鑑論》，臺北：漢京文化，2004 年 3 月初版。

5. 王吉林，《唐代南詔與李唐關係之研究》，臺北：中國學術著作獎助委員會，民國 65 年 7 月初版。

6. 王恢，《中國歷史地理》，臺北：台灣學生書局，民國 65 年初版。

7. 王壽南，《唐代政治史論集》，臺北：台灣商務印書館，民國 72 年 4 月二版。

8. 王壽南，《唐代藩鎮與中央關係之研究》，臺北：嘉新水泥文化基金會，民國 58 年 11 月初版。

9. 王鳴盛，《十七史商榷》，上海：上海書店，2005 年 12 月初版。

10. 任爽，《南唐史》，長春：東北師範大學出版社，1995 年 9 月初版。

11. 任爽，《五代十國典制考》，北京：中華書局，2004 年初版。

12. 朱玉龍，《五代十國方鎮年表》，北京：中華書局，1997 年 5 月初版。

13. 吳廷燮，《唐方鎮年表》，北京：中華書局，1980 年 8 月第一版。

14. 吳楓、陳伯岩，《隋唐五代史》，瀋陽：遼寧人民出版社，1984 年 12 月第一版第一刷。

15. 呂思勉，《隋唐五代史》，臺北：九思出版社，民國 66 年 12 月臺一版。

16. 岑仲勉，《隋唐史》，北京：中華書局，1984 年 12 月，北京第二刷。

17. 李伯重，《唐代江南農業的發展》，北京：農業出版社，1990 年 10 月第一版，北京第一刷。

18. 李斌城，《中國農民戰爭史——隋唐五代十國卷》，北京：人民出版社，1988 年 8 月第一版，北京第一刷;

19. 杜文玉，《五代十國制度研究》，北京：人民出版社，2006 年 1 月初版。

20. 杜文玉，《南唐史略》，西安：陝西人民教育出版社，2001 年 3 月初版。

21. 沈起煒，《五代史話》，北京：中國青年出版社，1985 年 3 月，北京第二版，北京第二刷。

22. 林天蔚，《隋唐史新論》，臺北：東華書局，民國 67 年 9 月初版。

23. 林瑞翰，《五代史》，台中：民智出版社，民國 52 年 4 月初版。

24. 夏承燾，《南唐二主年譜》，臺北：文海出版社，1974 年影印 1955 年版。

25. 夏瞿禪《南唐二主年譜》，臺北：世界書局印行，民國 51 年。

26. 張澤咸，《唐五代賦役史草》，北京：中華書局，1986 年 10 月第一版，北

京第一刷。

27. 許輝、郭黎安，《古代長江下游的經濟開發》，西安：三秦出版社，1989 年 8 月第一版，西安第一刷。

28. 郭武雄，《五代史料探源》，臺北：台灣商務印書館，民國 76 年 3 月初版。

29. 郭武雄，《五代史輯本證補》，臺北：台灣商務印書館，民國 65 年 8 月初版。

30. 陶懋炳，《五代史略》，北京：人民出版社，1985 年 3 月第一版，北京第一刷。

31. 章群，《唐代蕃將研究》，臺北：聯經出版事業公司，民國 75 年 3 月初版。

32. 章群，《唐代蕃將研究續編》，臺北：聯經出版事業公司，民國 79 年 9 月初版。

33. 傅樂成，《隋唐五代史》，臺北，長橋出版社，民國 69 年 8 月三版。

34. 曾昭燏，《南唐二主陵發掘報告》，南京：文物出版社，1957 年。

35. 楊志玖，《隋唐五代史綱要》，上海：新知識出版社，1955 年 12 月第一版，第一刷。

36. 楊遠，《西漢至北宋中國經濟文化之向南發展》，臺北：台灣商務印書館，民國 80 年 3 月初版。

37. 鄒勁風，《南唐國史》，南京：南京大學出版社，2003 年 3 月初版二刷。

38. 劉俊文，《唐律疏議箋解》，北京：中華書局，1996 年 6 月初版。

39. 諸葛計，《南唐先主李昇年譜》，杭州：江蘇古籍出版社，1987 年 4 月初版。

40. 鄭滋斌，《陸游《南唐書本紀》考釋及史事補遺》，臺北：文史哲出版社，民國 86 年 6 月初版。

41. 鄭學檬，《中國古代經濟重心南移和唐宋江南經濟研究》，長沙：岳麓書社，2003 年 10 月再版。

42. 鄭學檬，《五代十國史研究》，上海：人民出版社，1991 年 4 月第一版，常熟第一刷。

43. 黎傑，《隋唐五代史》，臺北：九思出版公司，民國 67 年 9 月臺一版。

44. 韓國磐，《隋唐五代史綱》，北京：人民出版社，1979 年 5 月第二版，北京第二刷。

45. 韓國磐，《隋唐五代史論集》，北京：三聯書店，1979 年 10 月第一版，北京第一刷。

46. 藍文徵，《隋唐五代史》，臺北：台灣商務印書館，民國 59 年 4 月臺二版。

47. 譚其驤《中國歷史地圖集》，上海：地圖出版社，1982 年 10 月第一版，上海第一刷。

48. 嚴耕望，《中國歷史地理——隋、唐、五代十國篇》，臺北：中國文化大學出版部，民國 72 年 6 月，新一版。

三、學位論文（按作者姓氏筆劃排列）

1. 王安春，《宋齊丘評傳》，南昌：江西師範大學文旅學院碩士論文，2005年 5 月。

2. 王德權，《唐五代（712～960AD）地方官人事遞嬗之研究》，臺北：國立台灣範大學歷史研究所博士論文，民國 82 年 6 月。

3. 朱祖德，《唐代淮南道研究》，臺北：中國文化大學史學研究所碩士論文，民國 86 年 6 月。

4. 何永成，《十國創業君主個案研究》，臺北：中國文化大學史學研究所博士論文，民國 81 年 6 月。

5. 周義雄，《五代時期的吳越》，臺北：中國文化大學史學研究所碩士論文，民國 84 年 6 月。

6. 陳鏘澤，《南唐基本國策研究》，臺北：中國文化大學史學研究所碩士論文，民國 87 年 6 月。

7. 謝昭南，《五代時期各國關涉契丹史事研究》，中國文化大學史學研究所碩士論文，民國 60 年 6 月。

8. 黃淑雯，《唐五代太湖地區社會經濟研究》，臺北：中國文化大學史學研究所博士論文，民國 94 年 6 月。

9. 黃靜，《"五鬼"辨證》，桂林：廣西師範大學中文系碩士論文，2003 年 4月。

四、中文期刊（按作者姓氏筆劃排列）

1. 弓英德，〈南唐族氏考略〉，青島：《勵學》，第三期，民國 24 年 4 月，頁34～37。

2. 毛漢光，〈五代政治延續與政權轉移〉，臺北：《中研院史語所集刊》，第51 本，民國 69 年 6 月，頁 233～280。

3. 王永平，〈略論南唐烈祖李昇〉，揚州：《揚州師院學報》，1988 年第 2 期，頁 148～154。

4. 王永平，〈關於南唐的統一方略及其流產〉，揚州：《揚州師院學報》，1991年第 2 期，頁 124～129。

5. 王仲章，〈南唐後主李煜〉，臺北：《自由談》，第 30 卷第 7 期，民國 68 年7 月，頁 32～34。

6. 王吉林，〈契丹與南唐外交關係之探討〉，臺北：《幼獅學誌》，第 5 卷第 2期，民國 55 年 12 月，1～16。

7. 王秀南，〈五代閩國的興亡史〉，廣州：《華夏月刊》，1982 年 4 月。

8. 王定璋，〈南唐三主的人品及政治〉，成都：《天府新論》，2001 年 5 期，頁 72～78。

9. 王炎平，〈從政治與經濟的關係看三國至五代南方經濟的發展〉，收錄於《古代長江下游的經濟開發》，西安：三秦出版社，1989 年 8 月，頁 283～298。

10. 王炎平，〈略論三世紀以來長江下游經濟持續穩定增長的原因芽〉，收錄於《古代長江下游的經濟開發》，西安：三秦出版社，1989 年 8 月，頁 54～66。

11. 王壽南，《從藩鎮之選任看安史之亂後唐中央政府對地方之控制》，臺北：《政大歷史學報》，第 2 期，民國 77 年 9 月；頁 1～18。

12. 任爽，〈五代分合與南唐的經濟文化〉，長春：《史學集刊》，1995 年 2 期，頁 29～35。

13. 全漢昇，〈唐宋時代揚州經濟景況的繁榮與衰落〉，收錄於《中國經濟史論叢》，香港：新亞研究所，1972 年 8 月第一冊，頁 128。

14. 何劍明，〈南唐時期安徽區域經濟發展論要〉，揚州：《揚州大學學報》，第 9 卷第 1 期，2005 年 1 月，頁 93～96。

15. 何劍明，〈南唐時期江蘇區域經濟與社會發展論要〉，南京：《江蘇行政學院學報》，2004 年 3 期，頁 124～129。

16. 何劍明，〈南唐國黨爭與唐宋之交的社會轉型〉，蘇州：《蘇州大學學報（哲學社會科學版）》，第六期，2005 年 11 月。

17. 何劍明，〈南唐崇儒之風與江南社會的文化變遷〉，天津：《歷史教學》（天津古籍出版社），2003 年 10 期，頁 31～35。

18. 何劍明，〈南唐經濟發展及相對性探要〉，南京：《東南大學學報（哲學社會科學版）》，第 4 卷第 2 期，2002 年 3 月，頁 55～59。

19. 吳楓、任爽，〈五代的分合與南唐的歷史地位〉，長春：《東北師大學報（哲學社會科學版）》，1994 年 5 期，頁 31～56。

20. 杜文玉，〈南唐六軍與侍衛諸軍考略〉，合肥：《學術界》（安徽省社會科學界聯合會），1997 年 4 期，頁 29～35。

21. 周臘生，〈南唐貢舉考略（修訂稿）〉，孝感（湖北）：《孝感職業技術學院學報》，2000 年 3 期，頁 59～64。

22. 張一雄，〈南唐狀元張確籍貫仕歷考〉，孝感（湖北）：《孝感職業技術學院學報》，第 6 卷第 1 期，2003 年 3 月，頁 62～63。

23. 張世賢，〈五代國體政體之研究〉，臺北：《政治學報》，第六期，民國 66 年 12 月，頁 135～189。

24. 張興武，〈南唐黨爭：唐宋黨爭史發展的中介〉，漳州：《漳州師範學院學

報（哲學社會科學版）》，2002 年 1 期，頁 68～74。

25. 梁勵，〈李昇與南唐政局論述〉，徐州：《徐州師範大學學報（哲學社會科學版》，29 卷 3 期，2003 年 7 月，頁 78～81。

26. 傅啓學，〈五代時期與契丹的關係〉，臺北：《復興崗學報》，第 6 期，民國58 年 6 月，頁 35～49。

27. 黃俊亨，〈五代十國貨幣之發行〉，臺北：《今日中國》，第 87 期，民國 67年 7 月，頁 82～96。

28. 諸葛計，〈南唐先主李昇行事述略〉，上海：《學術月刊》，1983 年第 12 期，頁 55～62。

29. 趙榮蔚，〈南唐登科記考〉，鹽城（江蘇）：《鹽城師範學院學報（人文社會科學版）》，第 23 卷第 2 期，2003 年 5 月，頁 91～97。

30. 蔣君章，〈唐宋間後五代之亂與宋的歷史地位〉，《東方雜誌（復刊）》，第19 卷第 6 期，1984 年 2 月，頁 23～28。

31. 魏良弢，〈南唐士人〉，南京：《江蘇社會科學》，1995 年 2 期，頁 85～89。

32. 魏良弢，〈南唐先主李昇評說〉，南京：《南京大學學報（哲學・人文科學・社會科學）》，2002 年 1 期，頁 105～114。

五、日文期刊（按作者漢字姓氏筆劃排列）

1. 伊藤宏明，〈淮南藩鎮の成立過程——吳・南唐政權の前提〉，名古屋：《名古屋大學東洋史研究報告》4 期，1976。

2. 伊藤宏明，〈吳・南唐政權の諸問題〉，名古屋：《名古屋大學文學部研究論集（史學）》34 期，1988 年。

3. 西川正夫，〈吳、南唐兩朝の國家權力の性格〉，東京：《法制史研究》，9期，1959 年 8 月。

4. 清木場東，〈吳・南唐の地方行政變遷と特徵〉，東京：《東洋學報》，56卷 2、3、4 號，1975 年 3 月。

附　圖

圖一：五代十國全圖

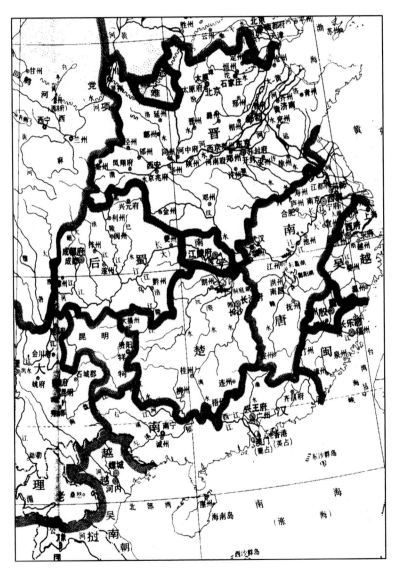

錄自譚其驤《中國歷史地圖集（5）》，北京：中國地圖出版
社，1996 年 6 月初版三刷

圖二：南方各國形勢圖

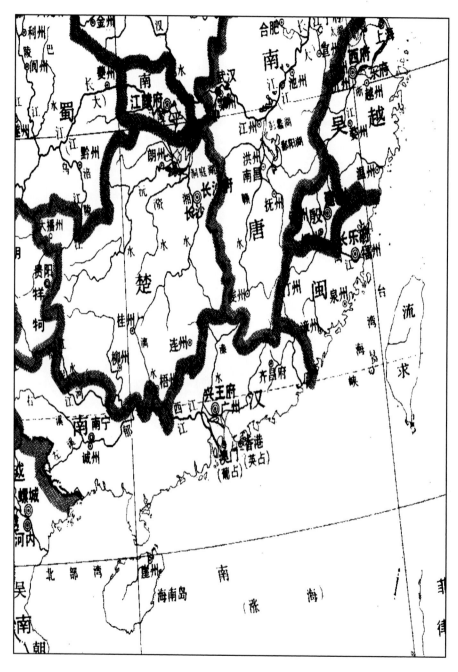

錄自譚其驤《中國歷史地圖集》(5)，北京：中國地圖出版社，1996 年
6 月初版三刷

圖三：江北十四州圖

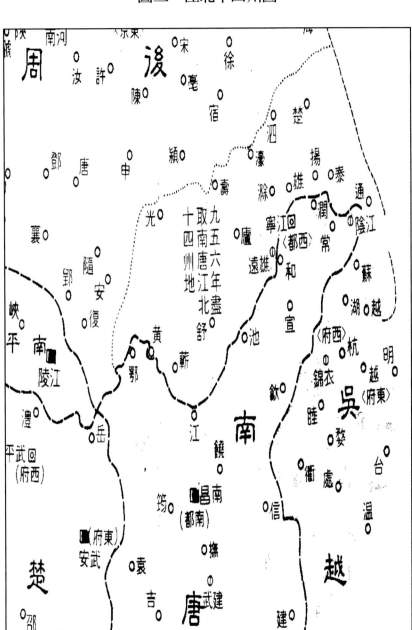

錄自程光裕《中國歷史地圖（合訂本）》，臺北：中國文化大學出版部，民國82年8月初版二刷